臺灣歷史與文化研究輯刊

八　編

第 20 冊

清領時期的屏東文學研究（上）

王玉輝 著

花木蘭文化出版社

國家圖書館出版品預行編目資料

清領時期的屏東文學研究（上）／王玉輝 著 -- 初版 -- 新北市：
花木蘭文化出版社，2015〔民 104〕
目 4+224 面；19×26 公分
（臺灣歷史與文化研究輯刊 八編；第 20 冊）
ISBN 978-986-404-446-7（精裝）
1. 臺灣文學 2. 文學評論 3. 清領時期
733.08   104015144

ISBN- 978-986-404-446-7

9 789864 044467

臺灣歷史與文化研究輯刊
八 編 第二十冊   ISBN：978-986-404-446-7

清領時期的屏東文學研究（上）

作　　者　王玉輝
總 編 輯　杜潔祥
副總編輯　楊嘉樂
編　　輯　許郁翎
出　　版　花木蘭文化出版社
社　　長　高小娟
聯絡地址　235 新北市中和區中安街七二號十三樓
　　　　　電話：02-2923-1455／傳眞：02-2923-1452
網　　址　http://www.huamulan.tw 信箱 hml 810518@gmail.com
印　　刷　普羅文化出版廣告事業
初　　版　2015 年 9 月
全書字數　326083 字
定　　價　八編 29 冊（精裝）台幣 58,000 元

版權所有・請勿翻印

清領時期的屏東文學研究（上）

王玉輝　著

作者簡介

王玉輝，西元一九六八年生，屏東縣人，任教於國立屏東高中。國立高雄師範大學國文系文學博士，專長為臺灣古典文學研究、日治時期傳統詩社研究、區域文學史研究。著有碩士論文《日據時期高雄市詩社和詩人之研究——以旗津吟社為例》、博士論文《清領時期的屏東文學研究》，以及單篇論文〈淺探日治時期傳統詩社的社會功能——以旗津吟社為例〉、〈從《東寧政事集》考察清領之初的台灣社會問題〉和〈屏東礪社的發展始末〉等。

提　　要

　　本論文以清領時期的屏東文學為研究主題，舉凡書寫屏東地區的人、事、地、物，以及出生、成長和落籍於本地的文人作品，皆屬於屏東文學。研究時間以清領時期為界限，以現代屏東縣的行政範圍為研究場域，研究範圍包括原住民口傳文學、宦遊文人和本地文人的詩歌、賦作、散文和碑記等文類。原住民口傳文學論述神話、傳說和敘事歌謠，有排灣族、魯凱族的神話與傳說，以及平埔族的敘事歌謠。宦遊文人的詩歌以作品主題為研究對象，分成八景詩、巡社詩、竹枝詞和記遊詩等題材，其中以竹枝詞最具地方文學的特色。本地文人的詩歌以作者為研究對象，分別是張維垣、邱國楨和江昶榮等人。賦作主要出現在恆春地區，以《恆春縣志》的三篇賦作為代表，是官方修志的時代產物，透過三篇作品的內容可以瞭解清季恆春地區的政治、教育、社會和風物等面向，恰可彌補當地方志的不足。散文作品主要來自方志，以應用文章居多，分成奏章、告示、議論文和列女傳記等。碑記依內容和功用分成沿革碑、紀事碑、頌德碑、捐題碑和示禁碑等項目，透過石文使人瞭解地方文史、族群關係、社會積弊和官場文化，亦可充實屏東古典文學的扉頁。

無盡的感謝

從碩士班開始研究臺灣文學，到現在已經有十五個年頭。這一路走來，雖然備極辛苦，卻遇到多位貴人。

十五年前，在當時同事王信宜的鼓勵之下，報考國立中山大學中文所第一屆碩士在職專班。若非信宜的熱心督促，我對於報考研究所的態度仍是逡巡躊躇，他是我第一個要感謝的人。

進入中山大學碩士班後，原本只是想要走「不一樣的路」，因此選擇以「臺灣文學」為研究的方向。因緣際會之下，忝蒙恩師　龔顯宗教授不棄，收入門牆，從此開啟珍貴的師徒緣分。從碩士班直到博士班，恩師一路指導我，不僅使我在學問方面有所精進，在為人處事方面更是多所提點。數年前，當我被李良末校長徵詢擔任學務主任的意願時，心中猶豫，無法決定，遂就教於恩師，他說：「擔任行政職務，論文的進度一定會受到影響。但是，可以當成是人生的另一種修練。」恩師之於我，如師亦如父，是我最感謝的人。

另一位指導教授林文欽老師，則是我必須要感謝的重要師長。當我進入博士班就讀時，林文欽老師正擔任系所主任，卻在百忙之中，仍然抽空指導我的論文，並且時常關心我的論文進度。有一陣子曾經因為學校業務繁忙，感到分身乏術，論文的進度停滯無前，因而不敢與林文欽老師碰面，唯恐被問及：「玉輝，論文最近有沒有進度？」如今想來，猶感汗顏。

我的博士學位論文口試教授們，有現任國立高雄師範大學國文系所主任林晉士老師、國立屏東教育大學林秀蓉老師、國立臺灣大學黃美娥老師和國立臺灣師範大學許俊雅老師。他（她）們在論文口試時，提供許多寶貴的意見，使我的論文更加完善。在此向這些敬愛的師長們致上最誠懇的謝意。

陳長瑞校長是我現階段的直屬長官，因為有他的包容和維護，才得以在繁忙的校務之中得到進修的空間，使我可以同時兼顧學業和工作，非常感謝與感恩他對我的栽培和提攜。

冀生會的核心成員為了鞭策彼此之間的課業，長時間定期舉行讀書會，針對尚未取得學位者的論文進行討論，提出各種見解和質疑，用意在切磋砥礪，期使同門學友的論文能得到刺激和進步。參加讀書會期間，我的論文得到許多啟發，以及精神上的鼓勵，讓我保持繼續撰寫論文的動能，這是獲益最多之處。如今，我的論文得以順利完成，難忘陳清茂學長、許惠玟學姐、陳愫汎學姐、王國安、蔡政惠、陳鴻麒和黃慶雄等學友的扶持和協助。謝謝您們，永遠感激。

此外，博士班同學柯耀程和李讚桐，經常關心和鼓勵彼此的論文進度，雖然因為工作和家庭的關係，見面的機會不多，仍以電話保持聯繫，為對方加油打氣，頗有「同病相憐」的革命情誼。感謝兩位摯友。孔志明老師是學校的同事和博士班學弟，協助初審和口試的現場工作與錄音資料，特別感謝他。

林俊宏老師是進行田野調查時，輾轉認識的一位敦厚學者，他對於屏東古典詩歌頗有研究，得知我有志於清領時期屏東文學的研究，經常不吝將所得資料和訊息傾囊相授，特別致上謝忱。邱統凡醫師是本地詩人邱國楨的嫡系子孫，將先人作品編輯成冊，並慷慨贈我一本，以及在蒐集資料和進行訪談時，曾經對我提供過協助的人們，因為人數眾多，無法逐一提及，在此一併致謝。

最後，要感謝的是我的家人，他們是我生命中最重要的人，也是我最最重要的精神支柱。我的父親只有小學畢業，我的母親未曾就學，他們從未想到家裡會出現一個文學博士。昔日大學放榜時，早年跑船、後來從事飼料生意的父親聽到我考上淡江中文系，皺著眉頭道：「男孩子讀中文系，將來除了拿粉筆之外，還有什麼出路？」當時我並不瞭解他話裡所透露的失望之意，只是一味地嚮往要到大學玩樂的日子。退伍之後，我到彰化鄉下的私立高職補校教書，在菜市場擺攤賣童衣的母親對我說：「我不識字，卻有一個專門教人識字的兒子。」結婚後，內人李玉佩曾有攻讀研究所的計畫，當我決定報考碩士班時，我戲言承諾：「如果考上研究所，將來就會繼續讀到博士班。」後來如願考上中山大學中文所，內人放棄了原來的計畫，她說：「我們家裡只

要有一個讀書人就夠了。」雙胞胎兒子紹宇和女兒紹寧是上天給我們家庭的恩賜，他（她）們出生之際，我正埋首書堆，繼續報考博士班，以實踐當年對內人的「諾言」。

這些年以來，只顧著成就自己的心願，卻流失掉許多與家人共同成長的時光，內人從來不曾問我何時可以完成學業，只是默默地在背後支持我和照顧家庭，倘非如此，這個學位恐怕無法順利完成。「執子之手，與子偕老」，這是我最想對內人說的話。希望我的家人能夠永遠平安、健康、喜樂，而孩子們將來長大之後，可以照顧自己和照顧別人。

回首來時路，在撰寫博士論文的過程，竟有這麼多的貴人相助。我的人生，何其有幸。完成博士學業，只是一個階段的結束，同時也是另一個階段的開始。我也正在繼續撰寫自己人生的故事，希望未來年老的時候，可以將這個故事告訴我的子孫。

謹將這份榮耀和無盡的感謝獻給這篇文字所提到的人。

撰於中華民國一〇三年六月三十日子時

目

次

第一章　緒　論

第一節　研究動機與目的

　　本論文以「清領時期的屏東文學」為主題，研究的動機可以分成學術面和情感面。從學術面而言，從二十世紀的八〇年代初期開始，臺灣文學終於獲得「正名」，〔註1〕有關臺灣文學的研究論文，如雨後春筍般大量出現，舉凡民間文學、傳統詩文、現代文學，甚至原住民文學都是研究的對象。這些學術著作有單篇論文，也有學位論文，研究的主題包括作家作品、文學社團和區域文學發展，不一而足。截至目前為止，有關臺灣文學的研究正日漸受到學界的重視，不僅投入的人力增多，並且研究的方向和專題日趨多元、精細和深入，無論是作品文獻史料的發掘、作家生平的整理、出版品的問世，都有許多成果的呈現，最終由國家出面成立「國立臺灣文學館」。

　　隨著這股學術風潮的開展，各地文史研究者開始將研究觸角深入當地文學史料的耙梳與彙整，在地方政府的委託和協助之下，試圖建構起本地的區域文學史，目前可見的編纂成果，如早期的施懿琳、許俊雅和楊翠共同撰寫的《臺中縣文學發展史》、《臺中縣文學發展史田野調查報告書》，施懿琳和楊翠合著的《彰化文學發展史》、江寶釵的《嘉義地區古典文學發展史》、業師龔顯宗的《安平文學史》〔註2〕和《臺南縣文學史‧上編》、陳明台的《臺中市文學史初編》、王幼華和莫渝合著的《苗栗縣文學史》。此外，在博士學位

〔註1〕參考自葉石濤：《臺灣文學史綱》（高雄市：春暉，1998年），頁172。
〔註2〕本文收錄於龔顯宗：《臺灣文學研究》（臺北市：五南，1998年），頁165～267。

論文方面，有黃美娥的《清代竹塹地區傳統文學研究》、陳慦汎的《澎湖古典詩研究》，以及近期徐震宇的《屏東地區現代文學之研究》，而碩士學位論文和單篇論文則不知凡幾，無法逐一列舉。從上述可知，在區域文學研究方面，已經有相當可觀的成績。

　　相形之下，屏東地區的文學研究起步較晚，是以研究成果仍然見絀，所幸目前已有學者和地方文史工作者攜手合作，對本縣的文學史料進行調查、整理與研究，如國立屏東教育大學與國立屏東商業技術學院（現已合併易名為國立屏東大學）中文系和屏東縣阿緱文學會從民國一百年（西元 2011 年，以下均略去西元年）開始，共同主辦「屏東文學學術研討會」，將首屆研究成果發表並結集出書，〔註3〕以補齊臺灣文學版圖的「屏東文學」區塊，而此一學術研討會逐年舉辦，至今不輟。

　　從情感面來說，屏東既是筆者的故鄉，自然具有「身為屏東人，當知屏東事」的鄉土情感。以清朝的中國而言，臺灣被視為邊陲之地；以清朝的臺灣而言，屏東被視為邊陲之地。自古以來，不管是政治意義或是地理位置，屏東向來是「邊陲的邊陲」。然而，細讀臺灣歷史，清領時期的中國和臺灣，乃至於臺灣和屏東之間的連結和互動，並非只有朝代的變遷和行政區劃的沿革。從臺灣開發的歷史來看，清代漢人拓墾的腳步自南而北、由西向東，屏東雖然距離當時政教中心臺南府城不遠，但是文教發展的情形卻遠不如北路臺灣，隨著政教和經濟重心的不斷北移，中國文人留下許多文學作品。由於漢文化的移入和傳播的結果，臺灣本土文人崛起於清代中葉，同樣創作出許多具有本土特色的文學作品，留給後人寶貴的文化資產。

　　然而，在政治意義和地理位置被邊緣化的清代屏東，無論是文學的發展和文獻的保存同樣出現「邊緣化」的情形，許多寶貴的文史資料正在急遽流失。以本地宿儒尤和鳴為例，尤氏乃清代秀才，專治古典詩文，日本大正年間為提振阿緱文風，出面邀集地方人士和弟子組成屏東首社——礪社，並將平日吟詠結集付梓，惜其《養齋吟草》目前已不得見。〔註4〕再舉日治時期的

〔註 3〕見郭漢辰、黃文車主編：《文學饗宴：2011 屏東文學學術研討會論文集》（高雄市：春暉，2012 年）。本論文集的主要編輯委員有余昭玟、林秀蓉、郭漢辰和黃文車等人，除郭漢辰為作家和地方文史工作者之外，其餘諸人均為國立屏東教育大學中文系教授。

〔註 4〕尤和鳴，字養齋，阿緱街（今屏東市）人，生於清同治六年（1867），卒於大正十四年（1925），享年五十九歲。尤氏為清代廩生，學識淵博，曾設帳授徒，

文人爲例，臺南人士鄭水法應林邊地方士紳陳寄生之聘，於昭和十一年（1936）到林邊擔任西席，教授漢詩文，因性喜擊鉢，曾加入東林吟社、興亞詩社，並創立蕉香吟室，是日治後期屏東騷壇相當活躍的文人，戰後曾任本縣文獻委員會委員，其詩稿名曰《破銅爛鐵集》，惟已遭火焚不存。〔註5〕無論是《養齋吟草》或《破銅爛鐵集》，皆是屬於較爲近代的屏東文學作品，卻因故無法留存至今。近代文學作品的情形如此，遑論清代文學作品的保存和整理，倘若地方政府沒有更積極的作爲，則本地的文史資料和先賢的文學表現勢將逐漸湮沒不傳。

　　時至今日，臺灣已經有多個縣市和鄉鎮自覺地彙整地區性的文學研究，並試圖將「點」的研究成果，甚至有擴大整合成「線」或「面」的趨勢，如前所述的各縣市文學發展史即是明證。正當各地紛紛彙編當地文學和文史資料之際，屏東文學的研究和整理已經明顯落後許多，而著墨於清領時期的作品研究更是稀少。因此，研究斯時斯地的文學，誠爲今日我輩應當戮力以赴之處。有鑑於此，遂決定以「清領時期的屏東文學研究」爲題，做爲研究「屏東文學」的發端。

第二節　研究範圍與章節安排

　　本論文題目既爲「清領時期的屏東文學研究」，必須從「清領時期」、「屏

日治時期獲總督府授佩紳章，並受聘爲阿猴公學校教師，誨人不倦，桃李滿門，望重於時。上述有關尤氏生平，係參考自蘇全福：《屏東縣鄉賢傳略》（屏東市：屏縣文化，1997 年），頁 15。此外，尤氏門下弟子盧德成曾在《臺南新報》撰〈敬誦養齋吟草〉一文，敍及「余近求得我恩師尤和鳴平生所著《養齋吟草》」，可以確知尤氏曾著有《養齋吟草》，該集至今尚未見世。盧文見於《臺南新報》第 7873 號，大正十三年一月二十四日，第 5 版。筆者曾以電話訪問尤氏後人（第二代已歿，所指爲第三代），獲知其家族並未留存乃祖任何詩文作品集，誠爲憾事。

〔註 5〕鄭水法，字玉波，以字行，臺南市安南區人士，生於日治大正五年（1916），因車禍卒於民國八十二年（1993）。筆者曾親訪其蕉香吟室弟子黃祈全老先生，據他表示其師曾將生平詩稿以毛筆寫於紅線分行的稿紙，暫名爲《破銅爛鐵集》，當時並未付梓，擬於日後輯成出版，不料卻在潮州遭車禍意外逝世，而此批詩稿則在守靈期間被師母焚燬殆盡。此外，筆者復以電話求證於鄭玉波長子鄭文錫先生（林邊國中退休教師），所得事實經過與黃祈全老先生口述相符。訪問黃祈全先生時間：民國 100 年 4 月 13 日上午 10 點，訪問地點：黃祈全先生自宅（高雄市前鎮區）。電話訪問鄭文錫先生時間：民國 100 年 4 月 30 日上午 10 點 30 分。

東」和「屏東文學」幾個層次逐一界定。首先，在時間的界定，本論文所指「清領時期」，係起自康熙二十三年（1684）至光緒二十一年（1895）爲止，此爲史實，毋須贅言。其次，在地理的界定，本論文所指「屏東」，是以現代屏東縣的行政範圍爲研究場域，關於「屏東縣」出現的過程，本論文將在第二章進行整理與說明。再則，「屏東文學」的界定可以分成作者和作品兩方面來看。先從作者的身份來看，蓋清領時期的臺灣文學作者可以分成中國文人和臺灣文人兩大類，前者來自中國殆無疑義，如郁永河、宋永清、黃叔璥和屠繼善等人；後者又可分成臺灣「本土」和屏東「本地」，如陳輝和卓肇昌即爲臺灣本土文人，兩人的籍貫分別是清代的臺灣縣和鳳山縣，若以現代的行政區來看，分屬今日臺南市和高雄市的範圍，陳、卓兩位文人雖非「屏東人」，卻有關於「屏東」的作品。至於屏東本地文人的認定，本論文採取「屬地」主義，舉凡出生於屏東、成長於屏東和落籍於屏東的文人，皆可視爲「本地」，如張維垣出生於屏東，邱國楨雖爲廣東移民，卻終老於此，江昶榮則是土生土長的知識份子，皆視爲本地文人。

　　準此而言，可以進一步將「屏東文學」作者的身份歸類爲「宦遊文人」和「本地文人」。宦遊文人的組成份子，包括中國文人和臺灣其他地區的本土文人，來自中國的宦遊者通常是肩負政治任務與使命到此，主要是到臺灣或屏東任官、視察、作幕與任教，到本地的重點在「宦」；而來自臺灣其他地區的本土文人則是以閒遊和觀覽屏東的成分居多，其重點在「遊」。總之，無論中國文人或來自臺灣其他地區的本土文人，兩者皆是到此任官、視察、佐幕、執教和遊覽的人士，駐留屏東的時間均不長，是以皆可歸類爲「宦遊」。最後，再從作品的內容加以規範，宦遊者凡是書寫有關屏東之人、事、地、物的作品皆爲研究對象，而本地文人的作品，無論書寫內容概爲研究對象。綜上所述，茲爲本論文對於「屏東文學」的定義。

　　釐清本論文對於屏東文學的定義之後，接著是本論文的章節架構。首先，在緒論和結論之外，先行整理縣名由來、歷史沿革和文教發展，得以瞭解屏東縣行政區域的變遷和文史背景。其次，進入本論文的研究主體，本論文並未以時間爲書寫縱軸，而是以「文類」爲研究主題，依序分成原住民的口傳文學、詩歌、賦作、散文和碑記等。原住民口傳文學有排灣族的神話與傳說、魯凱族的神話與傳說、平埔族的敘事歌謠，詩歌方面分成宦遊文人的詩歌和本地文人的詩歌，賦作以恆春地區三篇作品爲代表，散文方面有奏章、告示、議論文章、列女傳記和碑記。以下分別說明分章立節的理由。

口傳文學即民間文學，口傳文學並非是一人、一時、一地的作品，而是經過長時間積累和集體創作而成的結果。臺灣最早的口傳文學，無疑是原住民的口傳文學，可以分成敘事類和非敘事類的作品，前者主要是神話、傳說和歌謠，後者包括謎語、諺語和笑話。今日所見臺灣高山族群的神話、傳說和故事，最初是經由日治時期的日本人類學者採錄保存，而平埔族群的敘事歌謠，則是清領初期黃叔璥巡臺蒐集而得。透過這些口述資料，後人得以研究早期臺灣原住民的文學與文化。其實，清領時期已存在高山族群的各種口碑故事，只是高山族群所居住的地區被當時的官吏視爲「化外之地」，是以僅見「化番」平埔族群的敘事歌謠，而「野番」高山族群的神話傳說要遲至日治時期帝國的統治力及於深山地帶之後，才被發掘出來。然而，無論是高山族的神話、傳說或平埔族的敘事歌謠，其「創作」的年代當更早於被「發現」的年代，此乃不爭的事實。可以想見臺灣原住民的口傳文學，從產生的遠古年代流傳到現代，其間經歷無數世代的口耳相傳，並未因爲統治者的遞嬗改變而有所中斷，在整個臺灣文學發展史佔有一席之地。換言之，原住民的口傳文學在清領時期不僅是已經發生的「過去式」，同時也是持續進行的「現代式」，使人無法忽視其存在於當時的事實，當可視爲清領時期的民間文學資料。因此，在進入研究清領時期的屏東文學之際，有必要將已經存在的原住民口傳文學進行整理，遂將本論文的研究範圍加以擴大延伸，成爲清領時期屏東口傳文學的表述，以爲未來後人建構一部完整的屏東文學發展史時，有較爲清楚的脈絡可尋，這是筆者將「原住民的口傳文學」納入分析的原因。在研究課題上，高山族的部分聚焦在排灣、魯凱兩族的神話和傳說，惟部落古謠並不在其中，而平埔族的部分則以敘事歌謠爲對象，原因在於敘事類的神話、傳說和歌謠具有較爲完整的故事情節，鮮明的人物（主角）性格，富有濃郁的生活氣息和地方色彩。〔註6〕至於高山族群所流傳的部落古調歌謠，往往因爲曲調深奧繁複，使得原意曲折難解，且瞭解古代族語的耆老日益凋零，即使同族人對於傳統古謠的翻譯和研究都深感吃力。〔註7〕此外，非敘事

〔註6〕參考自浦忠成：《臺灣原住民的口傳文學》（臺北市：常民，1997年），頁39。
〔註7〕筆者曾經到來義鄉進行田野調查，訪問當時服務於來義國小的周明傑老師。據他表示，如今能夠完全瞭解排灣族和魯凱族傳統歌謠意義的部落長者已經不多，即便是他在研究兩族歌謠時，也只能從純粹音樂學的角度進行分析與討論，而無法逐一釋義。周明傑爲排灣族人，畢業於國立臺北藝術大學音樂學研究所，其碩士論文題目爲《排灣族與魯凱族複音歌謠比較研究》（臺北市：

類的謎語、童謠、諺語和笑話等類，要以幽默話語和諧趣行為的成分居多，於茲略去不論。必須特別說明的是，平埔族的敘事歌謠有「待客歌」之目，由於目前僅發現一首瑯嶠社歌謠，其歌詞內容明顯屬於族人迎賓待客性質，無法勉強併入他類，仍將此歌獨立列為一目，以免有方鑿圓枘、扞格不入之虞。

若以《文心雕龍‧總術》定義：「無韻者筆也，有韻者文也。」的分類標準，歷來文體可以概分成有韻和無韻兩大類。韻文者，即詩、賦、詞、曲等作品；無韻者，以散文為主，筆記、公文、史傳和碑記等皆屬之。臺灣古典文學向以詩歌為主流，賦和詞較少，曲更為罕見，蓋詩的入門和創作較易，士夫走卒莫不吟詠，此種文學創作情形全臺皆然，反映在清領時期的屏東地區尤然，以涉及書寫屏東或本地文人的作品來看，目前僅有詩、賦，尚未發現詞和曲。殆因詩、賦本為清代的科考項目，影響所及，臺灣舉子必將此二者列為日常試藝習作的課題，是以無多餘暇分心於詞、曲的藝術創作，遂有此一文學現象。因此，本論文將詩歌、賦作列入研究的主題，而詞和曲則留待日後有相關的資料出土，再另文加以討論。

詩歌方面，本論文將清領時期的詩歌作品以作者的身份區別，據此分成「宦遊文人的詩歌」和「本地文人的詩歌」兩章進行討論。平心而論，清領時期的屏東處於邊陲之地，當時能夠到此宦遊並留下作品者不多，兼以宦遊者滯留屏東的時間均不長，涉及書寫屏東人事地物的作品更是偏少，此時若以個人作品做為探討的對象，勢必有褊狹侷促之處，沒有足夠的材料進行論述，則無法撐起學位論文的組織架構。基此考量，遂將宦遊者的作品加以歸納和分類，以主題的方式分成四節進行討論，此為「宦遊文人的詩歌」之結構。本地文人崛起於清領中期道光朝以後，目前僅蒐集到張維垣、邱國楨和江昶榮的作品，三位文人的作品數量雖然不多，所幸遺稿均被後人所珍藏，為屏東文學的寶貴資料，自當逐一細究，因以作者為本位分成三節，是為「本地文人的詩歌」之結構。此外，從作品的出處來看，由於宦遊者的身份多具官方公務背景，是以作品多從官方志書摘出，而本地文人的作品則見於民間資料，或來自鄉土方志，或得自私人別集，竟呈現出「朝野」色彩，頗令人玩味。

國立臺北藝術大學音樂學研究所，2005 年）。訪問時間：民國 99 年 4 月 15 日上午 10 點，訪問地點：本縣來義國小辦公室。

　　賦作方面，目前僅見恆春地區的三篇作品，作者皆爲到此佐幕和執教的中國文人，是清領末期光緒朝恆春縣修志的產物，逐篇分節加以討論，是爲「清領時期的賦作」。至於，其他有關書寫屏東的作品，或屏東本地文人的作品，至今仍付之闕如，有待來日繼續發掘。

　　散文方面，據謝崇耀的研究指出，清代臺灣散文的種類繁多，有筆記文學類、應用公文類、古典散文類，以及史傳文學類。〔註8〕其中，以「臺灣」爲素材的筆記甚多，有單篇作品和結集成冊，如季麒光〈臺灣雜記〉、龔柴〈臺灣小志〉、郁永河《裨海紀遊》、朱仕玠《小琉球漫誌》和朱景英《海東札記》等，無法逐一列舉。官方的公文書屬於應用文體，主要有奏疏、告示、檄文等，以及爲建設緣由、記錄政事、表彰文教、導正風氣和禁制警示的碑記文亦可視爲本類。古典散文係指小品散文和哲理散文，前者以風景名勝爲主題，如陳夢林〈遊北香湖記〉，後者以人生哲理爲內涵，如陳永華〈夢蝶園記〉。史傳散文記載史事與人物，主要在頌揚國威、歷敘功績、增補史料和追悼亡者等，而清代臺灣民變甚多，史傳多記民變之始末，如藍鼎元《平臺紀略》。此外，值得注意的是，臺灣各地方志皆錄有數量不一的「列女」傳記，亦屬本類作品，負責採錄和撰寫者往往是當地具有基層功名的知識份子，雖然藝文成分並不濃厚，仍可堪視爲在地文人的另種文學表現。其實，將奏疏和告示等官方文書視爲文學作品早有前例，如高拱乾所編《臺灣府志》的〈藝文志〉便將官員奏疏、地方文告、人物傳記和各式碑記視爲「藝文」作品，其序有云：

　　　　文章經國之大業、不朽之盛事，六經、子、史之外，凡施諸政事、
　　　　見諸諷詠，足以垂世勵俗，皆所當尚。是以誌集藝文，……至若章
　　　　疏、移會、銘傳、詩篇，有關世教，例得採取。〔註9〕

據此而言，不僅官方文書是應用公文類的「藝文」作品，且人物傳記和各種碑記亦然。按照本論文對於「屏東文學」的定義，清領時期的散文作品，舉

〔註8〕　參考自謝崇耀：《清代臺灣宦遊文學研究》（臺北市：蘭臺，2001年），頁4～
　　　　7。謝崇耀所歸納的筆記文學類又細分成誌述、行旅日記和其他雜記等項，本
　　　　論文不再贅述，概以筆記文學類統稱之。
〔註9〕　見高拱乾：《臺灣府志》（南投市：臺灣省文獻委員會，1993年），頁227。高
　　　　志的〈藝文志〉有「宸翰」、「奏議」、「公移」、「序」、「傳」、「記」、「賦」、「詩」
　　　　等類，其中「宸翰」爲皇帝作品，「奏議」和「公移」爲官員文書，「序」爲
　　　　序跋文章，「傳」爲人物傳記，序文所云「移會」即各式公文，「銘傳」則分
　　　　指碑記文章和人物傳記。

凡書寫內容涉及屏東之人、事、地、物和在地文人的作品，皆爲討論的對象。從本論文目前所蒐集的作品來看，有奏章、告示、議論文章、列女傳記和碑記文章，以應用文體居多，其中抒情性質較少，但仍是屏東文學的一環。必須說明的是，碑記文章雖然是廣義的應用文，惟本地清代的碑記數量頗多，值得細究，故特別析出章節進行討論。因此，分成「清領時期的散文」和「清領時期的碑記」兩章，前者有奏章、告示、議論文章和列女傳記，各立節目加以論述；後者專以碑記文章爲討論的對象，分成沿革、紀事、頌德、捐題和示禁等類。

綜上所述，本論文的章節共分成九章，依序爲第一章「緒論」、第二章「縣名由來、歷史沿革與文教發展」、第三章「清領時期原住民的口傳文學」、第四章「清領時期宦遊文人的詩歌」、第五章「清領時期本地文人的詩歌」、第六章「清領時期的賦作」、第七章「清領時期的散文」、第八章「清領時期的碑記」和第九章「結論」等。

第三節　文獻回顧與檢討

日治時期臺灣總督府對臺灣原住民族神話與傳說進行大規模、有計畫的調查與研究。從大正二年（1913）起，陸續出版《蕃族調查報告書》、《番族慣習調查報告書》、《臺灣蕃族圖譜》、《臺灣蕃族誌》、《臺灣蕃族慣習研究》等巨冊報告和論著，收錄包括原住民的族群歷史、制度沿革、社會狀態、季節行事、宗教禮儀、生活習慣和神話傳說等。這些調查報告和作品累積相當數量的部落故事，將原住民的口碑故事予以文字化（日文）。但是，日人並未將這些口述資料區別成獨立的章節，而是多半置入或附錄在族群與部落的歷史。大正十二年（1923），佐山榮吉和大西吉壽出版《生蕃傳說集》，首次將各族口傳故事獨立收錄成書，惟僅止於文本的呈現，並未進行分析。其餘日人著作，大抵如此，不再贅述。然而，這些相關著作乃是日後研究臺灣原住民族群的珍貴文獻。

二次大戰結束後，國內外學者對原住民部落進行田野調查和研究，採錄各族語言和民間故事，成果頗豐。民國八十三年（1994），臺灣大學人類學系教授尹建中受內政部委託蒐集各族神話和傳說，出版《臺灣山胞各族傳統神話故事與傳說文獻編纂研究》，除高山族群的神話和傳說之外，還有諺語、童

謠和童話，並將蒐集範圍擴及平埔族的神話與傳說，本書翻譯多則日人採集的故事並加以分類，曾經是戰後國人編纂原住民口傳文學數量最多的作品，極具參考價值。在該書之後，布農族人達西烏拉彎‧畢馬（漢族名字：田哲益）收集更多的臺灣高山族群口傳資料，以族為單位，每族一冊，撰成九冊臺灣原住民的神話與傳說，如《排灣族神話與傳說》和《魯凱族神話與傳說》，該套書優點在於將各族神話、傳說和童謠等資料加以分門別類，使人一目了然，便於閱讀和參考。吳家君的《臺灣原住民文學研究》，僅對高山族群的神話和傳說進行分類和比對，並未及於平埔族群。賴俠伶的《魯凱族民間故事研究》，以分佈於屏東縣、高雄市和臺東縣境內的社群為研究對象，旁及其他與魯凱族有直接或間接關係的口傳故事，論文指出原住民對神話、傳說及民間故事的看法，其實並沒有很顯著的區分。〔註10〕因此，將神話、傳說和故事皆認定為「民間故事」，著重在探究故事的文本分類和比較，卻對情節的分析和背後所蘊藏的意義欠缺更多的探討。即使如此，仍是研究魯凱族口傳文學極佳的參考資料。

　　郁永河的《裨海紀遊》是清領時期中國文人的臺灣「遊記」，其中有關自然與人文的地理形勢，包括風信、氣候、植物、民情、政情、物產、建制、原住民相貌、風俗等極具史料價值。由於作者從臺南府城登陸之後，一路向北，筆下所描寫的空間場域是北路臺灣，自然沒有「屏東文學」作品的可能性，惟本書所言事物多出自於作者親身的觀察，而非參考前人的著作，尤其是關於臺灣西部平埔族群的風土資料和竹枝詞的書寫內容，具有旁證本地平埔族群風物民情的文獻價值。

　　黃叔璥的《臺海使槎錄》分成八卷，有〈赤崁筆談〉、〈番俗六考〉和〈番俗雜記〉等篇。其〈番俗六考〉將臺灣西部原住民族群分為「北路諸羅番」，「南路鳳山番」、「南路鳳山傀儡番」和「南路鳳山瑯嶠十八社」等章，各章分別就「居處」、「飲食」、「衣飾」、「婚嫁」、「喪葬」、「器用」和「附載」等項，加以記錄討論，是研究清領時期臺灣原住民族的重要資料。在各章「器用」之後，均錄有諸社「番歌」數首，其中「南路鳳山番」、「南路鳳山傀儡番」和「南路鳳山瑯嶠十八社」，共錄得九首歌謠，此為本論文屏東地區平埔族敘事歌謠的根據。

〔註10〕見賴俠伶：《魯凱族民間故事研究》（高雄市：國立高雄師範大學國文學系碩士論文，2010年），頁5。

　　乾隆二十八年（1763），朱仕玠來臺擔任鳳山縣教諭，居臺一年，翌年（1764）即因母病而歸。宦臺期間，朱仕玠完成《小琉球漫誌》，全書凡十卷，其著作內容可分別從魯仕驥的〈序〉和徐家泰的〈跋〉得知，魯序有云：

> 自山川風土人物，上至國家建置制度，下而及於方言野語，綜要備錄，靡有所遺。其間道途所經、勝跡所垂，與夫珍禽異獸中土所不經見者，則以詩歌寫之。〔註11〕

徐跋有云：

> 凡海中日月之出沒，魚龍烟雲之變幻，與夫都邑地理人物鳥獸草木之奇怪、風俗言語之殊異，莫不一一筆記。間為詩歌，以發其羈旅之情。題曰小琉球漫誌。小琉球，鳳山山名也。〔註12〕

本書以臺灣為主要的創作場域，可分成三類，第一類以詩文記敘作者由中國經澎湖來臺的行程見聞，以及居臺一年的經歷感想，〈泛海紀程〉和〈海東紀勝〉三卷可為代表。第二類是詩集，吟詠臺灣風光物產和生活插曲，有〈瀛涯漁唱〉上、下兩卷。第三類記錄臺灣四季氣候物產之變化和下淡水地區平埔族的語言，〈海東賸語〉、〈海東月令〉和〈下淡水寄語〉等五卷屬此。惟遍觀全書，雖名為「小琉球」，其詩文並未聚焦在此地，吟詠所及之處，顯然是臺灣南部各地，真正著墨於「屏東」者，僅〈瑯嬌聽潮〉、〈淡溪月夜〉和〈小琉球朝霞〉等三首七絕，以及〈下淡水寄語〉一卷。其詩表面寫景，實則寄情，將於第四章加以析論。而〈下淡水寄語〉則是透過懂得閩南漳、泉語的平埔族童生以漢字記音的方式翻譯下淡水社語，不僅是研究屏東地區和臺灣南部平埔族語言的重要資料，甚至可能是研究南島語言的寶貴線索。惟「寄語」所得內容，乃是「隻字片語」，無法更進一步進行文學分析，對於本論文的研究並無明顯的助益，是以略去不論。

　　王俊勝的《清代臺灣鳳山縣詩歌研究》是第一本研究清代鳳山縣詩歌的論文，共分六章，以傳統漢語詩歌為題材，如古體、歌行、律詩、絕句等，探討的對象包括宦遊文人、臺灣文人和鳳山本地文人的作品。清代鳳山縣的範圍雖然涵蓋現代的大高雄市和屏東縣市等地區，即使行政中心曾有舊城和新城的變遷，卻始終在下淡水溪以西地區，即今日的大高雄市，人文亦薈萃於此一區域。因此，王俊勝所收集的詩歌自然側重於此地，而較少來自於屏

〔註11〕見朱仕玠：《小琉球漫誌・魯序》（臺北市：臺灣銀行，1957年），頁2。
〔註12〕見朱仕玠：《小琉球漫誌・跋》，頁102。

東地區的詩歌作品，這並非是研究者的疏漏，而是歷史現實的侷限所致。從另一方面來看，王俊勝的論文以「詩歌」為研究主題，而不及於其他文學體裁，如賦、詞、曲和散文等，實囿於研究主題所限，此誠無可厚非之處，卻留給未來有志於研究此一區域文學同道可以發揮的空間。

目前有關清領時期屏東地區的藝文作品，大多被保存在官方所修纂的志書，如《鳳山縣志》、《重修鳳山縣志》、《鳳山採訪冊》和《恆春縣志》。這些方志的〈藝文志〉所輯錄的作品，經常被後來修纂高屏地區的縣、市、鄉、鎮志書和地方文史研究者所引用。即使如此，有關屏東地區的作品仍然相當有限，以「鳳山三志」最晚出的《鳳山採訪冊》為例，該書所收詩歌數量最多，要以花草詠物為大宗，其次是高雄景地，再次為感懷和閒遊等，而明顯涉及到屏東地區的吟詠作品，主要分佈在鳳山八景（含有屏東三景）、巡視番社、竹枝采風和觀覽記遊等題目。作者的身份以宦遊人士居多，臺灣文人次之，而諸多列為鳳山「本邑」的生員、廩生、貢生和茂才，由於缺乏這些基層文人的生平資料，無法從其籍貫更進一步確認為「屏東」文人，僅能從詩題或內容判讀出屬於「屏東」的作品，這是本論文的難為之處。至於《恆春縣志》所收錄的詩歌作品雖然不多，無論作者是中國宦遊人士或臺灣本土文人，卻是道地的「屏東文學」，其中以恆春八景詩和竹枝聯章最具地方特色，斯為典型的區域文學作品。

至於戰後所修的《屏東縣志》和本縣各鄉鎮志書，多是根據「鳳山三志」所載錄的作品輯成清領時期的「藝文志」，有些鄉鎮志甚至沒有編立「藝文志」或是附錄有關當地景物的詩歌藝文作品，如《牡丹鄉志》便沒有出現當地清代的詩文作品，原因在於當時牡丹鄉為「生番」出入居住的地區，一般漢人絕少出入於此，遑論有書寫能力的知識份子，是以漢人與漢文化較晚移入，不僅牡丹鄉如此，本縣其他山地鄉鎮都有類似的情形，此為時代背景因素的限制。而民間所保存的清代地方文學史料亦十分有限，目前僅收集到張維垣、邱國楨和江昶榮的詩歌作品。試觀三位本地文人的作品來源，皆非得自於官方文獻資料，如張維垣的作品歷經戰火洗禮，在北部被辛苦輾轉保存下來；而邱國楨的作品，若非後代邱統凡有心顯揚先人事蹟而結集付梓，可能早已湮沒無存；至於江昶榮的作品，則是吳濁流在偶然機會獲得遺詩，並以介紹性質的口吻將此批作品公諸於期刊，設非如此，日後終究難免散佚的命運。凡此種種，在在凸顯本地民間文史資料的稀少和難得，同時可知本論文捉襟

見肘之處。整體而言，由於民間資料有限，清代「鳳山三志」所輯錄的藝文作品，仍是戰後本縣縣志和各鄉鎮志編纂清代詩文作品的重要依據，同時也是本論文採錄清領時期「屏東文學」的主要來源，並兼及臺灣府志和其他縣志。

　　鍾壬壽所編的《六堆客家鄉土誌》，錄有〈張維垣鄉賢事畧〉和〈江昶榮進士事畧〉，以白話概述兩位文人的生平事略，因為張維垣雖生於本地，卻在外地發展，而終老他鄉，故以「鄉賢」謂之，其詩稿附錄於全文之後；而在敘述江昶榮生平事略時，以夾敘夾議的形式將其詩穿插於其間，本文的脈絡適足以做為江氏生涯分期和創作歷程的梗概。邱春美的《六堆客家古典文學研究》，以六堆客家族群的作品為研究對象，雖名為「古典文學」，即使有少數制藝文、試帖詩和詞作等體裁，實際仍以詩歌為論文主體，而客家山歌不在其中。其論文研究的時間長度，起自康熙二十三年（1684）臺灣入清至民國九十三年（2004）為止，長達三百二十年，橫跨清領、日治和民國等時代，可謂將六堆文人的作品集於一堂。其中，張維垣和江昶榮分別出身於今日的長治鄉和內埔鄉，屬於清領時期屏東地區的文人。張維垣的詩作分析以詩歌的形式做為研究類別，分成七絕、五律和七律等三類；江昶榮的詩作分析則以詩題所註之繫年先後論之。前者雖以詩歌形式進行分類，卻無法歸納出作品的主題，殊為可惜；後者宜將詩人的生涯做為寫作分期，則詩人的心境和創作風格的轉變，自可明矣。此外，對於邱國楨的詩作分析，以組詩方式進行修辭和格律分析，斯為特出之處，惟泥於音韻格律而短於詩情剖析。本論文在邱春美著述的基礎上，對張維垣、邱國楨和江昶榮的作品重新加以整理、歸納和析論，試圖填補不足和發前人之所未見。由於江昶榮的作品多有自註吟詠的時間，據此得以整理成詩人的生涯分期和創作年表，而張維垣的作品僅少數可以約略推估其創作時間，其餘多半無法判斷確切的寫作時間，至於邱國楨的作品則集中於五十四歲以後，是以兩人皆無生涯分期和創作年表的整理。

　　黃文車的〈找尋地方感的書寫：清代屏東地區古典文學發展概述〉，〔註13〕以宏觀的筆觸概論清代屏東地區古典文學的發展情形，將清領時期的屏東文學分成「詩」和「散文」兩個主題，再從「遊宦人士」和「地方文人」的

〔註13〕本文收錄於屏東縣政府文化處編：《屏東文獻》第 16 期（屏東市：屏東縣政府，2012 年），頁 3～42。

角度進行分析，以探討「地方書寫」的特色。古典詩部分以「八景詩」、「番社書寫」、「竹枝詞」為論述對象，其中「八景詩」有「阿猴三景」和「恆春八景」，「阿猴三景」即淡溪秋月、球嶼曉霞和瑯嶠潮聲等名勝，惟以「阿猴」之名泛稱屏東地區並不恰當，蓋「阿猴」乃平埔族社名，其村社所在地或社群活動範圍約在今日的屏東市區，而不及於小琉球和恆春半島。古典散文部分有「遊宦文人作品」和「屏東地區碑碣」兩個子題，前者以藍鼎元和朱仕玠的作品為主，後者以筆者的單篇論文為本，簡述清代屏東碑記的分類。〔註14〕最後，對屏東古典文學的研究提出規劃與展望，認為應該要史料蒐集與田野調查並行，整合研究團隊與深耕教學，並將文獻資料數位化與文學在地化、生活化，可謂肯綮之言。

　　林俊宏有〈屏東地區竹枝詞的文化觀察〉，〔註15〕敘述屏東地區竹枝詞的發展概況，蒐集清代、日治和戰後迄今，凡十八家（十九題）共一百三十六首描寫屏東風物習俗的作品，從文化的觀點探討其中內涵，以瞭解庶民生活的景象和風情。本文觀察到屏東竹枝詞具有以下意義：充滿漢族中心思維、排灣族兩性平權和頭目世襲、反映不同的生活環境、地方發展興衰現象、宗教祭祀活動等，結論認為藉由屏東竹枝詞的書寫，既可擇優融入本縣鄉土教學教材，亦可做為宣導觀光旅遊的資料。實則，從本文所收錄的各家竹枝詞來看，可以觀察到另一個現象，即歷經清領、日治到民國等時期，臺灣竹枝詞的內容都呈現出不同的寫作風貌。從早期清朝中國文人的采風記異變成臺灣本土文人的寫景吟詠，後來再變為記述島內歲時節慶和民俗活動的作品，從康熙年間郁永河的〈土番竹枝詞〉（二十四首）、乾隆年間卓肇昌的〈東港竹枝詞〉（十四首）、日治時期張觀廷的〈小琉球竹枝詞〉（十八首），以及戰後鄭玉波的〈林邊鄉竹枝詞〉（十七首）等作品，即可獲得印證。主要是因為臺灣竹枝詞的書寫者逐漸從中國文人轉變成本土文人所致，而這正是臺灣竹枝詞的時代特色之一。

　　王嘉弘的《清代臺灣賦的發展》，以清代初期（康熙到乾隆）、中期（嘉慶到咸豐）和晚期（同治到光緒）為時間的分界，分析清領時期臺灣賦作的

〔註14〕黃文車引用筆者所著：〈清代屏東地區碑記之研究〉，收錄於郭漢辰、黃文車主編：《文學饗宴：2011 屏東文學學術研討會論文集》（高雄市：春暉，2012年），頁 28～69。

〔註15〕本文收錄於屏東縣政府文化處編：《屏東文獻》第 16 期，頁 43～68。

開創、發展和風格轉變。其中，關於屏東地區的賦作僅有三篇，都出現在光緒朝的恆春縣，分別是鍾天佑的〈庚寅恆春考義塾賦〉、康作銘的〈瑯嶠民番風俗賦〉和屠繼善的〈游瑯嶠賦〉。然而，王嘉弘對於恆春三賦的探討僅止於概述文意和內容賞析，卻未能對寫作技巧和賦作特色進行分析與歸納，此誠不足之處。

謝崇耀的《清代臺灣宦遊文學研究》，總論清領時期臺灣宦遊人士的作品，包括詩歌、散文等體裁，惟詩歌的分析並不多，雖然注意到臺灣有史傳作品，卻將論述的重心放在方志所記的民變事件，而卻忽略為數頗多的列女傳記，殆因本類傳記的書寫者多為本土基層文人所致，並非宦遊者所為。

林淑慧的《臺灣清治時期散文的文化軌跡》，整理清代臺灣散文作品，認為清代臺灣散文作品的特殊處在於以應用性的作品為主，分析清代臺灣散文的發展條件，將清代臺灣散文分成前期的旅遊巡視書寫、中期的社會教化書寫和後期的議論時事書寫，雖然未見「屏東散文」作品，卻予以本論文研究散文和碑記時，提供啟發和參考的方向。

最後，清領時期屏東地區的相關作品，由於各方因素而導致散佚流失，難見全貌，是以本論文僅就目前所能蒐集到資料做為探討的對象，從有限的資料之中去討論所反映的現象、問題，以歸納出個人的研究心得，並不等同於是「屏東文學發展史」的書寫，亦非個人能力所能及此。客觀來說，本論文不足和疏漏之處尚多，惟願在拙著的基礎上，略盡綿薄，期能起到拋磚引玉、以布貿絲的效果，成為未來建構屏東文學史的踏腳石，斯為本論文之目的。

第二章　縣名由來、歷史沿革與文教發展

　　屏東縣位於臺灣的西南部，以高屏溪與高雄市相鄰，其開發歷史可上溯到十七世紀上半葉。有關「屏東」一詞在歷史上出現的時間是極為晚近的事，而且最初並非是以「地名」的方式出現。在進入文學主題討論之前，本章擬先就縣名由來、歷史沿革與文教發展做出整理。必須先說明的是，在「屏東」出現之前，屏東地區往往因為時代的不同，而有不同的稱謂，如鳳山八社地、小淡水、下淡水、南淡水、阿猴、瑯嶠等名稱，分見於各種方志和文獻資料。但是，這些名稱所指涉的區域或範圍，只是屏東地區的某個區塊，無法代表現代行政區域的屏東縣地理空間。而這些早期出現的地理名稱，只是在當時的歷史時空下，為了方便界定「屏東地區」或詮釋屏東某些區域所使用的空間名詞，這無疑是時代背景的侷限性。因此，為了敘述方便和行文清楚起見，本章所指「屏東」的意涵，跳脫歷史時空的界限，概指今日已經固定的屏東縣行政範圍。

第一節　縣名由來

　　在荷蘭人與漢人這些外來者進入屏東以前，本縣是原住民族群活躍的舞臺，其中有平埔族、排灣族、魯凱族和少數阿美族等居民，這些族群之間各有活動領域，彼此互不相屬，當時原住民村社聚落的名稱，多以各族語言發音，或由外來者自行命名，而這些村社的稱謂大多音譯成為往後的地名，如排灣族語 Longkiauw，漢人記音為「瑯嶠」或「琅嶠」，所指便是今日的恆春

半島一帶；又如荷蘭人繪製第一張完整的臺灣島嶼圖時，將高屏溪出海口標示爲 Tansuy，應爲當時平埔族語或閩南語「淡水」的音譯，昔日高屏溪因名爲「下淡水溪」。〔註1〕明鄭時期的高屏溪東岸是遷人貶謫之地，一般漢人並未大規模入墾這個地區，只在高屏溪以南的部分地區進行點狀開拓，卻沒有繼續擴大開墾的區域。因此，荷蘭時期和明鄭時期的屏東地區，尚無較大範圍的地名出現。

清領臺灣後，設府置縣，大量漢人入臺。康熙五十八年（1719），鳳山縣因人口增加，所轄之地增加爲九里，在屏東境內分別設立淡水港東里和淡水港西里，兩地係因位於東港溪東、西兩側而名之。及至乾隆年間，兩地已簡稱爲港東里和港西里，仍屬鳳山縣轄區。然而，不管是荷蘭時期的南部地方集會區、明鄭時期的萬年縣、萬年州，抑或清領時期的鳳山縣，及其轄下的港東、港西兩里，都是當時的行政區域名稱，皆無法代表現在的「屏東縣」。歷來最爲人所熟知代表屏東的舊地名爲「阿猴」，而「琅嶠」則因地理位置偏遠，並未成爲指涉屏東地區的代名詞。

其實，「阿猴」原爲鳳山八社平埔族群的社名，所指地區乃今日屏東市區一帶。該族在荷蘭時期音譯爲 Akauw 或 Ackauw，其義不詳，如今已經無法考察。有關阿猴社群的由來，至今並無確論，最常見的說法是高雄平原沿岸的平埔族馬卡道族人爲了逃避漢人的迫害，而自高雄平原移入屏東平原，此一傳說最早見於《鳳山縣志・雜記》，其文云：

> 明都督俞大猷討海寇林道乾，道乾戰敗，艤舟打鼓山下。恐復來攻，掠山下土番，殺取其血和灰舸舟以遁。其餘番，走阿猴林。今之比屋而居者，是其遺種也。〔註2〕

此外，在《鳳山縣志・封域志》亦補記云：

> 打鼓山（俗呼爲打狗山，原有番居焉。至林道乾屯兵此山，欲遁去，殺土番取膏血以造舟；番逃，而徙居於今之阿猴社）。〔註3〕

據此，日人伊能嘉矩加以考述云：

> 按鳳山縣下淡水流域平埔番馬卡道支族（Makattao，屬西拉雅族）

〔註1〕 參考自施添福總編纂，臺灣省文獻委員會採集組編輯：《臺灣地名辭書・卷四・屏東縣》（南投市：臺灣省文獻委員會，2001年），頁19。
〔註2〕 見陳文達：《鳳山縣志》（南投市：臺灣省文獻委員會，1993年），頁164。
〔註3〕 見陳文達：《鳳山縣志》，頁5。

所屬阿猴社原稱打狗社，占居打狗港口一帶，此事有該番口碑傳承。
（打狗爲該番語「竹林」之意）〔註4〕

伊能嘉矩認爲下淡水溪流域的平埔族阿猴社原爲打狗社，並引《鳳山縣志‧風土志》云番社「四圍植竹林」可徵之，以證明此社名使用打狗或打鼓之音譯字成之。而阿猴 Akau 係常被認爲番語特徵之打狗 Takau 其頭一字「T」字不發音，而轉訛無疑，阿猴係譯成之音譯字，而其末尾所添林字，不外具有森林意義之形容。最後，伊能嘉矩對自己的考證做出結論，其云：

故如《鳳山縣志》及《臺灣府志》，番社名例作阿猴，蓋對其土番加
以虐殺暴掠事係屬事實，致土番不得不爲避難。〔註5〕

此說後來成爲高雄平原沿岸打狗社人避難遷徙至阿猴林，再輾轉衍成阿猴社人的通說。

然而，根據簡炯仁的看法，認爲阿猴林和阿猴社並非同一地點，阿猴林應在今日高雄市仁武區烏材林一帶，蓋高雄打鼓山（今壽山）下的打狗社人受到漢人壓迫後，移居至阿猴林附近的丘陵地。日後隨著漢人大規模的移墾行動，對於已經撤退內縮到阿猴林的平埔族人仍舊造成極大的生存壓力，而迫使此一族群再度舉族遷徙到下淡水溪東岸，亦即今日的屏東平原，成爲後來方志所習稱的阿猴社群。〔註6〕至於阿猴社群移入屏東平原的確切時代，以及其遷徙方式究係逐步推進或舉族同時移動，目前尚無法做出判斷，僅能從現有資料推知，「鳳山八社可能在荷據時期之前，已由高雄縣地區遷至今屏東縣境內。」〔註7〕因此，入清以後，在官方所著的志書便已見到「阿猴社」出現。〔註8〕直至康熙末葉，猶可在官方文獻見到阿猴社的蹤跡。〔註9〕因爲阿猴社人遷居到屏東平原，本地因社而名爲「阿猴」。

但是，到了乾隆二十九年（1764），漢人入墾下淡水平原日盛，屏東境內

〔註4〕見伊能嘉矩：《臺灣文化志‧上卷（中譯本）》（臺中市：臺灣省文獻委員會，1991年），頁50。

〔註5〕見伊能嘉矩：《臺灣文化志‧上卷（中譯本）》，頁51。

〔註6〕有關馬卡道族打狗社人由高雄市打鼓山遷徙至高雄市仁武區阿猴林，再輾轉涉渡下淡水溪，移往屏東平原的論述內容，請參考簡炯仁：〈「打狗社」平埔族遷徙到「阿猴社」路線之初探〉，《臺灣開發與族群》（臺北市：前衛，1995年），頁226～236。

〔註7〕見潘英：《臺灣平埔族史》（臺北市：南天，1996年），頁177。

〔註8〕見蔣毓英：《臺灣府志》，頁10。

〔註9〕見陳文達：《鳳山縣志》，頁26。

已有數處人口密集的街市形成，分別是阿猴街、新園街、萬丹街、崁頂街、阿里港街和枋寮口街，此時阿猴社已開闢發展成阿猴街。〔註 10〕顯然阿猴社原址的主人翁，已非平埔族人，而是漢人。乾隆中葉，在漢人的開發下，阿猴社已經變成阿猴街，可以想見阿猴社人不是被同化，就是再度被迫遷徙至地利較差的邊陲之地，抑或兩者兼而有之。一個優勢族群的「開發史」，往往也是弱勢族群的「滅亡史」，此為臺灣開發史的無奈，同時也是世界各地弱勢族群所無法逃避的共通命運。而「阿猴」則逐漸成為清代屏東平原的慣稱，直至今日仍有所聞。然而，此一名稱並未真正涵蓋屏東山區和恆春半島等地。但是，阿猴街已經成為屏東地區的核心市鎮卻是不爭的事實，其所在地正是後來的屏東市。

嘉慶十九年（1814），以阿猴街人口日多，為提振本地文教，當時代理鳳山縣知縣吳性誠邀集地方仕紳捐地鳩資興建書院。嘉慶二十年（1815），書院竣工，以位於「半屏山之東」，因名「屏東」。〔註 11〕由此可知，「屏東」一詞係以書院的名稱出現於此時。至於書院的沿革興衰，院前有石文為記，則留待後文加以敘述。

光緒三年（1877），重修屏東書院，勒碑以志，內容記云：

> 邑主楚江吳性誠與緱山諸先生總理郭萃、林夢陽、捐首蕭兆榮、董
> 事蕭啟德、江啟源、鄭純脩、黃紹鍾等議定基址，籌書規模。乙亥
> 年元月起工，臘月告竣。〔註 12〕

從碑文可見本地曾有「緱山」之名。由於「緱」字音近於閩南語「猴」字，其意為「纏劍柄的繩索」，並未與「阿猴」產生任何關連，且此一名稱並未見諸其他文獻，亦未成為通稱而傳世，或僅為當時立碑者對於「阿猴」之雅稱，則不得而知。惟此一「緱」字後來被日人所引用，而有「阿緱廳」之設。

到了日治時期，日人因利就便將舊地名阿猴沿用在行政規劃。從此，阿猴不再只是地理名詞，而是成為正式的行政區域名稱。明治三十年（1897），當局在本地設阿猴辨務署，管轄港西中里內除六堆以外的各街庄，約當於現在的屏東市區。明治三十四年（1901），將屏東平原和沿山地區劃歸阿猴廳管

〔註 10〕見王瑛曾：《重修鳳山縣志》，頁 32。

〔註 11〕見蘇義峰編著：《發現屏東：文化屏東》（屏東市：屏市阿猴城城鄉發展協會，2005 年），頁 8。

〔註 12〕見何培夫主編、林文睿監修：《臺灣地區現存碑碣圖誌：屏東縣‧臺東縣》（臺北市：國立中央圖書館臺灣分館，1995 年），頁 24。

轄，恆春半島則屬恆春廳轄區。明治三十八年（1905）三月，將阿猴廳改為阿緱廳，主要是因為「阿猴」地名係從平埔族鳳山八社中的阿猴社音譯而來，在文字上不具任何意義。隨著屏東地區的發展，成為區域中心地位後，當局遂選用文雅字彙取代原有的地名，因此改稱「阿緱」。〔註13〕明治四十二年（1909），裁撤恆春廳，併入阿緱廳。至此，阿緱廳的行政區大致已與今日屏東縣的行政區相吻合。

大正九年（1920），廢除廳縣制，改行州郡制。阿緱廳因此併入高雄州下，原轄區分成屏東、東港、潮州和恆春四郡。日本當局因阿緱位於半屏山之東，故將清代嘉慶二十年（1815）所興建的屏東書院之「屏東」援引為本地郡名，藉以彰顯日人注重文教的精神。民國三十九年（1950）八月十六日，經行政院會議通過，正式成立「屏東縣」。〔註14〕

從本縣的得名，可以觀察到昔日臺灣地名演化的軌跡。最初，本地名稱為平埔族語（Akauw），一變為閩南語漢字記音（阿猴），再變為北方官話漢字雅譯（阿緱），最後變成「屏東」。至此，先住民聚落名稱的原始意義已經完全消失，臺灣現代地名的由來，多半都可見此一輾轉演變的過程，同時使人瞭解到隨著時代的變遷，地名的話語權掌握在強勢族群的手裡，此為歷史的通則。

第二節　歷史沿革

本論文題目的時代斷限雖然是到清代為止，然而，現代行政區「屏東縣」一詞的出現，必須等到戰後的國府時期才正式底定。因此，為了釐清本縣行政區域的變革，有必要將歷史沿革的時間軸延伸至戰後時期，方可完整呈現本縣歷史沿革和行政區劃的來龍去脈。本節將按照史前時代、荷蘭時期（1624～1662）、明鄭時期（1662～1683）、清領時期（1683～1895）、日治時期（1895～1945）與戰後時期（1945 迄今）等六個階段，分別說明歷史沿革與行政區劃。在時間的表述上，史前時代、荷蘭時期和明鄭時期皆以西元年代為主，清領、日治和戰後時期則改以當代紀年為主，而以西元年代為輔。

〔註13〕 參考自臺灣慣習研究會原著：《臺灣慣習記事・第五卷上（中譯本）》（臺中市：臺灣省文獻委員會，1990 年），頁 221～222。
〔註14〕 參考自施添福總編纂，臺灣省文獻委員會採集組編輯：《臺灣地名辭書・卷四・屏東縣》，頁 16。

一、史前時代

　　根據墾丁國家公園所出土的史前遺物顯示，恆春半島的海岸低地早在五千年前已有小群體的人類居住和活動，這些先住民以貝肉和骨髓爲食。四千或四千五百年前，本地先住民的居住和活動範圍已擴及河口台地，產業活動以粗作的農耕（秈稻）爲主，而以漁獵和採集爲輔，並有繩紋紅陶，部分人群甚至有嚼食檳榔的習慣。三千五百年前，已出現彩陶文化，此地的族群偏重利用海域資源，而農耕和漁獵活動退居次要地位。二千七百年前，在港口溪的河谷地區，有以農耕爲主的聚落。二千五百年前，在此地區居住和活動的族群，則是以農耕爲主、漁獵爲輔。二千年前，在此居住和活動的先住民已知使用有刃的鐵器。一千五百年前，阿美族已在花東縱谷、臺東海岸平原活動，有些族群則在恆春半島部分地區居住和活動。約與此同時或稍晚，排灣族在臺東知本山麓地區活動，後來部分族群南遷至恆春半島。到了一千二百年前，西拉雅族群亦曾遷居恆春半島。〔註15〕

　　從上述資料可知，在新石器時代之際，恆春半島已有人類活動的記錄。當漢人和歐洲人尚未進入今日的屏東縣境內進行拓殖活動之前，已經有史前的先住民族在此活動，阿美族、排灣族和平埔族等原住民族群陸續到此，成爲這塊土地的主人翁，而漢人和歐洲人則是更晚來到的族群。〔註16〕換言之，屏東地區的歷史發展，早在史前時代便已開始。

二、荷蘭時期（1624～1662）

　　西元一六二四年，荷蘭人入主臺灣，在大員（今臺南市安平地區）建立政權，先後築有熱蘭遮城（Zeelandia，今安平古堡）和普羅民遮城（Provintia，今赤崁樓）兩座城堡，爲了擴大經濟掠奪，稍後開始逐步將勢力向臺灣南部、中部、北部和東部進行擴展。

　　西元一六三五年，荷蘭人派兵進入屏東地區，以武力逐步征服本地區原

〔註15〕參考自李光周：〈人類學的實驗室——墾丁國家公園的史前文化〉，引自《中央日報》，1986 年 8 月 18 日，第 2 版。

〔註16〕根據人類考古學者的研究指出，墾丁國家公園的文化從史前時期以至歷史時期，大致可以分成八個層次，最早的一個文化層次，其存在時間距今約五千年前後，阿美族、排灣族和西拉雅族等土著民族約在一千五百年前至一千兩百年前相繼移入本地區。上述資料參考自李光周著、尹建中編：《墾丁史前住民與文化》（臺北縣板橋市：稻鄉，1996 年），頁 139～140。

住民各社。翌年（1636），下淡水地區（今屏東平原）和瑯嶠地區（今恆春半島）的原住民族群紛紛稱臣降服，荷蘭人將勢力延伸至屏東平原和恆春半島。當荷蘭人在西元一六三六年四月間進入瑯嶠地區與原住民「結盟締和」時，認為瑯嶠居民「是在福爾摩沙島上所看到最文明的人，他們穿著得體，婦女穿裙子，長及腳踝，雙乳也遮住」。〔註17〕這是現存最早有關瑯嶠地區居民的文字記載。

　　蓋恆春昔名「瑯嶠」，最早見於沈光文的〈臺灣輿圖考〉，〔註18〕在漢人大量入墾之前，本地為原住民族活躍的地區，包括排灣族、平埔族和少數阿美族，向被視為「生番殺人」、「盜賊逞志」之地。〔註19〕「瑯嶠」所指地區，包括今日車城鄉在內的大恆春半島地區，其意涵和由來，至今仍然紛紜。荷人將其記音為 Longkiauw、Lonckjau、Lonckijuo，清代文獻則有琅嶠、郎嬌、郎嶠、瑯嬌和樂郊等同音異字的寫法，而分佈於此地區的原住民族被稱為「瑯嶠十八社」，本地山岳則統稱為「瑯嶠山」。〔註20〕日人安倍明義認為是早期排灣族人稱恆春半島西海岸車城一帶為「Lonkea」，以致形成漢字「郎嬌」之地名，意指此地所產的一種蘭花（很可能是蝴蝶蘭）。〔註21〕此說正確與否，因為缺乏進一步資料佐證，已經無法查考。然而，不管其意涵為何，「瑯嶠」係由當地排灣族語音譯而來，則是目前較為人所接受的說法。

　　西元一六四一年以後，荷蘭當局為了便於統治，將臺灣全島劃分成四個地方集會區（Landdagh，一譯為地方會議區），分別是北部（臺南以北）、南部（臺南以南）、卑南（臺東）與淡水（北部臺灣）等四處，每個地方集會區為一個行政單位，每年召開一次地方會議，各轄有數十個村落，村中設有長老，集會區設有長老會，為原住民的諮議機構。此時，屏東屬於南部集會區。〔註22〕

〔註17〕有關荷人和瑯嶠地區原住民來往的相關事蹟，請參見江樹生譯註：《熱蘭遮城日誌（一）》（台南市：台南市政府，1999年），頁231～239。

〔註18〕見龔顯宗編：《沈光文全集及其研究資料彙編》（臺南縣新營市：南縣文化，1998年），頁160。

〔註19〕見藍鼎元：《東征集》（南投市：臺灣省文獻委員會，1997年），頁43。

〔註20〕上述說法參考自施添福總編纂，臺灣省文獻委員會採集組編輯：《臺灣地名辭書‧卷四‧屏東縣》，頁179。

〔註21〕見安倍明義：《臺灣地名研究》（臺北市：武陵，1996年），頁226。

〔註22〕有關荷蘭人所設地方會議區的說法係參考自楊彥杰：《荷據時代臺灣史》（臺北市：聯經，2000年），頁93～96。

　　荷蘭人為了強化殖民統治，在每個集會區派駐政務員和傳教士，政務員負責區內的行政事務，傳教士則負責宗教事務，傳教事業和武力行動往往相輔而行。荷蘭人企圖透過村落頭目和教會傳教及傳授羅馬拼音等方式，藉以馴化當地的百姓，如遇反抗，輒以武力鎮壓，強迫居民臣服，甚至不惜殘殺殆盡，本地琉球社人的滅絕即是一例。〔註23〕對於荷蘭人殘酷屠殺臺灣土著的暴行，清領初期來臺採硫的郁永河仍記云：「自紅毛始踞時，平地土番悉受約束，力役輸賦不敢違，犯法殺人者，勦滅無孑遺。」〔註24〕

　　此時，雖有零星漢人進入下淡水地區活動，但大多屬於短暫或季節性流動的行商走販或漁夫，並非長期定居的農民，「鳳山八社」是當時屏東平原最主要的住民族群。〔註25〕這些平埔族群大致沿著下淡水溪（今高屏溪）、東港溪和林邊溪沿岸地區聚居。由於「鳳山澹水等社近水，可種早稻」，在荷蘭人來臺之前，鳳山八社便逐漸脫離採集和逐獸的游獵活動，慢慢發展出粗放的農耕活動。萬曆三十一年（1603）隨軍來臺的陳第，在〈東番記〉已提到臺灣西南部平埔族人種植稻米的情形，「無水田，治畬種禾，山花開則耕，禾熟，拔其穗，粒米比中華稍長，且甘香。」〔註26〕可見臺灣南部平埔族人進行稻耕農作的時間由來已久。而鳳山八社居地近水，便於灌溉，加上氣候適宜，屏東平原成為臺灣全島唯一可以兩種的地區，清代首任巡臺御史黃叔璥就指

〔註23〕荷蘭人鎮壓臺灣原住民的手段非常殘酷，荷軍每到一地，對於重點進攻的村社往往夷為平地，如西元 1636 年出征小琉球時，不分男女老幼，從島上除去千人以上，幾使當時島上的琉球社人絕跡。有關荷蘭人屠殺琉球人的經過，可以參閱楊彥杰：《荷據時代臺灣史》，頁 80～81、頁 88。

〔註24〕見郁永河：《裨海紀遊》（臺北市：臺灣銀行，1959 年），頁 36。

〔註25〕根據李國銘對鳳山八社的研究，認為最遲在西元 1641 至 1646 年間，下淡水地區鳳山八社規模已經確立。上述說法請參見李國銘：〈十七世紀中葉屏東平原的村落與記事〉，《臺灣史研究》第 1 卷第 2 期（臺北市：中央研究院臺灣史研究所籌備處，1994），頁 109～130。有關鳳山八社最早的官方文字記載，應見於蔣毓英的《臺灣府志》：「下淡水社（離府治一百五十五里）、力力社（離府治一百七十里）、茄藤社（離府治一百七十五里）、放索社（離府治一百九十里）、上淡水社（離府治一百一十里）、阿猴社（離府治一百二十五里）、搭樓社（離府治一百三十五里）、大澤機社（離府治一百五十里）。」請參見蔣毓英：《臺灣府志》（南投市：國史館臺灣文獻館，2002 年），頁 10。後來大澤機社消失，而以武洛社繼之，此間原因為何，論者至今莫衷一是，本文旨在敘述屏東地區的開發歷史而非考證族群的勢力消長，僅以「鳳山八社」統稱當時活躍於屏東平原的平埔族群。

〔註26〕見沈有容：《閩海贈言》（南投縣：臺灣省文獻委員會，1994 年），頁 25。

出「鳳山八社水田，收雙冬旱稻（一名安南蚤，十月、正月種）。」〔註27〕

　　當荷蘭人在南部內陸征討不服管理的原住民部落期間，「沿著茄藤社與其他幾個村社，前往大木連社。沿途到處鼓勵福爾摩沙人種植稻米」。〔註28〕荷蘭殖民者不僅力勸鳳山八社先民種稻，並規定與荷蘭當局締和成為盟友的部落，都必須繳納「稻子稅」，「要如同那些在放索仔社附近及位於南方其他村社已經實行的那樣，將來，每一戶人家都必須按照他閣下所決定的數量繳納稻子或米。」〔註29〕從上述資料可知，下淡水平原的鳳山八社在荷蘭時期已有向統治者繳納「稻子稅」的記錄。因此，到了明鄭和清領初期，漢人所見到的屏東平原先住民——鳳山八社，已經是「不捕禽獸，專以耕種為務，計丁輸米于官」的農業族群。〔註30〕

三、明鄭時期（1662～1683）

　　西元一六六二年，鄭成功驅逐荷蘭人，以臺灣為東都，設一府二縣，府曰承天，領有天興、萬年二縣，分轄南北路，此為漢人在臺灣分官設治之始。承天府治設於赤崁樓（今臺南市），天興和萬年二縣以新港溪為界，天興縣轄北路（今臺南市以北），萬年縣轄南路（今臺南市以南）。南路萬年縣「分淡水溪為界，溪以北漢人居之、溪以南土番處焉」，〔註31〕屏東隸屬萬年縣，時為「土番」居處之地。

　　鄭成功薨後，嗣王鄭經即位。西元一六六四年，鄭經改東都為東寧，劃府治為四坊，分別是東安、西定、寧南、鎮北，以居商賈，「坊置簽首理民事；制鄙為三十四里，置鄉長，行鄉治之制」，〔註32〕並陞天興、萬年二縣為州，以州官治漢人，另設南北路安撫司和澎湖安撫司，「以管番民」。〔註33〕此次行政區域的調整，持續至臺灣入清為止，屏東改屬萬年州所轄。

　　當時下淡水溪以南仍為原住民活動的範圍，少有漢人進入拓墾，本地雖

〔註27〕見黃叔璥：《台海使槎錄》（南投市：臺灣省文獻委員會，1999年），頁52。
〔註28〕見江樹生譯註：《熱蘭遮城日誌（二）》（台南市：台南市政府，1999年），頁14。
〔註29〕見江樹生譯註：《熱蘭遮城日誌（二）》，頁77。
〔註30〕見蔣毓英：《臺灣府志》，頁60。
〔註31〕見陳文達：《鳳山縣志》，頁3。
〔註32〕見連橫：《臺灣通史》（臺北市：眾文圖書，1979年），頁38。
〔註33〕見陳文達：《鳳山縣志》，頁3。

屬萬年州管轄，卻未見到官方正式的行政設置，甚至將此地區做為流徙罪犯之所，「而自下淡水以南，悉屬瘴鄉；僞時以處有罪之人，無一生還者。」〔註34〕鄭氏爲給養軍隊，在台灣實施「寓兵於農」的屯田制度，鄭軍在車城檳榔埔一帶建立據點，逐漸形成漢墾者的聚落，名曰「統領埔」（今車城鄉統埔村）。〔註35〕斯爲漢人有組織入墾恆春半島之嚆矢。

　　總而言之，明鄭時期的軍屯和民墾，只限於下淡水溪以西的高雄平原，而不及於一溪之隔的屏東平原，其勢力雖曾短暫進入琅嶠地區，卻多半侷限在恆春半島的北端，只有形成點狀的拓墾區，未能進一步成爲全面性的開拓。恆春半島全面性的開發，則要等到清代光緒朝「恆春縣」的設立，才有更多的進展。

四、清領時期（1683～1895）

　　康熙二十二年（1683），臺灣鄭氏因爲繼承問題出現內訌，政權不穩，清廷命施琅率師渡海攻臺。澎湖一戰，鄭軍失利，鄭克塽出降，明鄭時期宣告結束。清領臺灣之後，朝廷內部對於臺灣的去留問題，舉棋不定，本欲「徙其人而空其地」，經過廷議討論，決定採納施琅意見，將臺灣收入帝國版圖。翌年（1684），析地設官，置一府三縣，承天府改爲臺灣府，屬福建省臺廈道管轄，下設諸羅、臺灣和鳳山等三縣。將天興州改爲諸羅縣（南起臺灣縣分界，北至大雞籠社大海），設縣治於佳里興（今臺南市佳里區），原萬年州分闢爲臺灣和鳳山兩縣，臺灣縣與府同城，爲附郭首縣，署於東安坊。臺灣縣以南至沙馬磯頭（今貓鼻頭），皆爲鳳山縣屬地，縣治設於興隆莊（今高雄市左營區），屏東地區爲鳳山縣所轄。

　　最初，鳳山縣原轄里七、莊六、社十二、鎮一，〔註36〕屏東地區由於漢墾者的聚落猶稀，即如藍鼎元所謂「向皆有番無民之地」，〔註37〕因此沒有設

〔註34〕見高拱乾：《臺灣府志》（南投市：臺灣省文獻委員會，1993年），頁112。
〔註35〕見曹永和：《臺灣早期歷史研究》（臺北市：聯經，2002年），頁282。
〔註36〕鳳山縣設立之初所轄坊里，七里即依仁里、永寧里、新昌里、長治里、嘉祥里、維新里、仁壽里，二莊即觀音莊、鳳山莊，十二社即下淡水社、力力社、茄藤社、放索社、上淡水社、阿猴社、搭樓社、大澤機社、郎嬌社、琉球社、南覓社、加六堂社，一鎮即安平鎮。上述坊里請見蔣毓英：《臺灣府志》，頁10。
〔註37〕見藍鼎元：《平臺紀略》（臺北市：臺灣銀行經濟研究室，1958年），頁72。

置任何漢人的莊里，境內僅轄有原住民十一社（南覓社在臺東縣境），只在東港設有下淡水巡檢司署，職司海防和緝盜，是當時官方在屏東地區最早設立的正式行政機關，卻因為「水土毒惡，歷任皆卒於官，甚至闔家無一生還」。〔註38〕康熙五十一年（1712），下淡水巡檢趙元凱將駐守東港的巡檢司移往赤山（今萬丹鄉後庄村）。康熙五十八年（1719），知縣李丕煜有鑑於「舊鄭氏時，自港東至瑯嶠皆安置罪人所，陰風悲號，白骨枕野，居民觸之輒病疫」，遂令巡檢王國興在港東里建鄉厲壇以祀，使孤魂野鬼不復為厲。〔註39〕由此可以想見，漢人在康熙朝開拓屏東地區的慘澹情狀。儘管如此，漢人仍然不斷進入下淡水溪以東進行拓墾活動。與此同時，因人居日廣，鳳山縣所轄的行政設置已擴編為里九、保二、莊三、鎮一、社十二，並在屏東境內首見港東里和港西里的設置，這是官方因應屏東地區漢墾者漸多而做出的行政區劃，且有「街市」的形成，分別是新園街和萬丹街兩處，皆註明「屬港西里，近年始設」。〔註40〕

此外，粵籍人士的移入，也加快屏東地區開發的速度。清領初期，臺灣島上的居民，除原住民族外，渡海來臺的漢人主要來自於福建省漳州和泉州兩府。這些閩籍移民多聚居於臺南府城一帶，其他地方只有零星的分布。約在康熙二十五、六年間（1686～1687），廣東省嘉應州鎮平、平遠、興寧、長樂等地居民，紛紛渡海來臺發展，這些粵籍移民本欲於府城附近落腳，惟可耕之地已呈飽和，無法從事墾殖，只好向南發展，「於下淡水溪東岸流域發現有未拓草地存在，乃相率移此，協力從事開墾，田園漸次增大，生齒亦日繁。本籍民聞之，接踵移來者倍多。」〔註41〕粵籍移民進入下淡水溪東岸拓荒，不僅為本地的開發注入新血，同時也改變本地區的族群生態。

康熙六十年（1721），朱一貴事件波及全臺。事後，藍鼎元認為北路地方遼闊，兵力單薄，應在半線（今彰化）以北增設縣、廳各一，以利管理。雍正元年（1723），在首任巡臺御史吳達禮和黃叔璥的建議下，從諸羅縣析出彰化縣和淡水廳，虎尾溪以南仍為諸羅縣，虎尾溪與大甲溪之間為彰化縣，大甲溪以北為淡水廳。到了雍正五年（1727），清廷進一步檢討澎湖的地位。澎

〔註38〕見陳文達：《鳳山縣志》，頁12。
〔註39〕見王瑛曾：《重修鳳山縣志》，頁145。
〔註40〕見陳文達：《鳳山縣志》，頁26。
〔註41〕見伊能嘉矩：《臺灣文化志‧下卷（中譯本）》（臺中市：臺灣省文獻委員會，1991年），頁142。

湖原隸屬臺灣縣，設有巡檢司，以掌關津，當朱一貴事件爆發時，因海峽天塹而獲得保全，成為清廷運兵平亂的前進基地，凸顯其地理位置的重要性，因而提升行政層級為澎湖廳，以轄諸島。至此，臺灣的行政建制進入一府四縣二廳時期。此項行政區域變革維持相當長的時間，其間曾經歷乾隆五十一年（1786）的林爽文事件，後來為嘉許諸羅軍民長期堅守城池之功，遂詔改縣名為「嘉義」，此名沿用至今。此一時期，屏東地區仍隸屬於鳳山縣。

嘉慶朝以後，由於官方逐漸放寬內地移民渡海的限制，攜眷來臺者日多，臺灣人口日眾，闢地日廣，既有的一府四縣三廳（嘉慶十七年，設立噶瑪蘭廳）行政編制早已遠不及發展中的實際。然而，在中國傳統官僚因循苟且的惰性下，此一編制並未隨著時代的腳步做出進一步的變置。

雖然如此，鳳山縣派遣在屏東地區的官吏和駐防的地點，在此一階段則有多次不同的變化。由於屏東平原的人口增多，行政事務漸繁，原來專責關防和捕盜的下淡水巡檢司，已經無法因應此一局面，遂於雍正九年（1731）設置鳳山縣縣丞（相當於今日的副縣長）以佐理本地政務，駐在港西里萬丹街（今屏東縣萬丹鄉），這是鳳山縣在屏東地區所設層級最高的職官；乾隆二十六年（1761），知縣王瑛曾奉文將縣丞駐在地從萬丹街移建至阿里港（今屏東縣里港鄉）；乾隆五十三年（1788），復將縣丞所在地移建於阿猴街（今屏東縣屏東市）。而官位稍次的下淡水巡檢司，則於雍正九年（1731）移建於大崑麓（今屏東縣枋寮鄉）；乾隆二十九年（1764），賃公館於港東里嵌頂街（今屏東縣崁頂鄉）；乾隆五十三年（1788），改駐興隆里舊城（今高雄市左營區）。

雍正十二年（1734），鳳山縣重定疆域，轄區調整為里七、莊七、社一二三、街十六，而屏東地區則有淡水港東里、淡水港西里，阿猴街、新園街、萬丹街、嵌頂街、阿里港街、枋寮口街，以及平埔熟番八社、山豬毛、傀儡山、瑯嶠等歸化生番五十社。〔註42〕經過此次調整，屏東地區所轄之里、社，直到嘉慶朝中葉為止，並無任何變動。

到了同治十年（1871），日本沖繩縣民遇風飄至恆春半島東岸八瑤灣附近，上岸後遭到當地原住民殺害。清日兩國幾經外交斡旋未果，日人趁機啟釁，同治十三年（1874）遂行出兵琅嶠，是為牡丹社事件。此一事件引起清廷對於臺灣海防的重視，重新檢討治理臺灣的態度，命福建船政大臣沈葆楨

〔註42〕 上述鳳山縣境內里、莊、社、街的名稱和所在位置，分見王瑛曾：《重修鳳山縣志》，頁 50、59～61、31～32。

為欽差大臣，賦予調度全權，督辦臺灣軍務。事定之後，沈氏建議在臺灣增設府縣，以加強在臺防務。

在此之前，清廷雖然設置巡檢司和縣丞等職官治理下淡水溪以東之地，惟官方的勢力僅止於屏東平原一帶，並未積極經營恆春半島，甚至在康熙末年下令禁止漢人越界拓墾，以防止反清勢力潛入，時間長達一百五十餘年，使得此地的開發進程明顯受到牽制。〔註43〕儘管如此，民間漢人仍不時與琅嶠社眾往來交易，因為「沿海如魚房港、大綉房一帶，小船仍往來不絕」。〔註44〕因此，可以說恆春半島長期遭到官方的刻意忽視，使得本地的文教發展停滯不前，直到日人率兵前來，意欲「深入番地，招彼酋長，百般開導，殛其兇首，薄示懲戒；使毋再蹈前轍，以安良民」，〔註45〕才再度注意到本地的重要性。

同治十三年（1874）底，清廷為鞏固臺疆海防，派沈葆楨實地探勘琅嶠形勢，為「鎮民番而消窺伺」，〔註46〕建議在此築城設官。當沈氏初至本地，見到「時已殘冬，麥穗、秧針黃綠相間，則內地四月間景象也」，〔註47〕以本地氣候四季如春之故，遂成為今日「恆春」名稱的由來。從宏觀的歷史角度來看，牡丹社事件對於後來恆春地區的政教、文史發展是個重要的轉折點。

光緒元年（1875），清廷下令以率芒溪（今士文溪）為界，正式從鳳山縣析出「恆春縣」，成為清代臺灣最南端的縣治。至此，屏東地區分成鳳山縣和恆春縣兩個行政區塊，前者轄有屏東平原，後者轄有恆春半島，直至乙未割臺為止。光緒五年（1879），恆春縣城竣工，是今日屏東縣境內第二個圍城之地，也是清代屏東地區唯一的縣治所在。〔註48〕而「恆春」從此取代「琅嶠」，

〔註43〕琅嶠地區背山面海，物產豐富，清領初期原本任由漢人漁樵採捕，往來貿易，然自朱一貴事件後，朝廷認為本地與府治相隔遙遠，在《重修鳳山縣志》有謂：「琅嶠社，臺變始為禁地。」又，「琅嶠社喬木茂盛，長林蓊薈，魚房海利，貨賄甚多；原聽漢民往來貿易，取材捕採。（康熙）六十年臺變，始議：地屬窵遠，奸匪易匿，乃禁不通；惟各番輸餉而已。」上述引文分見王瑛曾：《重修鳳山縣志》，頁11、65。

〔註44〕見黃叔璥：《臺海使槎錄》，頁158。

〔註45〕見屠繼善：《恆春縣志》（臺北市：臺灣銀行，1960年），頁278。

〔註46〕見屠繼善：《恆春縣志》，頁41。

〔註47〕見屠繼善：《恆春縣志》，頁41。

〔註48〕在恆春縣城出現以前，清代鳳山縣有新、舊城之分。最初，清廷不許臺灣島內築城，朱一貴亂後，康熙六十一年（1722），始准鳳山縣興建土城，其址在興隆莊（今高雄市左營區）；道光六年（1826），改建為石城，是為鳳山縣舊

成為恆春半島的統稱。其實，恆春半島的設治敷教，主要基於臺灣海疆國防的需要，屬於被動的產生，而非是漢墾者主動開發的成果，此時臺灣島內的政教和經濟重心已經轉移至北部，除了官吏、幕友和塾師等宦遊人士到此述職，一般文人殊少將眼光和腳步駐留於此，對於教化的推廣已顯困難，遑論長期文風的成形。二十年後，臺灣易主，由於恆春設治時間尚淺，文教的種子雖已播下，卻沒有充足的時間栽培出本地的花果，只留下少數宦遊者的作品，其中以記錄恆春風土特色的竹枝詞和含有政教意義的賦作表現最為突出。

光緒二年（1876），在大甲溪以北增設臺北府，轄淡水縣、宜蘭縣、新竹縣及基隆廳，使北部在行政組織上的比重大為增強，以配合其在臺灣開港以後的迅速發展。原臺灣府所轄，包括臺灣、彰化、嘉義、鳳山、恆春等五縣，以及澎湖、卑南和埔里社等三廳。於是，全臺行政區域進入兩府八縣四廳時期。

兩府八縣四廳的組織架構，顯示清廷已體認到來臺的漢人日多和外國勢力的進逼，不得不增設行政衙門管理的事實，以及必須「開山撫番」的需要，期使臺灣全島不再有無屬之民和化外之地的決心。對於沈葆楨規劃和建設臺灣的高瞻遠見，連橫讚云：「析疆增吏，開山撫番，以立富強之基。沈葆楨締造之功，顧不偉歟！」〔註49〕

光緒十一年（1885），臺灣正式建省，將臺灣行政地位提昇為省級，不再隸屬於福建省，劉銘傳為首任臺灣巡撫。光緒十三年（1887），將臺灣省分為三府、十一縣、三廳，以及一個直隸州。臺灣三府分別是臺北府、臺灣府和臺南府，臺北府領有宜蘭、淡水和新竹等三縣，以及基隆廳；中部的臺灣府領有苗栗、臺灣、彰化和雲林等縣，以及埔里社廳；原臺灣府改稱臺南府，領有嘉義、安平（原臺灣縣）、鳳山和恆春等四縣，以及澎湖廳。直隸州則是臺東州，由原卑南廳升格。此時，屏東地區為臺南府所轄，分屬於鳳山和恆春兩縣。最初將臺灣省會規劃於臺灣府臺灣縣（今臺中市南區），卻因省垣草

城。乾隆五十一年（1786），因林爽文之變，縣城被陷，縣署遭焚，乾隆五十三年（1788）事平後，舊城已不堪設治，乃將縣治移至大竹里陂頭街（今高雄市鳳山區），是為鳳山縣新城。然而，不管鳳山縣新、舊兩城的所在地，縣治始終位於今日高雄市行政區。道光十六年（1836），阿猴街（今屏東市）築城，有東西南北四門，現僅存東門遺跡，位於屏東市中山公園縣立體育場西側一隅，眉曰：「朝陽門」，上下款分別是：「下淡水分沈長棻監造」和「道光丙申年冬穀旦」，斯為今日屏東縣境內第一個官建城池。

〔註49〕見連橫：《臺灣通史》，頁912。

創未周，是以巡撫暫駐臺北，擬俟臺中建城完畢，再行遷治，然此一計畫始終未能實現。光緒十八年（1892），巡撫邵友濂因臺灣縣潦災爲患，且中部沿岸水淺，無法停泊輪船，奏請省會移至臺北府，朝廷准其奏。從此，臺灣地區的政經中心移至臺北，直至今日依然如此。

五、日治時期（1895～1945）

日治時期的行政區域變革頗爲複雜，同年度往往出現不同的行政區劃，與屏東地區相關者即達十餘次之多，茲略述如下。

光緒二十年（1894），清日甲午戰爭，滿清中國戰敗。翌年（1895，明治二十八年）四月，雙方簽訂馬關條約，協議割讓臺灣。日人得臺之初，鑑於時氛未靖，有關地方行政建制，一概參酌舊制，並未做出太大的更動，僅廢除清代廳、縣，而將府改爲縣，而在縣下則新設支廳。明治二十八年（1895）六月，在臺灣設立三縣一廳，其中將清代的臺南府及臺東直隸州合併爲臺南縣，下轄安平、鳳山、恆春和臺東四支廳。現在的屏東縣則包括臺南縣行政區部分鳳山支廳和恆春支廳。

三縣一廳的行政架構並未維持太久。到了明治二十八年（1895）八月，臺灣總督府將臺南縣裁撤，改爲臺南民政支部，並將支廳一律改爲出張所。鳳山出張所管轄清代光緒朝鳳山縣的轄區，今日的屏東縣包括臺南民政廳支部行政區劃中部分鳳山出張所和恆春出張所轄區。

明治二十九年（1896），當局恢復三縣一廳制，即臺北、臺中和臺南三縣和澎湖廳，以下仍設支廳。屏東縣依舊屬於臺南縣行政區，分跨部分鳳山支廳和恆春支廳轄區。

明治三十年（1897）四月，臺灣總督乃木希典將全臺行政區調整成六縣三廳，六縣分別是臺北、新竹、臺中、嘉義、臺南和鳳山，三廳爲宜蘭、臺東和澎湖。在縣、廳之下設有辦務署，取代原有的支廳。鳳山縣轄有十一個辦務署，在屏東境內有七，分別是內埔、林邊、阿猴、萬丹、阿里港、楓港和恆春。楓港辦務署後來裁撤，改設枋寮辦務署，署址從楓港庄移至枋寮街。

明治三十一年（1898），臺灣總督兒玉源太郎將六縣三廳合併爲三縣三廳，裁撤新竹、嘉義和鳳山等縣，改設臺北、臺中和臺南三縣，下有辦務署和辦務支署。今日屏東縣隸屬於臺南縣行政區，包括阿猴、潮州、東港、恆春辦務署。

　　日督兒玉為使臺灣政務得以更加靈活推動，進一步將總督府、縣廳和辨務署的三級制度，廢除縣和辨務署，改為府、廳二級制。明治三十四年（1901）十一月，全島行政區改成二十廳，受總督府直轄。屏東縣境有阿猴廳和恆春廳，前者下有東港、阿里港、潮州、枋寮、內埔和萬丹六支廳，後併成東港、阿里港、潮州和枋寮四支廳；後者設枋山和蚊蟀兩支廳。明治三十八年（1905）四月一日，阿猴廳易名為阿緱廳。

　　二十廳時期維持數年，第五任日督佐久間左馬太考量臺灣治安已趨於穩定，地方政務日益繁忙，計畫重新調整全島行政區。明治四十二年（1909）十月，將二十廳合併成十二廳，廳下有支廳、區，分層管理街、莊、社。原來的蕃薯寮廳（今高雄市旗山區）、阿緱廳和恆春廳，則合併為阿緱廳，其中潮州支廳、東港支廳、枋寮支廳、枋山支廳、恆春支廳、阿里港支廳、阿緱區、公館區、麟洛區、老埤區、萬丹區、新庄仔區和社皮區，在今日屏東縣境內。

　　進入大正時代，臺灣社會秩序已相當穩定，首位文人總督田健治郎到任，採同化政策，訂定地方自治制度。大正九年（1920）七月，將廳改州，支廳改郡，廢堡、里、澳、鄉、區，改為街、庄。全臺行政區規劃成五州二廳，五州分別是臺北州、新竹州、臺中州、臺南州和高雄州，二廳為東部的臺東廳和花蓮港廳。當局將阿緱廳、澎湖廳和部分臺南廳劃為高雄州，本縣時為高雄州所轄，境內有屏東、潮州、東港和恆春等郡。其中，屏東郡管轄屏東街、長興庄、鹽埔庄、高樹庄、六龜庄（今高雄市六龜區）、里港庄、九塊庄和蕃地，除六龜庄在今日高雄市，其餘皆在屏東縣境；潮州郡管轄潮州庄、萬巒庄、內埔庄、竹田庄、新埤庄、枋寮庄、枋山庄和蕃地；東港郡管轄東港街、新園庄、萬丹庄、林邊庄、佳冬庄和琉球庄；恆春郡管轄恆春庄、車城庄、滿州庄和蕃地。值得注意的是，日治時期歷經多次的行政區劃，以本次的調整最為重要，也在相當程度上影響戰後臺灣的行政區劃，如許多臺灣的現代地名均在此時出現，「屏東」一詞即是首次以地名型態出現，別具歷史意義，〔註50〕後來延伸擴大成為本縣縣名，至今不變。大正十五年（1926）六月，將高雄州下澎湖郡升格為澎湖廳，全臺行政區變成五州三廳，其他行政區依舊。

〔註50〕 「屏東」一詞，最早出現於嘉慶二十年（1815），當時係書院名稱，並非地理名詞。

日治昭和時代到終戰（1945）爲止，全島行政區始終維持五州三廳的編制，本縣皆爲高雄州轄下，然與本縣相關的行政區域改劃尚有數次，其中以昭和八年、十一年和十四年爲要。昭和八年（1933）十月，將屏東街改陞爲市，「屏東市」出現於此時；昭和十一年（1936），將潮州庄陞爲潮州街；昭和十四年（1939），將屏東市區進行細部規劃並新取町名，是爲今日屏東市區的雛形。

總觀日治時期全島的行政區域變化，本縣的行政區域雖已略見今日的輪廓，卻是以廳、郡、街等較爲次要的行政層級出現，且多半被規劃在臺南縣或高雄州的轄區，終未能獨立陞爲一級的行政區。此一情形，到了國府遷臺初期仍未改變。

六、戰後迄今

民國三十四年（1945）八月，日本宣布投降，國民政府接收臺灣。國民政府在臺灣開始行使主權迄今，臺灣行政區域的建置沿革大致上延續日治時期，其中有四次較大的變遷。對本縣而言，亦有數次變革影響整個地區的行政架構，茲略述於下。

光復之初，國民政府爲求順利接管和便於推行法令，接收期間地方行政區域暫依日治時期的街庄範圍，並未做出大幅度的改變，僅將郡改爲區，街庄改爲鄉鎮。民國三十五年（1946），將全臺行政區劃分爲八縣九省轄市，原來的高雄州改爲高雄縣，而所屬的屏東郡則改稱屏東區，屏東市名稱不變，惟行政層級變成省轄市。本縣包括高雄縣行政區劃中的屏東市，以及屏東、潮州、東港和恆春四區。其中，屏東市管轄東區、中區、南區、北區、萬丹區、長治區和九如區；屏東區轄鹽埔、高樹、里港、霧臺和三地盟（民國三十六年改稱三地鄉）等鄉；潮州區轄潮州鎮、萬巒、內埔、竹田、新埤、枋寮、枋山、獅子、春日、泰武、來義和瑪佳沙（民國三十五年改稱瑪家鄉）等鄉；東港區包括東港鎮和新園、林邊、佳冬、琉球等鄉；恆春區則有恆春鎮和車城、滿州、牡丹等鄉。上述鄉鎮，若將屏東市和所屬萬丹、長治、九如等區計算在內，今日本縣所屬三十三個鄉鎮，至此已經出現三十個，僅崁頂、麟洛和南州尚未出現。此時，本縣雖然被劃爲高雄縣行政區，然境內各鄉鎮區劃大致已經成形。

民國三十九年（1950），全省重新劃爲十六縣五省轄市一局（陽明山管理

局），將高雄縣行政區析爲高雄、屏東兩縣，「屏東」從此以縣級行政單位出現，並設縣治於屏東市，不再從屬於高雄州、臺南縣或高雄縣等行政區。同年（1950），新園和崁頂分鄉，長治與萬丹從屏東市分出爲鄉，改歸屏東縣管轄。本縣計轄屏東市，潮州、東港、恆春等三鎮，以及萬丹、長治、九如、里港、鹽埔、高樹、內埔、三地、萬巒、竹田、新埤、新園、崁頂、佳冬、林邊、琉球、枋寮、枋山、車城、瑪家、泰武、來義、霧臺、春日、獅子、牡丹、滿州等二十七鄉。民國四十年（1951），林邊鄉劃分爲林邊、溪州兩鄉，長治鄉劃分爲長治、麟洛兩鄉。因全臺「溪州」地名頗多，乃於民國四十五年（1956）將溪州鄉易名爲南州鄉。至此，本縣的行政區劃全部底定，爲一縣轄市、三鎮、二十九鄉。

民國五十六年（1967）七月一日，臺北市升格爲直轄市，翌年（1968）正式裁撤陽明山管理局，臺灣省的行政區改爲一直轄市十六縣四省轄市。本縣僅各鄉鎮內部村里數量與範圍調整。

民國六十八年（1979）七月一日，高雄市升格爲直轄市，臺灣省行政區改爲二直轄市十六縣三省轄市。本縣鄉鎮維持不變，僅內部村里數量和範圍更動。民國八十一年（1992），三地鄉更名爲三地門鄉。本縣行政區域和鄉鎮編制依舊。

民國九十九年（2010），因應國土計畫，新北市（原臺北縣）以及臺中市（縣）、臺南市（縣）、高雄市（縣）等縣市合併升格爲直轄市，與原有的臺北市成爲五大直轄市，臺灣的行政區變革爲五直轄市十二縣三省轄市，屏東縣爲十二縣之一。

臺灣自古即爲原住民的生活舞臺，史前時代的原住民族群彼此勢力消長，其聚落常有遷徙，並無任何的行政區劃分。荷蘭時期，荷蘭人雖以熱蘭遮城爲駐臺行政中心，分轄四個地方集會區，但嚴格來說，地方集會區的行政組織極爲鬆散，並非傳統的行政區模式，惟其仍有「治理」居民的存在事實，無法令人完全忽視。鄭成功入臺後，帶來中國朝廷管理地方的行政編制，從此臺灣才開始有正式的行政區劃分。

綜觀本縣的歷史沿革，歷經六個時期、五個政權，其間行政區的變遷相當大，使人目不暇給。爲便於清楚起見，茲將本縣歷代的行政區域變遷整理成「表2-1」，以爲本節論述的總結。

表2－1：屏東縣的行政區域變革

時代	年份（西元年）	全島行政區	隸屬行政區
荷蘭時期	西元一六四一年	四個地方集會區	南部地方集會區
明鄭時期	永曆十五年（1661）	一府二縣	萬年縣
	永曆十八年（1664）	一府二州	萬年州
清領時期	康熙二十三年（1684）	一府三縣	鳳山縣
	雍正元年（1723）	一府四縣二廳	鳳山縣
	嘉慶十七年（1812）	一府四縣三廳	鳳山縣
	光緒元年（1875）	二府八縣四廳	鳳山縣、恆春縣
	光緒二十年（1894）	一省三府十一縣四廳一直隸州	鳳山縣、恆春縣
日治時期	明治二十八年（1895）五月	三縣一廳	臺南縣
	明治二十八年（1895）八月	一縣二民政支部一廳	臺南民政支部
	明治三十年（1897）	三縣一廳	臺南縣
	明治三十一年（1898）	六縣三廳	鳳山縣
	明治三十二年（1898）	三縣三廳	臺南縣
	明治三十四年（1901）五月	三縣四廳	臺南縣、恆春廳
	明治三十四年（1901）十一月	二十廳	阿緱廳、恆春廳
	明治四十二年（1909）	十二廳	阿緱廳
	大正九年（1920）	五州二廳	高雄州
	大正十五年（1926）	五州三廳	高雄州
	昭和二年至昭和二十年（1927～1945）	五州三廳	高雄州
戰後時期	民國三十四年（1945）	一省八縣九省轄市一管理局	高雄縣

時代	年份（西元年）	全島行政區	隸屬行政區
戰後時期	民國三十九年（1950）	一省十六縣五省轄市一管理局	屏東縣
	民國五十六年（1967）	一省一直轄市十六縣四省轄市	屏東縣
	民國六十八年（1979）	一省二直轄市十六縣三省轄市	屏東縣
	民國七十一年（1982）	一省二直轄市十六縣五省轄市	屏東縣
	民國九十九年（2010）	一省五直轄市十二縣三省轄市	屏東縣

第三節　文教發展

　　文學作品的書寫有賴知識份子的創作，而培育知識份子的場所則繫於文教機構的設立和發展。因此，欲觀察一地的文學現象，尤其是新闢之地的文學發展，除了必須瞭解當地的歷史沿革之外，還必須從文教機構的角度切入。然而，史前時代屬於「無政府」的狀態，沒有任何文教機構的設置，亦缺乏文字的記錄，於茲自是無須表述，惟人類的文化活動仍不斷向前發展，初民將其生活的實際遭遇和浪漫的想像能力透過語言傳承下來，成為「文學」的源頭，包括神話、傳說和歌謠，是為「口傳文學」時期。

　　職是之故，本節以荷蘭時期、明鄭時期、清領時期、日治時期和戰後時期做為時代分期。必須說明的是，本論文的主題雖然以清領時期為時間的斷限，但是文學的發展腳步有其連貫性，不會隨著政治時間的更迭而同步進退，例如傳統詩文的發展在日治後期仍相當蓬勃，當時的國語（日語）文學並未能全面取代漢語文學，即使到了戰後時期，白話文學逐漸成為當時文壇的主流，依舊能夠「不絕如縷」地存續下來。因此，本節擬就論題相關的部分，嘗試做一概略性的說明，探討每一分期的發展和轉變，將屏東地區歷代的文教發展做一整理，俾能掌握屏東文學的發展背景。

一、荷蘭時期

　　荷蘭人來臺之前，「臺灣為海上荒島，靡有先王之制也。荷蘭得之，始教

土番。」〔註51〕荷蘭人對臺灣的教化，主要是傳布基督教。當荷蘭人佔據臺灣南部後，傳布基督教的行動接踵而至。

荷蘭人對臺灣人民的殖民統治，除了軍事鎮壓和行政控制外，傳布基督教也是相當重要的手段之一。荷蘭人在臺灣的傳教與西班牙人不同，西班牙人把傳教當作是一種「事業」，獨立於行政之外；而荷蘭人則把行政和傳教結合起來，傳教人員也是荷蘭東印度公司（The Dutch East India Company）的職員，其傳教行動屬於殖民統治策略的一環，以行政控制為主要目的，而傳教行動則是輔助作用。

如前文所述，荷蘭人的武力鎮壓和傳教行動，往往相輔而行。武力鎮壓是為了降服臺灣住民，以掠奪更多的經濟利益，同時也為後來的傳教行動開闢了道路。因此，在軍事行動後，繼之以傳教行動，藉此安撫當地人心，以期提升當地的經濟產能。如果說軍事鎮壓是「武功」的一面，那麼傳布基督教就是「文治」的一面，其目的在透過基督教義的傳播，試圖「教化」或「文明」臺灣居民，以彌補武力鎮壓的不足，此為荷蘭人傳教的隱性目的，麻豆社便是典型的例子。西元一六三六年，荷蘭人在出兵鎮壓麻豆社的反抗後，荷蘭東印度公司的傳教人員隨即前往該地區宣教，並在六天內與當地住民合力建立起一座教堂和傳教士住宅。〔註52〕

與此同時，荷蘭人還向南部地區擴展勢力。西元一六三七年四月二十二日，荷蘭殖民當局認為對新港、大目降、蕭壠和麻豆等社的宣教，具有明顯的成果。於是，決定派遣牧師尤紐斯（Robertus Junius）率領傳教人員和士兵進入屏東地區，向當地居民宣教並建立學校。此一經過，在《熱蘭遮城日誌》記云：

> 為要擴展神的教會，安慰更多的靈魂，這個好的工作也該向南部推展，首先要在放索仔及其鄰近村莊開始工作，為此指定幾個有能力又謙虛的人去當教師，……，和已經學習放索仔語言一年半的士官 Warnar Sprosman，由上述尤紐斯為代表，帶領上述幾個人去那裡，並於今天，由3、4個士兵護衛，搭一隻中國人的小船（wankantjen）出航，奉命要令上述那幾個人在放索仔，Dolatcq 和 Verovorang 村莊

〔註51〕見連橫：《臺灣通史》，頁267。
〔註52〕有關荷蘭人鎮壓麻豆社和建築教堂的經過，分見於村上直次郎日文譯註、程大學譯：《巴達維亞城日記》（臺北市：眾文圖書，1991年），頁298、324。

擔任教師，為此目的，要建造學校，對初學者所需要的一切，都要
好好設想準備。〔註53〕

這是荷蘭人進入屏東地區宣教的最早記錄，而荷蘭人在屏東地區開辦學校的
確切地點，因為缺乏其他資料佐證，至今無從得知。南部地區雖然傳教甚早，
但由於該地氣候條件惡劣，傳教師多不願前往，是以教化的效果並不彰顯。
到了西元一六五五年，只派人定期巡視，傳教已明顯衰落。〔註54〕

　　雖然荷蘭人對屏東地區的教化成果不佳，卻為臺灣原住民留下深刻的影
響。在歸服較早、受化較深的地區，當地原住民學會用拉丁文拼寫他們的語
言，形成特有的文化現象。入清以後，仍然可以發現這些村社的原住民使用
拉丁文字所寫的契約文書，這些文書被稱為「新港文書」，成為後人研究的課
題。首任巡臺御史黃叔璥見到此一現象，記云：

習紅毛字者曰教冊，用鵝毛管削尖，注墨汁於筒，湛而橫書，自左
而右，登記符檄、錢穀數目。暇則將鵝管插於頭上，或貯腰間。
〔註55〕

在《諸羅縣志》也有類似的記載：

習紅毛字，橫書為行，自左而右；字與古蝸篆相彷彿。能書者，令
掌官司符檄課役數目，謂之「教冊仔」。〔註56〕

所謂「教冊仔」，是閩南語「教師」的譯音。連橫在《臺灣通史》亦提及荷蘭
人所設的學校規模和授課內容：

永曆二年，各社始設小學，每學三十人，課以荷語荷文及新舊約。
牧師嘉齊宇士又以番語譯耶教問答及摩西十誡，以授番童。拔畢業
者為教習。於是番人多習羅馬字，能作書。削鵝管，略尖斜，揮寫
甚速，凡契券公文均用之。〔註57〕

連橫所言並不完全正確，因為荷蘭人於西元一六三六年，便已在臺灣開辦學
校，並非永曆二年（1648），且牧師嘉齊宇士（Junius）早在西元一六四三年
便已離開臺灣。然而，清代仍稱這些會寫紅毛字的原住民為教冊仔，這是昔

〔註53〕見江樹生譯註：《熱蘭遮城日誌（一）》，頁310。
〔註54〕見楊彥杰：《荷據時代臺灣史》，頁110。
〔註55〕見黃叔璥：《臺海使槎錄》，頁96。
〔註56〕見周鍾瑄：《諸羅縣志》（南投市：臺灣省文獻委員會，1993年），頁163。
〔註57〕見連橫：《臺灣通史》，頁268。

日荷蘭人培養出來充當學校教員的原住民演變而來。因爲這些人「能作書」，粗具文化程度，在清代便充作書役使用。

　　必須說明的是，荷蘭人對原住民的教化是伴隨傳教行動而來，因此帶來「教育」的先聲。但是，他們眞正的目的，只是對臺灣原住民「教以爲隸而已」，〔註58〕並不等同於現代社會所謂的教育。即使如此，卻爲臺灣原住民帶來讀書識字或「受教育」的啓蒙作用。

二、明鄭時期

　　鄭氏來臺，最初只是把臺灣當成「反攻大陸」的基地，將全部精力孤擲在整軍經武方面，對於教育事業和人才的培育並未特別重視。

　　鄭成功東征收復臺灣以後，立即準備全盤規劃臺灣的發展。在臺灣的經營管理上，首先劃分行政區，使中國的郡縣制度從此出現在臺灣。在中央制度上，仿明朝六部的設計，設立吏、戶、禮、兵、刑、工等六官，各司職務。不過，鄭成功在臺僅年餘，尚不及規劃文教發展，便已溘然長逝。

　　鄭經嗣位後，經營臺灣的主軸仍在反清復明。因此，鄭成功去世後，臺灣仍處於積極備戰的狀態。當鄭經對清朝用兵之際，將臺灣的各項事務交給陳永華處理。永曆十九年（1665），鄭經以陳永華爲勇衛。陳永華計畫以三十年時間來建設臺灣，以便厚植對抗清朝的實力。於是，「請建聖廟，立學校」，鄭經原本對文教建設並不感興趣，認爲臺灣剛入管轄，且地狹民寡，有意緩辦，惟陳永華以「國有賢士，邦以永寧」的觀點說服鄭經，其曰：

> 國家之治，豈必廣土眾民？唯在國君之用人求賢，以相佐理爾。……，若得賢才而理之，則十年生聚、十年教養，三十年之後，足與中原抗衡。……。今幸民食稍足，寓兵待時，自當速行教化，以造人才，庶國有賢士，邦以永寧，而世運日昌矣。〔註59〕

因此，擇地寧南坊興建孔廟，其旁置明倫堂，成爲明鄭時期的教育場所。永曆二十年（1666）春天，「全臺首學」的孔廟落成，鄭經率文武官員舉行祭孔典禮，當時「環泮宮而觀者數千人」。在象徵意義上，代表中國的儒家文化和思想從此在臺灣落地生根，開創臺灣文教的第一頁。

〔註58〕見連橫：《臺灣通史》，頁267。
〔註59〕見連橫：《臺灣通史》，頁268。

　　有了正式的學習場所後，陳永華接著推動明鄭的教育事業，其規模制度
大致如下：

> 命各社設學校，延中土通儒以教子弟。凡民八歲入小學，課以經史
> 文章。天興、萬年二州，三年一試。州試有名者移府，府試有名者
> 移院，各試策論，取進者入太學。月課一次，給廩膳。三年大試，
> 拔其尤者補六科內都事。三月，以永華爲學院，葉亨爲國子助教，
> 教之、育之，臺人自是始奮學。〔註60〕

從上述資料可知明鄭設置學校的用意在「以造人才」，也就是爲國家培養行政
人才。換言之，如果想要擔任官職，就必須入學，然後透過州、府考試的篩
選，合格者進入太學，復經三年大比，提拔優秀的人才出任中央官職，整套
育才制度儼然是中國內地科舉制度的翻版。而當時授課的師資，俱爲一時之
選，如陳永華主管學院，相當於明朝的國子監，而以葉亨爲國子監助教，還
有避秦來臺的遺民搢紳，「多屬鴻博之士」，紛紛在此「橫經講學」。對此景況，
連橫讚曰：「洋洋乎，濟濟乎，盛於一時矣！」〔註61〕陳永華所推動的教育制
度，是爲明鄭官學，對於民間識字讀寫的啓蒙教育，影響並不大。眞正對臺
灣民間基本教育產生影響的人，當推遇風來臺的沈光文。

　　沈光文，字文開，號斯庵，自號寧波野老，浙江鄞縣人。甲申國變（1644），
江山易鼎之際，沈氏歷仕於紹興、福州和肇慶之間，由工部郎中累遷至太僕
少卿，因稱「沈太僕」。閩督李率泰曾遣使致書幣以聘，焚書退幣辭不就，因
思卜居泉州之海口，挈眷泛舟，遭風飄至臺灣，遂寓此近四十年。鄭成功驅
逐荷人後，改臺灣爲東都，採沈光文、徐孚遠、曹從龍建議，派員到閩、粵
招募沿海居民來台墾殖，並設官職、立學校、訂法律、計丁庸、養老幼、建
池館，禮遇遺老。國姓薨後，鄭經嗣位，頗改父政，因作賦寓諷見罪，〔註62〕
幾至不測，爲了避禍，變服爲僧，結茅山中，授徒自給，不足則濟以醫。入

〔註60〕見連橫：《臺灣通史》，頁 268～269。
〔註61〕見連橫：《臺灣通史》，頁 269。
〔註62〕沈光文〈臺灣賦〉有：「鄭錦僭王，……，般樂之事日萌，奢侈之情無饜，……，
　　　　峻法嚴刑，壅川弭謗。主計者所用非所養矣，所養非所用矣。」等內容，鄭
　　　　錦即鄭經。成功去世後，鄭經在叔姪政爭中獲勝，對於曾經支持魯王監國的
　　　　諸遺老（包括沈光文），不復禮遇。嗣位後，又改變乃父的政治措施，光文憂
　　　　國綱不振，賦中遂有此諷，橫批逆鱗，因此得罪。〈臺灣賦〉內容引自龔顯宗
　　　　編：《沈光文全集及其研究資料彙編》（台南縣新營市：台南縣立文化中心，
　　　　1998 年），頁 168。

清以後，首任諸羅知縣季麒光雅愛吟詠，對其禮敬，邀集幕友與之共組臺灣首社「東吟社」，開本島擊鉢風氣之始。康熙二十七年（1688）卒，享壽七十七歲，葬於台南市善化區，唯墓跡已杳。

　　歷來研究沈氏者，多著眼其文學和文化方面的成就，如季麒光讚其「從來臺灣無文也，斯菴來而始有文」，全祖望推崇爲「海東文獻初祖」，龔顯宗認爲沈光文是臺灣「移民文學、鄉愁文學、遺民文學、隱逸文學、鄉土文學、民俗文學的首倡者。」〔註63〕論者往往忽略其立塾授徒對臺灣教育的貢獻。在沈氏之前，荷蘭人雖在臺南市北部新港社一帶設教堂與學校，但僅限於宗教的洗禮和教化；而沈氏的教學內容則包括漢族語文與儒家典籍，連橫提到「沈光文居羅漢門，亦以漢文教授番黎。」〔註64〕黃典權認爲沈氏懂得番語，其「教授番徒這件事更是臺灣地方教育史上別開生面的重要事情。」〔註65〕洪調水則謂其以閩南語教學，漢、番學生都有。〔註66〕因此，沈氏無論是對於臺灣民間的私塾教育，或者是原住民的教育，皆具有開創和推動之功。從臺灣教育的發展史來說，臺灣的漢文教育萌芽於明鄭時期，漢人的官學和私塾皆產生於此一時期，陳永華當爲臺灣官學教育的推手，而沈光文堪稱臺灣私塾教育的鼻祖。前者以培養從政人才爲目的，後者以啓蒙庶民知識爲目的。

　　然而，明鄭時期的屏東地區猶是「安置罪人所」，至今沒有資料顯示漢人的知識份子到此留下雪泥鴻爪，遑論官學機構的設置，而進入本地區的漢人亦多爲從事拓荒或漁獵者，並未具有發展文化教育的可能性。鄭氏對於萬年縣（州）的開墾，主要是分佈在近二層行溪（今二仁溪）以南一帶，如高雄市岡山、楠梓、左營、前鎮和鳳山等地區，而當時的屏東地區除了統領埔莊的屯墾事業之外，其餘多未開發。

　　總之，明鄭治下的萬年縣（州）仍爲移墾區域，文教尚未獲得發展，復以鄭氏統治臺灣的時間過於短暫，「王化」還來不及澤被下淡水溪以東之地，此時屏東地區仍處於漢文化圈的化外之地。傳統的漢文教育要在屏東落地生根，必須等到清領時期隨著各項文教設施的建立推廣，才得以開花結果。

〔註63〕見龔顯宗：《臺灣文學研究》（台北市：五南圖書，1998年），頁73。
〔註64〕見連橫：《臺灣通史》，頁269。
〔註65〕參考自龔顯宗編：《沈光文全集及其研究資料彙編》，頁59。
〔註66〕參考自龔顯宗編：《沈光文全集及其研究資料彙編》，頁223～224。

三、清領時期

清代官方教育機構的設置，係由提督學政總理全省學務，省下依行政層級分設府、州、縣等「儒學」，各級儒學有學官管理學務，以培育諸生。主其事者，在府儒學爲「教授」，州儒學爲「學正」，縣儒學爲「教諭」。入清以後，本地最初屬於鳳山縣行政區，故有縣儒學教諭之設。除了官設儒學外，爲了彌補官學之不足，另設有義學、書院和社學等層級較低的地方教育機構，或爲官設、或爲民建，提供偏遠地區、家境貧窮者和原住民子弟受學的機會。以功能性言，儒學和書院偏重科考舉業，義學和社學屬於基礎教育。各級學校的設置，可以促進文教風氣的普及，一則利於統治管理，並可爲國舉才；一則藉由科甲途徑，可使布衣爲搢紳。由於清代屏東地區，曾經出現鳳山縣和恆春縣兩個縣級行政區劃，以下分述兩行政區之縣學、義學、書院和社學的發展情形。此外，民間尚有私塾之設，亦在論述之列。

（一）縣學

鳳山縣建置後不久，就設立儒學，根據首任臺灣知府蔣毓英的記載：

> 鳳山縣學，未建，康熙二十四年，知縣楊芳聲就僞遺房屋修改文廟，
> 崇奉先聖先賢牌位，春、秋祭祀，在土墼埕。〔註67〕

鳳山縣草創之初，縣署雖然設於興隆莊，但知縣並未實際到此聽事，而是附於府治辦公。因此，鳳山縣最早並未建置正式的儒學黌宮，首任知縣楊芳聲僅就明鄭所遺房舍加以改建，權作文廟。此時文廟的功能，只是「春、秋祭祀」，沒有教學功能。而鳳山縣首任儒學教諭黃賜英，則於康熙二十六年（1687）到任，〔註68〕故鳳山縣儒學正式運作，發揮教學課業的功能，當從此時開始。

不久，鳳山縣儒學正式設於興隆莊。〔註69〕康熙四十三年（1704），宋永

〔註67〕見蔣毓英：《臺灣府志》，頁68。

〔註68〕見尹德民：《清代臺灣鳳山縣文官年表》（高雄市：高雄市文獻會，2000年），頁51。

〔註69〕高拱乾所修《臺灣府志》記云：「鳳山縣學，在縣治興隆莊。康熙二十三年，知縣楊芳聲建。後爲啓聖祠。學前有天然泮池，荷花芬馥，香聞數里。鳳山拱峙、屏山插耳，龜山、蛇山旋繞擁護，形家以爲人文勝地。教官廨舍未建（池中所產魚、蓮，經府、縣批歸學宮掌管）。」據高志說法，鳳山縣儒學係楊芳聲建於康熙二十三年，地點在泮水荷香、群山擁護的興隆莊，與蔣志所言時間和地點皆有出入，惟蔣志先於高志，當以蔣志說法較爲可信。推估興

清下車巡視，見學宮傾頹蕭條，才重新建設，使縣學粗具規制。康熙四十七年（1708），鳳山縣學教諭施士嶽在〈鳳山文廟記〉述此經過，其文云：

> 四十三年，萊陽宋公永清以平川令移宰於斯。行釋菜禮，愴然念之
> 曰：「鳳山自有君天下以來，版圖未入，文教不施。今聲名人物，得
> 與中土媲美，稱爲盛事。苟廟宇依然卑陋，無以體聖天子尊師崇儒
> 至意，其誰之責哉？」於是請諸上憲、集諸紳衿，捐俸樂輸，鳩工
> 興建。高大則制，增兩廡、欞星門，因地制宜，靡不周備；棟梁得
> 大木、垣牆固磚礫，雲錦丹漆，塗飾以法，誠壯麗巨觀也。侯之用
> 心，可謂至矣。而侯猶慮無以廣聖澤，爰設義學、置學田，其爲厥
> 廟籌更深也。〔註70〕

宋永清不僅完備鳳山縣儒學的規模，更設義學、置學田，可以說鳳山縣的「文教振興自清始」。〔註71〕

此後，歷任鳳山縣官吏陸續修葺增建文廟學宮，盧德嘉記云：

> 聖廟，在舊治北郊（興隆），縣西北十五里，大小二十四間（大成殿
> 三間、大成門三間、東西兩廡各三間、禮樂器庫各六間），康熙二十
> 三年知縣楊芳聲建。風雨損壞，四十三年知縣宋永清復建。五十八
> 年知縣李丕煜修。乾隆二年本縣兵馬司指揮施世榜修。大抵瓦屋數
> 椽，規制未備。十七年知縣吳士元重建。歲久傾圮。光緒元年，訓
> 導葉滋東再行募建，至三年落成。中爲大成殿，東西廡，前爲大成
> 門，又前爲欞星門，兩旁爲義路、禮門坊，殿後爲崇聖祠。廟前有
> 蓮花潭天然泮池。鳳山對峙，屏山左拱，龜山、鼓山右輔，形家稱
> 爲人文勝地。〔註72〕

乾隆五十三年（1788），清廷弭平林爽文事件，鳳山縣遷治埤頭新城，學宮仍置興隆莊舊城，並未隨之移址，而港東、港西兩里士子取得進學資格後，則須到此地繼續修習課業。大抵而言，除了民變兵燹期間，位於舊城的鳳山縣

> 隆莊爲鳳山縣治所在，地理環境較佳，爲「人文勝地」，後來楊芳聲便在此地
> 正式建置鳳邑文廟，縣儒學併設於此，土塹埕所設文廟，應是短暫權宜之用。
> 當高氏修志時，興隆莊的縣儒學業已開課教學，遂有是說，而後府、縣諸志
> 皆沿用之。上述引文見高拱乾：《臺灣府志》，頁32。

〔註70〕 見周元文：《重修臺灣府志》（南投市：臺灣省文獻委員會，1993年），頁366
　　　　 ～367。

〔註71〕 見王瑛曾：《重修鳳山縣志》，頁241。

〔註72〕 見盧德嘉：《鳳山縣採訪冊》（南投市：臺灣省文獻委員會，1993年），頁155。

儒學並未因遷治而失去傳播儒學思想、培養地方人才的教化功能，直至日治時期為止。

　　光緒元年（1875），琅𤩝地區設立恆春縣。恆春縣僅有文廟，並未設置縣學黌宮，而職官亦無儒學教諭之設，教化之責由知縣兼行。光緒二年（1876），首任知縣周有基籌資於縣城內西門猴洞山頂建澄心亭，「亭內供至聖先師、文、武二席神牌。山下濬泮池，建櫺星門，環築宮墻，權為文廟。朔望行香、令節朝賀，均在於斯。」然澄心亭立於山巔，體制不符，外觀不雅，擬待「將來人文蔚起，似應另選空曠，建造黌宮；則澄心亭仍復其舊。或改為魁星閣可也。」〔註73〕惟似因當初建城所費不貲，其餘建設無暇他顧，加上沒有專人主管儒學課業，直至清廷讓臺為止，終無正式學宮的設置。

　　由於恆春縣缺乏官學場所，朝廷決定當地士子暫附於鳳山縣學考試，又為獎掖邊地文風，特許保留進學定額。換言之，恆春縣有意「取科名、致仕宦」的士子，必須到鳳山縣學參加考試，且擁有保障錄取人數的優惠政策。光緒十二年（1886）四月，知縣武頌揚以鼓勵「海濱愚民，……，若示以功名，其有不聞風興起者乎」為由，〔註74〕通稟請奏臺灣舉行科、歲試時，建議為恆春縣士子各設學額四名。光緒十五年（1889）八月，經過有司討論，最後議定「仿照廣西猺童，以應試人數多寡為定，每十名酌取一名，……，暫附鳳山縣學考試，以資鼓勵。仍俟文風丕振，設有學官，改歸恆春縣考試。」〔註75〕

　　在朝廷刻意保障入學政策的優待之下，恆春縣總共出現廩附生五名，分別是盧夢箕、李錫疇、邱輔康、夏汝霖和沈增穀等人，並特別註明「各處志例，科甲以下不載。恆邑地僻番山，草昧初開，不能不寬以待之。俾廩、附各生，同得書名之寵，藉為咕嗶海澨者勸。」〔註76〕

（二）義學

　　縣儒學為具有進學資格士子的課業場所，而義學（俗稱為義塾）的設立，自古就有所謂「於各省府州縣多立義學，延請名師而聚集孤寒之生童，使其

〔註73〕見屠繼善：《恆春縣志》，頁 71。
〔註74〕見屠繼善：《恆春縣志》，頁 225。
〔註75〕見屠繼善：《恆春縣志》，頁 226。
〔註76〕見屠繼善：《恆春縣志》，頁 228～229。

勵志讀書」的說法，〔註77〕提供更多寒士和童生受學的機會，具有推廣輔翼儒學教化和彌補官學制度不足的功能。鳳山縣義學初設於興隆莊，其址在「文廟之左，康熙四十九年，知縣宋永清建。」〔註78〕周元文錄有宋永清〈鳳山文廟告成詳文〉，宋氏特別向上司說明重建文廟後，又置義學和義學田的原委，其文有云：

> 卑職復念育士雖在黌宮，而講貫應於義學。即於前院憲行建義學處所，再加修理，廣招生童。時飭課師廩膳生員鄭應球時加訓導，按月命題作課，以鼓士風。復恐脩脯無資，難垂永久，選擇本邑硫磺水土番園地方荒埔二十甲，招佃開墾；歲收租粟，除完正供外，半以給課師脩脯之費、半以供生童膏火之需。立戶「宋興儒」，即交課師鄭應球董理。本年之內，即可收成。凡此，皆仰體列憲樂育人才至意。且海疆之地，尤宜加意振興，故不憚竭蹶從事。特以義學畝歷年所收，現在生童雖得各沾實惠，誠恐事久弊生，將來徒飽公橐，義學師徒不敢執成法而力爭；則誦讀無資，將義學亦難久遠。事屬海疆創舉，理合一併報明；仰藉憲慈以垂永久者也。〔註79〕

同時可見宋永清延請鳳山縣出身的文士鄭應球擔任義學講師，此為鳳山縣籍文人擔任本邑教職之首例。繼任者先後對興隆莊義學的建置，屢做搬遷和增修，於茲略去不述。此後，鳳山縣境陸續增置數處義學，其數凡七：

> 義學，在永安街縣署西南數武，學舍五間，同治十二年邑侯李燿建，……。
>
> 一在鳳儀書院曹公祠內，光緒十三年邑侯吳元韜設起，又詳請撥充北畔圳不入甲贏餘水租銀九十元，為延師修脯及修理等費。
>
> 一在港西里阿侯街，縣東二十里，係民間公充斗糧銀六十元，作為修脯。
>
> 一在港東里水底寮莊，縣東南六十里，脩脯未詳。

〔註77〕參考自伊能嘉矩：《臺灣文化志·中卷（中譯本）》（臺中市：臺灣省文獻委員會，1991年），頁21。

〔註78〕見陳文達：《鳳山縣志》，頁23。

〔註79〕見周元文：《重修臺灣府志》，頁367。

> 又三處俱在港東里東港街，縣東南三十里，皆係民間公置，斗糧銀
>
> 一百九十元、租穀四十六石，充作三學脩脯。〔註80〕

從記載可見，共有五處義學分設於港西、港東兩里，一在港西，餘者皆在港東。據此可以判斷清代中葉以後，屏東地區的士子漸多，顯示本地正從移墾社會逐步轉型成文治化社會。值得注意的是，前兩處高雄地區的義學皆由官設捐資所置，屏東地區的義學係由民間公置而成，此與早期義學是由官方捐建的情形有所不同。

此外，由於受到同治末年牡丹社事件的影響，在沈葆楨的建議下，清廷改變治臺政策，決定「開山撫番」。值此歷史背景之下，當局爲了教化原住民，遂在屏東地區開設多處番社義學，光緒初年僅存其六，記載如下：

> 一在港西里杜君英莊，縣東北三十二里，脩脯百二十元。
>
> 一在港西里嘉獵埔莊，縣東北五十里，脩脯未詳。
>
> 一在港東里北勢寮莊，縣東南六十一里，脩脯未詳。
>
> 一在港東里枋寮莊，縣東南六十里，脩脯未詳。
>
> 一在港東里糞箕湖社，縣東四十六里，脩脯未詳。
>
> 一在港東里赤山莊，縣東四十五里，脩脯未詳。
>
> 右番社義學，係光緒元年臺灣道憲夏獻綸設起，聞當時尚不止此，
>
> 今已裁去大半。〔註81〕

清人領臺後，爲了順利統治地方，對於番社事務相當重視。因此，清領初期的理番政策，一方面收服各地番社，使其歸化納餉，以增加財政歲入；一方面推動漢化教育，使其同化順服，以減少漢番衝突。所以，地方官吏莫不把番社漢化教育列爲治下要務之一，且收效頗速。如康、雍之交，黃叔璥巡臺時，已經見到番社設置漢塾的情形，其詩記云：

> 紅毛舊習篆成蝸，漢塾今聞近社皆；謾說飛鴉難可化，泮林已見好
>
> 音懷（漢塾）。〔註82〕

而鳳山縣曾有父母官親自涉渡下淡水溪，視察番社、教諭番黎，並留下巡社作品，爲當地番庶生活留下寶貴的參考資料，如宋永清和譚垣即是。惟此時所指

〔註80〕見盧德嘉：《鳳山縣採訪冊》，頁161。
〔註81〕見盧德嘉：《鳳山縣採訪冊》，頁161～162。
〔註82〕見黃叔璥：《臺海使槎錄》，頁177。

番民，俱為鳳山八社平埔族，並非高山族群。換言之，清廷在得臺之初便已展開對於熟番的漢化教育。然而，清代的漢化對象始終不及於臺灣高山族群。

　　光緒初年所成立的恆春縣，為了「培植寒畯」，亦開設義學，且為數不少，主要的課業對象為當地原住民，兼及漢人子弟，屬於基層啟蒙教育，但是辦學績效並不理想。有清一代，本地文風始終無法振作，與此有相當程度的關連，茲將恆春義學設置的情形略述於後。

　　恆春縣原為「鞭長莫及，為生番巢穴，為亡命淵藪」之地，﹝註83﹞從析地設官以至於割讓，不過二十年時間，然而歷任知縣皆對教育事業投下驚人的心力，首、末兩任知縣，甚至親自訂定學規督導義塾師生，此種情形在臺灣其他地區極為罕見。如首任知縣周有基甫下車，隨即奉諭多設義學，﹝註84﹞遂於光緒元年（1874）七月設義塾七處，八月續設義塾九處，並訂有學規七條。﹝註85﹞周氏學規內容淺顯易懂，適足以反映出清人對原住民教化的實際面，錄其內容於下：

　　　一、延請塾師，無論生童，務擇老成自愛，始可延請。每歲以正月中旬開館，十二月中旬解館。如教讀認真，由縣分別獎勵；若督課懶怠，由縣查明另延。

　　　一、義塾學生，每塾以二十人為度，如三十人以內者，仍歸一塾；三十人以外，則須添設。

　　　一、館若教三十人之塾師，可否每歲加送脩金六八銀二十元？

　　　一、義塾內各設敬惜字紙鼎一口，以代爐化；並多備收字紙簍，散給各村，近者由塾內伙夫五日往收字紙一次，遠者令各村自收來塾。每斤給錢二文，所收字紙，由塾師督令伙夫，查有污穢，須用清水洗淨晒乾，再行焚化；字紙灰，隨用紙包好，年終送之於海。

　　　一、塾師教迪學生，先以「三字經」，繼以「朱子小學」，再讀「四書」。每逢朔望清晨，謹敬講解「聖諭廣訓」及「陰騭文」等書。月終，塾師將每學生名下，註明所讀何書？至何章、何節、何句？列單報縣備查。

﹝註83﹞見屠繼善：《恆春縣志・凡例》，頁9。
﹝註84﹞見屠繼善：《恆春縣志》，頁195。
﹝註85﹞見屠繼善：《恆春縣志》，頁195～197。

一、學生每日來塾，塾師宜設小簿一本，分清晨、上午、下午按名
　登記。月終，核計來學之日多者，以三名列為上取；每名，賞
　花紅錢二百文。來學之日少者，以三名列為下取，每名簿責示
　儆；如有事故者，免議。

一、塾師今日與學生開講，來日欲再講解時，須先問明學生記得前
　日講說否？一連兩次，忘記者責懲示儆。

第一條可見修業時間很長，每年只有一個月的假期。第二條指出每塾的受學
人數。第三條似非學規。第四條涉及漢人的文昌信仰。第五條則是授課內容，
特別要求塾師必須在月終將名下學生所習典籍的範圍和進度，登記送縣備
查，有藉此考覈塾師教學勤惰之意。末兩條是對學生課業的要求和獎懲。在
學規之外，周氏復諭示百姓：

諭爾番民，忠君孝親；兄愛弟敬，各篤天倫。勿思報怨，勿嗜殺人；
勿穿異服，勿弄邪神。堂堂憲諭，設學崇文；講明聖教，激發性真。
凶頑悉化，耕讀維勤。自示之後，其各懍遵！〔註86〕

訓示內容明顯針對原住民的風尚而言，如「勿嗜殺人」是指涉原住民出草習
俗，「勿穿異服」是要求原住民改服漢人衣冠，「勿弄邪神」是企圖轉化原住
民社會的宗教儀式。

周氏對原住民的教化頗具信心，在學規後自述：

義塾開館三年以後，宜於縣城設立大學一所。將各塾聰明勤學子弟，
移入其中；選擇品學兼優之師，格外教訓。十年之後，文風可盛，
頹俗可變。〔註87〕

認為育才三年可期，文風十年可盛，本地頹俗可變。可惜恆春文風並未如預
期的好轉，在原住民社會推行教化的艱難遠超出周氏最初的想像。

周氏之後，恆春縣境內陸續開設多處義塾，教化效果依然不佳，繼任
者莫不為此感到焦頭爛額、勞心傷神。如光緒十年（1884），知縣羅建祥嘆
曰：「時逾十載，費及萬金，絕無造就一人。至聞有粗能文藝者，每皆小康
之家，延師自課，並非得力於義塾。」〔註88〕光緒十一年（1885），知縣胡
培滋奏云：「求能背誦五經，堪學詩文者，百無一二。」〔註89〕光緒十三年

〔註86〕見屠繼善：《恆春縣志》，頁197。
〔註87〕見屠繼善：《恆春縣志》，頁196。
〔註88〕見屠繼善：《恆春縣志》，頁199。
〔註89〕見屠繼善：《恆春縣志》，頁204。

（1887），知縣程邦基則秉曰：「查各塾民番幼童不下一百餘人，內中能作破承者，不過數人。以十餘載之經營，費萬餘金之鉅款，有名無實，既難言養正之功；捨本逐末，又安望頹風之變？」〔註90〕光緒十四年（1888），知縣高晉翰更直接痛陳：「是以設塾垂二十年，而民、番各童，仍無一人能文及講貫經書之人。虛糜國帑，誤人子弟，絕無良法可以救藥之。」〔註91〕凡此種種，在在顯示恆春縣對原住民推行漢化教育的困難，大別於清初對鳳山八社平埔族推展漢化教育的順利。影響所及，清代恆春縣的古典文學作品，多是中國宦遊者所作，而本地人士的作品則付之闕如。至於清季恆春縣推行漢化教育績效不彰的原因，無法在此詳細敘述，留待日後專文予以討論。

歷經多任知縣的努力，仍無法使恆春文教成績達到振衰起弊的效果。即使如此，光緒十八年（1892）七月十九日抵任的末代知縣陳文緯，「目睹諸弊」，仍以莫大的決心，「手訂塾規，分給各塾師，遵章教讀」，力求革新。〔註92〕陳氏塾規的內容較周氏塾規長上許多，前後分別有較長的述語，幾可獨立成文。所列條文有八，前四條針對教學內容，後四條針對塾師行為。茲節錄部分內容於下，前段述語具有總綱性質，其文有云：

> ……恆邑各莊義塾十五處，設已十餘年，年費千餘金。每塾學生十二人，年則百數十人，迄未有成材出於其中，深爲可惜！本縣以爲化民成俗，端由於學。……自今伊始，願與爾塾師、恆民約：查各塾舊章，每年以二月朔啟館，十二月朔解館；此十箇月中，先生不能無故離館，學生亦不得無故不入塾。……一日之中，早晨則授新書，視學生之才質，定上書之多寡。中午寫方寸大字數十箇；午後則溫習舊書，背讀本日新書。傍晚對課，教以平仄字義，自一字以至七字；蓋對課者，即作詩之權輿也。晚間至二更爲度，先生講解經史、古文、綱鑑一首，不論何書，不論多少。誠以三餘讀書，夜者日之餘，不可聽其虛度，或學做論、賦、雜著；至有日間未完功課，此時亦可補足。師生之間，有化雨春風之樂，無急迫煩惱之苦，則善矣。讀書之法，各省不同，而其要，不外乎熟及不間斷而已，

〔註90〕 見屠繼善：《恆春縣志》，頁 210。
〔註91〕 見屠繼善：《恆春縣志》，頁 211。
〔註92〕 見屠繼善：《恆春縣志》，頁 211～212。

先生肯教而不憚煩，學生肯讀而不畏難，即日計不足，月計必有餘也。……〔註93〕

陳氏首先提及恆春縣的義塾數量、施教時間、所耗經費以及受教人數，並爲「迄未有成材出於其中」的結果，感到可惜。繼而重新釐定義塾開、閉館月份，接著規定早晨、午後和晚間等時段的授課內容，並提示讀書法門在「熟及不間斷」，且只要「先生肯教」、「學生肯讀」，經過日積月累，則「必有餘也」。

總綱敘述完畢，臚列八條塾規，茲節錄內容如下：

一、授書之課：初讀新書，學生隨先生讀三遍，乃令學生在先生前自讀兩遍（先生要留心細聽，間有連上、連下不清楚者，先生隨句改教之），即爲分別句讀，逐句講解。畢，令學生照講一遍（如有講錯，爲之更正）。先生再導學生讀兩遍，仍令學生自讀兩三遍，必句讀都能順口，乃令回位自讀。到背書時，即有一二不大成句讀，或背誦不清楚，先生不要怒詈；只須正色屬詞，微令知怕，勿使畏而逃學也。……蓋十歲以內之童稚，究屬無知，教導之者，不可過寬，亦不可過嚴；宜寬心啓迪、誘掖而獎勸之，則用力易而成功多。

一、學字之課：……取古本之善者而臨之。提筆必正，研墨必濃。每午寫方寸大字五十箇，……，送請先生分別優劣，逐日硃標。……。

一、詩文之課：文以清眞雅正爲宗，詩以溫柔敦和爲則。……先生命四書題、詩題各一枚、以作文之多寡、定時刻之長短，無論半篇、全篇，不得逾兩箇時辰，定要完卷，送請先生評定。……。

一、禮義之課：蓬戶甕牖之中，難期品節詳明之士。但幼童初就外傅，必須及時教導。……以後各塾學生，如再有蓬頭垢面、不衫不履，仍如牧豬奴者，惟先生之恥；必令其父兄爲之整飭。至一切拜跪之儀、應對進退之文，亦必隨時指示，由漸而入，使知檢束，毋令放浪爲要。……。

一、先生尚未到莊，間有不肖總理，浼人需索先生一月束脩，方准其在莊教讀；……如再有前項情事，一經查實或被告發，定行重處。

〔註93〕見屠繼善：《恆春縣志》，頁212。

一、先生來莊教讀，雖係謀食之事，豈無謀道之心？務須清操自勵，不得於本縣脩脯以外，希學生謝禮，致玷白圭。如先生教讀有方，學生果有進益，父兄自願致敬者聽。

一、先生到塾後，往往任意作輟，掛一虛名，或回家、或遠遊，竟以義塾傳舍。嗣後如有冠、婚、喪、祭等事，必須親往者，自應稟明本縣，由先生覓人庖代。如不覓代，輒自解館，定將解館日起、至回館日束脩，全行扣除。……。

一、書塾最宜清靜，方可一心讀書。童蒙耳目心思，最易淆亂。嗣後不許莊中閑雜人等任意出入，久坐閑談。至以詞訟及一切繕寫等事央及先生，先生亦須自愛，不得向人兜攬，致滋多事；違者究罰。〔註94〕

第一條「授書之課」，指示塾師如何課書，並要求教師對於學習不佳的學生不可怒責，以免其「畏而逃學」；第二條「學字之課」和第三條「詩文之課」，對教學內容提出實施要旨和詳細步驟；第四條「禮義之課」，要求塾師注重學生的服裝和禮儀；五至八條，以第五條較為特殊，旨在保障塾師本身權益，使其免遭地方不肖頭人索求一月束脩之陋規，其餘約束塾師授課勤惰和潔身自愛。

逐一詳陳塾規之後，以另段敘語做結，其文如下：

以上各條，本縣深覺煩瑣，足取人厭。但為地方牖啟後人、振興文教起見，不得不爾。且教學相長，師徒均有裨益。現經本縣延請總教一人，按月輪赴各塾稽查課程。各學生所讀之書，務將某生自某月初一日何處讀起？至月底讀到何書止？由先生逐一開單，並逐日所寫字紙、所對課本，於下月初，總教到塾，統行交送。如有詩文，一併帶回縣署，以憑本縣親加考校，分別勤、惰、優、劣，填明賞罰；仍列榜寄塾，按月粘貼，以示鼓勵，而資觀感。本縣實有厚望焉。〔註95〕

規末述語，陳氏自嘲條文內容「深覺煩瑣，足取人厭」，但為教化人心，不得不然。此外，復置總教一人，按時到各塾考核課程進度和學習成績，以及親自考校塾生作業等，可謂用心良苦。

〔註94〕見屠繼善：《恆春縣志》，頁213～215。
〔註95〕見屠繼善：《恆春縣志》，頁215。

（三）書院

中國書院始於唐代的集賢殿書院，該院薈萃學士，以備朝廷顧問應對，不具講學功能。至五代時，南唐前主李昇在廬山白鹿洞建學館，置田以給諸生，以李善道爲洞主，掌教授，是爲中國講學書院之始。兩宋以後，書院大興，其中尤以嵩陽、衡陽、睢陽和白鹿洞爲著。此後，書院的設立，日新月異，歷經元、明而不衰。〔註96〕清人入主中原，唯恐遺民藉講學以倡反清思想，曾一度禁止，然書院教育由來已久，可補學校教育的不足，並非政治力量所能完全遏止。於是，書院成爲官學（如縣儒學）以外，最爲重要的教育機構。〔註97〕

康熙二十二年（1683），清人得臺，福建水師提督施琅首建西定坊書院於臺灣府治，爲臺灣書院之嚆矢。此後二十餘年間，陸續有數所書院成立，但都屬於義學性質。康熙四十三年（1704），臺灣府知府衛臺揆建立崇文書院，康熙五十九年（1720），臺廈道梁文焜建立海東書院，從此「各縣後先繼起，以爲諸生肄業之地」，〔註98〕臺灣才有重考課和習舉業的正式書院出現。而鳳山縣書院凡五，在港東、港西兩里有三，相關記載如下：

> 朝陽書院，在港東潮州莊街北，縣東三十里，屋十八間，光緒六年訓導李政純、歲貢陳奎、廩生蔡瀛登等募建。

> 屏東書院，在港西里阿猴街東，縣東二十里，屋三十六間，嘉慶二十年歲貢生郭萃、林夢陽等建，光緒六年鄭贊祿重修，膏火租六百餘石。

> 雪峰書院，在港西里阿里港街北，縣東北四十里，屋七間，光緒三年職員藍登輝、董事張簡榮、張簡德等建。〔註99〕

朝陽書院在潮州鎮，惟現已無遺跡，〔註100〕其中募建本書院的李政純，乃爲本地潮州莊人，以明經出貢，因總辦團練保舉爲訓導，〔註101〕是爲屏東人士

〔註96〕有關中國書院的敘述，係參考自林文龍：《臺灣的書院與科舉》（臺北市：常民文化，1999年），頁14～15。

〔註97〕見林孟輝：《清代臺灣學校教育與儒學教化研究》（臺南市：國立成功大學中國文學研究所碩士論文，1999年），頁56。

〔註98〕見連橫：《臺灣通史》，頁274。

〔註99〕見盧德嘉：《鳳山縣採訪冊》，頁160。

〔註100〕見鍾桂蘭、古福祥編纂：《屏東縣志稿‧地理志》（屏東：屏東縣文獻委員會，1961年），頁75。

〔註101〕見盧德嘉：《鳳山縣採訪冊》，頁264。

獲任鳳山縣儒官之僅見。屏東書院位於屏東市區，而雪峰書院舊址在里港鄉里港國小。〔註102〕清代臺灣書院創辦的形式可分成三種類型，第一類爲官方創建，第二類是官民合辦，第三類由民間設立，不管何種類型皆須向官方申請，並受到監督。臺灣書院的創辦形式以第二種最爲常見，由當地官民合力捐款，設立經營，並接受官府督導，具有濃厚的地方色彩，本地屏東書院即是顯例。從上述記載來看，朝陽和屏東兩院皆屬官民合作的模式，雪峰書院則爲民間自行辦理。屏東書院是本地首院，創建於嘉慶二十年（1815），可爲本地書院代表，有關其建置和發展概況，則留待後面章節一併加以論述。

鳳山縣在下淡水地區先後設置三所書院，而恆春縣則僅見猴洞書院，其前身爲同善公所。有關猴洞書院的相關記載如下：

> 同善公所：在縣署西側。南向。竹椽草蓋頭門五間、磚砌二門一重、草蓋川廊一埭、土磚瓦蓋正屋五間、左廂小瓦屋三間、右廂草屋三間、四圍土墻一道。光緒十年士民公建。嗣改爲猴洞書院，今恆春營游擊借作公廨。〔註103〕

從上述資料可知，同善公所建於光緒十年（1884），由士民合建，位於縣署西側，座北朝南，有門二重，正屋五間，左右廂房各三，四周土牆，頗有正式學宮雛形。由於缺乏更多資料，目前無法得知此所的眞正用途。後來，同善公所改爲猴洞書院，而從光緒十一年（1885）二月二十日，知縣羅建祥爲籌措書院塾師待遇時，曾向上級稟告：「竊卑職定於下月初書院竣工後，即行延師送學一案，每月塾師束脩十兩……。」〔註104〕據此推估，猴洞書院約成立於在光緒十一年（1885）三月。可以想見的是，猴洞書院應爲當時恆春縣士子問學的最高機構，日後或可發展成爲縣學所在，最終卻充作武官的辦公處所。不過十年之間，從同善公所到猴洞書院而游擊公廨的曲折轉變過程，顯示恆春縣始終無法順利建置正式的官學機構。

儘管歷任知縣皆著力苦心經營文教，試圖將新析之地及早納入王化，惜恆春文風仍未見起色。到此編修志書的屠繼善感觸良深，其云：

> 漢文翁化蜀，先選開敏有才者，遣詣省會，受業鉅儒，歸而授諸鄉

〔註102〕見蘇義峰、吳振乾：《屏東鄉土文化百科──牽咱子孫看阿猴》（屏東市：屏東縣政府文化局，2004年），頁41。

〔註103〕見屠繼善：《恆春縣志》，頁71。

〔註104〕見屠繼善：《恆春縣志》，頁202。

里。以故文教大興;司馬長卿、李青蓮輩接踵而起,名滿寰中。恆
雖編小,非無一、二聰穎子弟,可以造就成材者。今另延高材生設
塾城中,令皆來城就學。乃其父兄囿於農商,或諉爲澣濯不便、或
辭以寒暖不知,竟無一人應召而至。來城尚且爲難,遑問赴省?宜
乎開縣設塾已二十年,不見有能文之士也。噫!農之子、恆爲農,
工之子、恆爲工,其信然歟?〔註105〕

從屠氏所言,可知恆春子弟非無可造之才,卻因其父兄昧於無知,藉口農商
家務推辭,竟無人到縣就學。因此,即使官府專聘內地塾師到此設帳多年,
仍不免出現「開縣設塾二十年,不見有能文之士」的局面,清代恆春地區推
行文教的難爲之處,由此可見一斑。恆春縣雖然設立猴洞書院,以爲士子課
業的所在,後來卻又變置他用,殆與本地民智不開、乏人向學的情形有關。

(四)社學

　　清代臺灣啓蒙教育主要分爲三類,即義學、私塾(書房、民學)和社學,
以應付一般庶民子弟基本識字、讀書、算學教育或參加科甲考試的需求。清
人領臺之初,即有社學,基於「州縣之設學,多在城市,由於鄉民之居住遼
遠,如不能到學,則於大鄉巨堡各置社學」的主旨而設置,〔註106〕可以分成
漢人社學和土番社學兩種,俱爲官辦性質,並無私人倡設之例。由於清代臺
灣府、縣儒學和官方書院皆設於衙署所在地,分布並不普遍,加上乾隆朝以
前,臺人謀生不易,無暇顧及教育,社學遂爲臺灣啓蒙教育的重要機構。清
代臺灣最早的社學由知府蔣毓英所置,「兩在臺灣縣東安坊,一在鳳山縣土墼
埕,俱係郡守蔣捐俸建立,延請師儒,教誨窮民子弟。」〔註107〕蔣氏所成立
的社學,皆爲漢人社學,且鳳山縣土墼埕社學近於府治,縣域重劃後,改隸
臺灣縣所轄,不在屏東境內。眞正對於屏東文教發展產生直接影響的社學機
構,則是土番社學。

　　雍正十二年(1734),在鳳山八社置土番社學,「巡道張嗣昌建議各置社
師一人,以教番童;令各縣學訓導按季考察。」〔註108〕斯爲清朝在臺灣開設
「番人」教育之始,本縣鳳山八社的平埔族群正是最早受到漢化教育的原住

〔註105〕見屠繼善:《恆春縣志》,頁217～218。
〔註106〕參考自伊能嘉矩:《臺灣文化志‧中卷(中譯本)》,頁25。
〔註107〕見蔣毓英:《臺灣府志》,頁69。
〔註108〕見王瑛曾:《重修鳳山縣志》,頁182。

民社群。乾隆二十八年（1763），來臺擔任鳳山縣儒學教諭的朱仕玠記載土番社學實施情形，其云：

> 熟番歸化後，每社設有番學社。師悉內地人，以各學訓導督其事。
> 每歲仲春，巡行所屬番社，以課番童勤惰。凡歲科試，番童亦與試。
> 自縣、府及道試，止令錄聖諭廣訓二條，擇其嫻儀則、字畫端楷者，
> 充樂舞生。間有能為帖括者，通計四縣番童，不過十餘人。道試止
> 取一名，給與頂帶，與五學新進童生一體簪掛。〔註109〕

可知當時土番社學的教務，由各縣的儒學訓導主管，每年仲春時節巡視各學，並課試番童的學習成績。同時期來臺擔任鳳山縣儒學訓導的福州人士林紹裕，曾經描述視察土番社學的情形，其〈巡社課番童〉詩云：

> 宿雨初收潤水渾，閑騎款段過蠻村。檳榔交暗青圍社，椰子高懸赤
> 映門。卉服授經通漢語，銅環把未識君恩。三年來往慚司教，喜見
> 番童禮讓敦。〔註110〕

詩中描繪雨後進入番社巡課，看到檳榔樹蔭和椰子高掛的自然風光，而社裡番童通曉漢語且敦厚有禮，讓抵臺任教三年的林氏感到欣慰不已。乾隆中葉，鳳山縣的熟番漢化教育已經收到明顯的效果。

到了光緒二十年（1894）底，鳳山縣的社學教育已經相當普及，計有漢人社學二百三十八處，其中在港東里和港西里，分別有四十一處和四十三處，而土番社學則有八處。〔註111〕

恆春縣的社學發展情形，並未見於志書，惟本地「漢、番雜處」，官方在各村社遍設義塾多處，教導漢庶與番民讀書識字，甚至有專為番童所設的義塾，如光緒十六年（1890）三月，知縣宋維釗平定牡丹社番與車城莊民相殺事件後，為加強對原住民的馴化教育，以消解族群衝突，決定下列措施：

> 通稟於城內設番義塾一處；額定番童一十三名，內：牡丹社六名、
> 高仕佛社三名、射不力社四名，來縣讀書。每月每名，給飯食錢二
> 千文，每季各製給衣褲一套，仍照民塾延師教讀，以十箇月為滿。
> 〔註112〕

〔註109〕見朱仕玠：《小琉球漫誌》（南投市：臺灣省文獻委員會，1996年），頁80。
〔註110〕見王瑛曾：《重修鳳山縣志》，頁408。
〔註111〕見王瑛曾：《重修鳳山縣志》，頁163～164。
〔註112〕見屠繼善：《恆春縣志》，頁215。

宋氏建議在縣城設置番童義塾一處,訂定受學名額共一十三名,特別指定牡丹社六名、高仕佛社三名和射不力社四名,同時還供給伙食費和衣褲,以提高其向學意願,惟番童到縣讀書的效果依然不佳。翌年(1891),知縣高晉翰依據各社頭人所回報的情形向上司反映,認為「番童年小,離家不便,請以附近各該社之文率社設塾教讀。」〔註113〕上司批覆:「番社子弟入學,必須厚給衣糧,使其有不願回社之樂。」〔註114〕知縣陳文緯針對原住民的陋習,加諭義塾番童五條訓示,分別是「莫殺人」、「莫做賊」、「莫醉酒」、「勤耕讀」和「知禮儀」,並要求「番童轉告父兄,由一人而人人、由一家而家家、由一社而社社,將見痛除積習,勉為良民,番社皆樂土矣。」〔註115〕從宋維釗專設番童義塾、高晉翰反映設塾於文率社和陳文緯對番童的諭示可知,教化番童的用意在「化其桀驁」。

恆春縣雖無社學,然義塾林立於村社,且受學對象多為番童,到此執教的桂林文人胡澂詩作便提到「義塾番童四處收」。〔註116〕其實,從啓蒙基礎教育的角度來看,本地義塾教化番童的功能與土番社學並無多大的差異,即使無土番社學之名,卻已有土番社學之實。

總之,有清一代雖然在文教設施多方著墨,藉此將臺灣社會予以「中國化」。即使如此,南部臺灣的文教重心仍侷限於官署衙門的所在地,如臺南府城和鳳山縣城,而屏東平原和恆春半島等地區雖然有義學、書院和社學等各種文教機構的設置,顯然只有啓迪訓蒙的功能,對於官方推展「漢化」的效果有之,惟對於藝文創作的成果,則極為有限。

(五)私塾

清領時期的文教機構,除了縣學、義學、書院和社學之外,還有「私塾」一類。前文所述機構具有官辦或官民合作的色彩,而私塾則完全是由民間自辦,此類民學為數不少,惟歷來較不受到注目,其設置和經營情形大致如下:

> 本縣各村社、部落均有設立,而無正式學堂,概利用村落部落之祖
> 祠、廟宇公廳為臨時學堂,內部設備簡陋,……此等學堂皆由地方
> 士紳、父老、殷實為東主,延聘名儒以教子弟,所需束脩金視學子

〔註113〕見屠繼善:《恆春縣志》,頁215。
〔註114〕見屠繼善:《恆春縣志》,頁215。
〔註115〕見屠繼善:《恆春縣志》,頁215~216。
〔註116〕見屠繼善:《恆春縣志》,頁250。

家庭經濟狀況認擔之，餘不足則概由地方士紳、父老負擔之，初進
學子課以三字經和應用文字為主。〔註117〕

　　除了由地方名望出面籌設之外，尚可見到「有讀書人自設，有鄰保鄉景共捐
資而設者，有殷戶宗族獨立經營者。」〔註118〕上述可知，私塾的經濟來源主
要由受學家庭自費，不足的部分則仰賴地方人士和長者醵資維持，授課對象
為鄉里子弟，而以基礎經文為課程，主要功能在識字啟蒙。其課業地點多在
村落廟宇、家族祖祠公廳，或塾師自宅等場所。此外，私塾的執教者並非官
派，多半由在地具有基層功名的人士任之，以後堆（今內埔鄉）的昌黎祠為
例，邱國楨和江昶榮皆曾先後任教於此，對於裁成當地後進和培養地方文風，
必然起到相當程度的作用。

　　由於私塾往往隱於鄉野，方志未必逐一記存，又缺乏制式的名稱，或可
見到「書院」、「書房」、「書塾」、「山房」和「學堂」等異名，不一而足，有
些村師所設的學堂甚至沒有正式稱謂，至今已經無法估計此類民學的正確數
量。客觀來說，以啟蒙庶民知識和負擔地方教育的功能而言，清代民間私塾
的教化效果顯然要超過官辦機構。黃文車曾嘗試將清代屏東六堆地區的私塾
整理成表，可想而知當時此區私塾必然不止此數，僅供參考之用，茲暫引其
資料如下，以概其餘。〔註119〕

表2－2：清代屏東六堆地區私塾簡表

私塾名稱	私塾地點	創設年代（約）	創立或執教者
漢文私塾	竹田二崙村	康熙年間	李直三（六堆第一屆大總理）
新北勢書院	內埔	康熙年間	侯德觀（六堆第一屆副總理）
內埔書院	內埔	乾隆三十五年	曾中立（六堆第三屆大總理）

〔註117〕見古福祥纂修：《屏東縣志‧卷五‧教育志》（屏東市：屏東縣文獻委員會，
　　　　1968年），頁2。
〔註118〕見屏東縣政府編：《重修屏東縣志‧卷五‧文教志》（屏東市：屏東縣政府，
　　　　1993年），頁5。
〔註119〕見黃文車：〈找尋地方感的書寫：清代屏東地區古典文學發展概述〉，《屏東文
　　　　獻》第16期（屏東市：屏東縣政府，2012年），頁8。

私塾名稱	私塾地點	創設年代（約）	創立或執教者
漢文私塾	內埔	道光十一年	曾偉中(六堆第六屆大總理)
劉氏私塾	萬巒	道光十二年	黎應揚(先鋒堆第六屆總理)
漢文私塾	內埔	咸豐、同治年間	丘龍章（丘逢甲之父）
漢文私塾	內埔昌黎祠	同治、光緒年間	邱國楨、江昶榮
竹書書房	內埔竹圍村	光緒十四年	劉植廷
觀海山房	萬巒五溝村	光緒年間	劉氏先賢
問字山房	長治	光緒年間	邱鳳祥秀才
耕讀堂	麟洛	光緒年間	徐春華秀才

四、日治時期

到了日治時期，總督府引進新式教育體系，如國語傳習所和公學校等教育機構，[註120]在籠絡、改良和打壓等多管齊下的政策下，清代的教育機構全部遭到廢止，只剩下民間傳統的私塾是臺灣唯一實施漢文教育的場所，日人稱為「漢文書房」。

日人治臺之初，原本對臺灣的書房採取放任態度，由於書房教育是以中國傳統的典籍為授課教材，並以中國傳統的精神為中心思想進行教育，對延續漢學和啟蒙民族思想具有重要作用，而漢文化的孳長並不利於日本文化的推行，漢族意識的培養更使臺人自覺受到異族文化的強勢入侵，進而產生排斥。若以殖民者的角度觀之，書房教育實為日人同化政策的一大阻礙。當日

[註120] 國語傳習所設置於日本領臺第二年（1896），它是一個「傳習國語（日語）」的語言訓練班，而非「學校」，其目的是以培養當時亟需的通譯人才，但從基本精神、機構設計及教學型態等方面，可說已經具備近代學校的雛形。上述說法參考自許佩賢：《殖民地臺灣的近代學校》（臺北市：遠流，2005 年），頁 27。明治三十一年（1898），將國語傳習所改制為公學校，專為收容臺灣人子弟而設的初等教育學校，其目的在對臺人子弟施與德教，教授實學，養成國民（日本國民）的性格，同時令他們精通國語（日語）為本旨。上述說法參考自林茂生著、林詠梅譯：《日本統治下臺灣的學校教育：其發展及有關文化之歷史分析與探討》（臺北市：新自然主義，2000 年），頁 117。

人察覺到這種現象和影響後，臺灣書房開始受到政策的打壓，終至被迫禁止。對此，連橫便感慨地說：

> 臺灣漢文，日趨日下。私塾之設，復加限制。不數十年，將無種子。而當局者不獨無振興之心，且有任其消滅之意。此豈有益於臺灣也哉！〔註121〕

最初，由於日人考量到治臺的教育制度尚未確立、師資及經費不足等問題，加上缺乏殖民經驗，恐在文化面上激起對立，無法立即全面阻絕臺人接受書房教育，於是決定在禁止書房教育的政策上，採用漸進的方式，並希望逐步設立公學校取代傳統書房，以成為臺灣初等教育的新機關。〔註122〕當時的民政長官後藤新平在召開第一次揚文會時說：

> 我母國自明治維新以來，早就建立普通教育的制度，因此子弟的教育日進月步，殆與歐美並駕齊驅，不過本島的書房教育方法，顯然不適於時宜，也非養成國民（日本國民），造就有用之才的途徑，所以早晚必須加以改良，逐漸作為興起公學校的階梯。〔註123〕

茲將公學校取代漢文書房的過程，整理條述如下：

（一）明治二十九年（1896），創設「國語（日語）傳習所」招收臺人學習日語，並以「國語（日語）學校」培訓教授日語之師資，以做為進一步普及日語的預備工作。

（二）明治三十一年（1898）七月，由總督府正式頒佈「臺灣公學校令」，開始設立公學校，制定公學校規則，並在課程、教材、師資及設備的安排與書房有異。同年十一月，頒佈「書房義塾規程」，正式將書房納入管理，要求書房加設日語、算術等課程，並以《大日本史略》、《教育敕語述義》等為主要參考書目。

（三）明治三十六年（1903），日人修改公學校規則，漢文成為獨立一科，目的在使學生理解普通程度之漢字，並訓練學生具有簡易的讀寫能力，俾能處理一般日常事務。值得注意的是，漢文科教學時一律使用日語表達。而漢文科上課時數一至六年級每週均上五個小時，至明治四十

〔註121〕見連橫：《臺灣詩薈·下》第二十號（南投市：臺灣省文獻委員會，民81年），頁532。

〔註122〕見張良澤編：《臺灣文教——臺灣文學重建的問題》（高雄市：德馨室出版社，民68年），頁33。

〔註123〕見王詩琅：《日本殖民體制下的臺灣》（臺北市：眾文圖書，民69年），頁29。

年（1907）以後，五、六年級各減少一小時。此外，明治三十八、九年（1905～1906）間，先後編成漢文讀本一至六卷，做為公學校與書房的通用教材，以取代舊教材。

（四）明治四十三年（1910），設立「改良式書房」，將舊式書房加以改良，其學校課程比照公學校教授漢文、國語、算術、體育等科目。依此政令，書房的教學內容，已形同變相的公學校。

（五）大正八年（1919），頒佈「臺灣教育令」，在日臺人不平等待遇的情況下，確立臺灣的學制系統，以「內地延長主義」加強同化。

（六）大正十一年（1922），總督府再制定新臺灣教育令，將漢文科改為選修，並標榜解除差別待遇，倡言「共學」制度。

（七）昭和十二年（1937），中日戰爭爆發，公學校正式廢除漢文科，漢文書房開始遭到禁止。

（八）昭和十八年（1943），由於日本對華戰爭形勢急轉直下，為了更快速地將臺灣人民納入本國體系，使臺人成為「忠良的日本人」，總督府實施義務教育，並認為書房教育已沒存在的必要，遂頒佈「廢除私塾令」，正式宣布廢除書房和私塾。至此，臺灣書房已無任何存續的空間，終於停辦。〔註124〕

在日人的政治操作下，擁有長久歷史的臺灣書房教育被迫劃上休止符，傳統漢學教育機構遭到全面扼殺，漢文化的傳承受到嚴重的阻絕。面臨這種文化生機遭到滅絕的時刻，有識之士必須設法從殖民者統治政策的隙縫中找出一條生路。彼時日本當局採寬大態度對待的傳統詩社，恰足以填補這個文化斷限，這是臺灣傳統文人在面對時代困境與文化劫難時所採取的應變之道，卻也因此形成日治時期傳統詩社勃興的契機之一。

書房式微後，傳統詩社替補書房的社學功能，成為日治時期傳播漢學的最佳場所，漢詩因此變成漢學的代名詞，此為時勢所趨。於是，各地詩社蜂起，遍地鉢聲，在這股風潮的鼓舞之下，屏東地區傳統文人亦出而組織詩社以賡續漢學，如本地宿儒尤養齋集合地方人士創立屏東首社——礪社，即是顯例。在礪社之後，屏東地區傳統詩社紛紛成立，接續被日人取消的漢文教育，成為傳播漢學的主要舞台，對提振漢學具有一定的薪傳之功。漢詩雖然

〔註124〕上述過程參考自劉寧顏總纂、臺灣省文獻委員會編：《重修臺灣省通志·文教志》（臺中市：臺灣省文獻委員會，1994年），頁435。

在日治時期逐步成爲漢學的代名詞，詩社成員亦從文人遍及社會各個階層，創作人口眾多，作者類型多元，題材日新月異，卻導致臺灣古典詩的質變，因此遭到諸多批評，甚至引發新舊文學論戰，這是臺灣文學發展史上的時代變奏曲。

必須說明的是，日治時期造成本島詩社興盛的原因，並非只是受到書房遭禁的刺激，還有其他因素的推波影響，前人已有諸多論述，〔註125〕因研究範圍所限，於茲不再詳述。至於，有關屏東第一個古典詩社——礪社的事蹟，可參見筆者所著〈屏東礪社的發展始末〉。〔註126〕

五、戰後迄今

戰後臺灣教育政策的發展過程約可以分爲三個時期。第一期自民國三十四年至民國三十七年，政策中心爲光復改制，實施全國一致之教育；第二期自民國三十八年至民國五十七年，政策重心爲實施計畫教育；第三期自民國五十七年迄今，政策中心爲實施九年國民義務教育與發展職業教育。〔註127〕在現代教育的洗禮下，無論是教育的普及和水準的提升，其成果均是有目共睹，至今仍持續發展和演進，無疑已經開啓臺灣文教的新局面。然而，在這股與時俱進的現代教育潮流中，白話文學呈現出蓬勃發展的情形，古典詩文的發展情形卻呈現出相反的結果。

蓋二次大戰結束後，臺灣納入中國版圖，國民政府全面接管日人所留下的教育體系，並依照中國教育制度予以調整。在初期「中國化」的教育政策指導之下，力除日治時期「日本化」殖民教育的影響，當時臺灣的教育氣氛便形成一種似曾相識的場景：日治時期，執政者努力將臺灣人「日本化」，廢除一切與中國有關的語文和思想；二次戰後，新的執政者努力將臺灣人「中國化」，廢除一切與日本有關的語文和思想。在語文教育上，前者企圖以日文取代漢文，卻使傳統詩社成爲教授漢文的最佳場域，維繫漢學命脈於不墜；後者則以白話文取代日文，竟使傳統詩社傳播漢學的優勢不再，逐漸退出文

〔註125〕有關日治時期臺灣古典詩社林立的原因，可以參見黃美娥：〈日治時代台灣詩社林立的社會考察〉，《台灣風物》第47卷第3期（台北縣板橋市：台灣風物雜誌社，1997年），頁43～88。

〔註126〕見王玉輝：〈屏東礪社的發展始末〉，《臺灣文獻》第63卷第1期（南投市：國史館臺灣文獻館，2012年），頁101～143。

〔註127〕見臺灣省文獻委員會編：《臺灣史》（臺北市：眾文圖書，1990年），頁969。

學舞臺的中央位置。因爲政權轉移，文教政策改易，造成傳統詩社盛況不再，古典詩歌因而趨於沒落，這是令人始料未及的發展，屏東地區的傳統詩社亦然。特別說明的是，古典文學勢力的消退，並非只有受到政教因素的影響，還有其他時代因素使然，於茲不再論述。

其實，造成傳統詩社逐漸邊緣化的原因，主要在於後繼乏人和缺少經費，加上現代文學在時代的推移下，已經成爲文壇主流，古典詩文更是乏人問津。因此，古典詩文日益式微，傳統詩社也成爲邊緣化的文學社團。目前，本縣傳統詩社的活動幾已呈現停止狀態，昔日詩社成員多是古稀耆老，不僅活動力衰退，且無法突破既有格局，而新一代的學詩人口則因古典詩詞深奧，入門不易，以致興趣缺缺，各級學校亦乏相關社團的提倡與推動。因爲老成凋零和缺乏新血，加速傳統詩社成爲夕陽社團，甚至被迫消失。此外，經費的缺乏亦是傳統詩社難以爲繼的原因。當官方單位在舉辦文學或文化活動時，殊少將經費挹注在古典詩詞這個項目上，即使有之，亦屬於陪襯的角色，無法產生提振和鼓勵的效果。正因爲缺乏經費，是以古典詩學或詩社的活動日益減少，發表園地因而相對萎縮，以致於投稿無門。民間自發性組成的詩社或詩學研究會，因資源緊絀，必須自籌經費，自覓雅集場地，自資編印詩刊，其作品往往只能在內部傳閱，無法順利推廣開展，使這類文學社團的發展更形不利。戰後迄今，全國各地的傳統詩社多半都面臨如此窘境。

時至今日，古典詩學的推廣甚至必須結合其他性質相近的藝文項目才得以舉辦活動，如高雄市古典詩學研究會、高雄市詩書畫學會和高雄市琴棋詩畫協會正是如此，而本縣類似的活動則付之闕如。這些社團爲了因應時代的變遷，試圖憑藉多元化的活動內容呈現出不同的風貌，使古典詩學得以在時代潮流的夾縫中延續命脈，其體質和活動樣貌已迥異於昔日的傳統詩社。在現代文壇一片欣欣向榮之際，古典詩學的發展和傳統詩社的存續應是一項值得深思的文學課題。

小 結

屏東地區的歷史早在史前時代便已開始進行，以南島族群爲最早期的住民，屬於無主時期。由於缺乏文字記載，已經無從得知這些先住民的活動記錄，可以確定的是此時尚無文教發展的可能性，這些先民以口耳相傳的方式傳承文化活動，其內容是實際生活經驗的各種遭遇，充滿浪漫的想像心態和

對自然界的敬畏心理，以及傳頌族群祖先的奮鬥事蹟，神話、傳說和敘事歌謠是此時的「文學」作品。因爲原住民缺乏自己的文字，這些口傳文學作品被後來者以當時的語言記錄保存下來，例如日人有系統地大量採集高山族群的神話和傳說，而平埔族群的敘事歌謠則被漢人以記音方式保存下來，清代黃叔璥巡臺所錄下的三十四首「番歌」便是此類作品。這些作品先以口語的方式流傳，然後經由採集者的文字轉譯而來，舉凡排灣族、魯凱族的神話和傳說，以及鳳山八社的敘事歌謠都是屏東地區的口傳文學作品。

荷蘭人來到臺灣後，爲了傳播基督教事業和協助推動政務，以羅馬字教導臺南地區的西拉雅族群拼寫自己的語言，留下最早的原住民「文字」。然而，這種文字並未被平埔族人運用在文藝創作方面，而是被使用在土地租借、買賣與借貸等方面的契約文書，俗稱爲「番仔契」，即今日所謂的「新港文書」。鄭氏來臺從事反清復明，帶來漢人政教，隨其渡臺的知識份子則開啓臺灣文教的新頁，但是屏東地區猶處於文化沙漠的狀態。

清人得臺後，在屏東地區設置縣學、義學、書院和社學等教育機構，閭里鄉野復有民間私塾，本地文學因此得到啓蒙和發展的機會，然而歷代傳統文教機構的主要功能在培養應試的舉子，而非栽培文藝創作的知識分子，故臺灣士子大多將心力放在科考項目，一般文藝作品的創作並不多見。即使如此，清領時期的屏東文學作品仍有其可觀之處，主要是詩歌、賦作、散文和碑記等體裁。詩歌方面，可以概括成寫景、巡社、采風和記遊等主題，以宦遊者的作品爲主，臺灣本土文人所作居次，屏東在地文人的作品尤少。屏東在地文人的詩作，出現在清領中期以後，惟數量不多，作者身份皆爲具有科甲功名者。賦作方面，目前僅見三篇，錄存於《恆春縣志》，作者皆是中國文人。散文方面，經過官方志書的刻意篩選，可以見到疏文、諭示、議論和紀事等應用文類的作品，同時錄存碑記作品，創作者的身份有封疆大吏、地方官員和基層功名者，中國文人和本土人士皆有。此外，恆春半島處於地理和政治的邊陲位置，因此開發較晚，直到同治朝才因牡丹社事件受到關注，於是在光緒朝設官分治，到此宦遊者多以竹枝詞記錄當時的風土民情，成爲本地詩歌的特色。

日治時期，受到執政當局文教政策的排擠和刺激，傳統詩社因緣際會地成爲薪傳漢學的主要場域，此時漢詩已有「社會化」的趨勢，本島詩社蓬勃發展，斯爲臺灣文學史上最獨特的現象。因此，屏東地區在礪社諸人的首倡

之下，鉢聲此起彼落，詩人文友切磋交流，詩社數量計達十餘社，呈現熱鬧興盛的氣象。然而，戰後迄今，由於實施現代化教育，以白話文取代文言文，現代文學作品成為文壇主流，古典詩學薪傳漢學的文化優勢不再，加上後繼乏人和缺少經費等不利因素，使得各地鉢聲漸歇，吟友星散凋零，此為大勢所趨，本地詩社亦無法免此，如今尚有持續活動的詩社屈指可數，屏東市的國風詩社為其一。綜上所述，屏東地區的文學發展概況大抵如是。

第三章　清領時期的口傳文學

　　在缺乏文字的時代，語言是人類傳遞訊息最重要的工具，透過語言的溝通和傳播，使得初民最早的文化得以代代傳承，所謂「情動於中而形於言，言之不足故嗟嘆之，嗟嘆不足則永歌之。」經由口耳相傳的方式，人類社會的精神和物質文明方得以逐步建立。而以口語為傳播媒介所流傳下來的「文學」，則被稱為「口傳文學」。

　　口傳文學又被稱為「口語文學」、「口述文學」，尚有「俗文學」、「民間文學」、「講唱文學」和「通俗文學」等異名。然而，不管名稱為何，它都是泛指有別於傳統文人典雅而優美的書寫作品，其內容涵蓋甚廣，涉及神話、傳說、故事、俗語、謎語和歌謠等類別。擁有文字的民族有作家文學，作家文學因為有自身的文字創作，有其不可更易性。沒有文字的民族，便依靠口耳相傳的故事和歌謠的傳唱，達到延續傳統和創造文化的目的，它所包含的不只是文字的意趣，更重要的是民俗、宗教和語言的內容，是該民族文化寶藏非常重要的載體。如臺灣的原住民族都有口耳相傳的信仰、習俗和規章，藉著神話、傳說或歌謠的形式，代代傳承其族群的文化特色。因此，當我們研究一個民族的文學時，特別是缺乏自身文字的民族，口傳文學正是保存該族群歷史文化最可貴的資料。由於臺灣原住民族缺乏自身的文字，其「文學」的傳承和記錄，係以口耳相傳的形式保存下來，再經由後人採集並使用「自己」的文字整理而成，可以分成敘事和非敘事兩大類，神話、傳說和故事屬於前者，謎語、諺語和笑話屬於後者，惟歌謠若有完整故事情節的描述，亦可視為敘事類作品。

　　由於漢人的文學作品向來重視文本，以語言為主要傳播媒介的口傳文學

長期受到忽視。清代臺灣文獻對於原住民的記述，多半著墨於居處、飲食、婚嫁、喪葬、器用和風俗等層面，至於臺灣高山族群的神話、傳說和故事等口傳文學的主要材料卻未被記錄保存下來，主要是因為當時官方的治權並未深入山區，漢人無法得知高山族群的相關資訊，即使有之，亦屬「一知半解」的偏見居多，歷來文獻可考，於此毋須冗言。因此，清代臺灣方志有關原住民族群的口傳文學資料，目前僅見平埔族的歌謠和詞語，如黃叔璥採集的三十四首「番歌」，〔註1〕以及朱仕玠的「下淡水寄語」。〔註2〕前者內容屬於敘事類的歌謠，傳唱平埔族群先人的生活事蹟，包括下淡水平原鳳山八社和恆春半島瑯嶠社人的歌謠，故列入本章第三節討論；後者則是透過下淡水社樂舞生趙工孕將鳳山八社的語言譯出，雖是研究清代臺灣南部平埔族語的珍貴資料，卻因所譯皆為「隻字片語」，無法充分呈顯完整的文學意涵，故不列入本章討論的範圍。

到了日治時期，日本當局以優勢武力控制全島，將治權及於平原和山地，為了加速瞭解臺灣社會生態，便展開調查臺灣舊慣習俗。其間，日本學者深入山地採集高山族群的風俗民情和神話傳說，研究成果頗為豐碩。〔註3〕進一步來說，臺灣高山族群的口傳文學竟是因為殖民者的統治目的被意外地保存下來，成為後來研究臺灣高山原住民文化／文學的最佳參考資料，此一事實充滿無奈的歷史弔詭。

本章雖名為原住民的「口傳文學」，實際討論的範圍僅止於有故事情節的

〔註1〕 見黃叔璥：《臺海使槎錄》（南投市：臺灣省文獻委員會，1996年），頁146～158。

〔註2〕 見朱仕玠：《小琉球漫誌》（臺北市：臺灣銀行，1957年），頁97～101。

〔註3〕 日人研究臺灣原住民族的相關著作，如小林保祥著、松澤員子編、謝荔譯：《排灣族傳說集》（臺北市：南天，1998年）；小川尚義、淺井惠倫：《原語にょる臺灣高砂族傳說集》（臺北市：臺北帝國大學言語學研究室，1935年）；古野清人著，葉婉奇譯：《臺灣原住民的祭儀生活》（臺北市：原民文化，2000年）；伊能嘉矩著、楊南郡譯：《臺灣踏查日記（上）、（下）》（臺北市：遠流，2002年）；佐山融吉：《蕃族調查報告書》（臺北市：臨時臺灣舊慣調查會，1914年）；佐山融吉、大西吉壽：《生蕃傳說集》（臺北市：杉田重藏，1923年）；河野喜六、小島由道：《番族慣習調查報告書》第五卷（臺北市：中央研究院民族研究所，2003年）；宮本延人：《臺灣的原住民族》（臺中市：晨星，1993年）；森丑之助：《臺灣蕃族志》（臺北市：臨時臺灣舊慣調查會，1917年）；鈴木質：《臺灣原住民風俗誌》（臺北市：臺原，1999年）；鈴木作太郎著、陳萬春譯：《臺灣蕃人的口述傳說》（臺北市：中國口傳文學學會，2003年）。

敘事類作品，並未及於非敘事類的作品，而原住民的諺語和謎語則不在討論之列。至於敘事類的作品，主要是以原住民的神話與傳說爲主要對象，因爲神話和傳說爲人類文化與文學萌發的原生體，寄託初民無窮盡的想像與不可扼抑的雄心，對於後世詩歌、小說等文藝內涵的充實，甚至是祭祀儀式所產生的影響皆極爲顯著。

必須先說明的是，雖然學術界對於原住民的神話、傳說和民間故事的分類早有定見，但實際運用在文本的分析時，仍會出現分類不易的困難，如李福清提到早期的日本民族學者採集臺灣原住民口傳文學資料時，對於神話、傳說和民間故事等作品，概以「傳說」統稱。而且，臺灣原住民沒有專有名詞界定神話、傳說和民間故事，如布農族便把部落的傳說稱爲 halihabasan，意思是「古事」；泰雅族稱爲 ywawraran，同於「古事」之意；排灣族則分成 milimilingan 和 tjautsiker 兩類，其義是「古事」和「新的故事」。〔註4〕由此可見，臺灣原住民族本身對於神話、傳說和故事的定義並不明確，加上口傳的故事資料經過長期且多方轉述和潤飾的結果，在神話、傳說和民間故事之間的界線，往往已經變得糾纏不清而模糊難辨，更增加判定的困難度。因此，本文在行文敘述時並未刻意區分故事的類別，而是針對故事的內容和情節加以探討。

屏東地區的原住民族以祖居山區的排灣族、魯凱族和散佈於下淡水平原的鳳山八社平埔族爲主要族群，茲將本章論述對象分成排灣族的神話與傳說、魯凱族的神話與傳說和平埔族的歌謠等三節，以下分別論述之。

第一節　排灣族的神話與傳說

排灣族是臺灣原住民第三大族群，人口僅次於阿美族和泰雅族，約在一千餘年前東南亞一帶巨石文化（Megalithic culture）興盛的時期移入臺灣。〔註5〕因此，有些學者認爲排灣族與巨石文化有關，或許是該文化的子孫。〔註6〕

〔註4〕　參考自李福清：《從神話到鬼話——臺灣原住民神話故事比較研究》（臺中市：晨星，1998 年），頁 33～43。

〔註5〕　參考自王嵩山：《臺灣原住民的社會與文化》（臺北市：聯經，2001 年），頁 10。

〔註6〕　參考自阮昌銳：《臺灣土著族的社會與文化》（臺北市：臺灣省立博物館，1994 年），頁 3。

族群移入臺灣後，早期居住在北大武山的西北部一帶，大約從十七世紀初開始向東南部遷移，〔註7〕逐漸從北大武山向南遷移，有的越過中央山脈到達東海岸，有的則繼續南遷至恆春半島。越過中央山脈的族群，成為「東排灣群」；在中央山脈以西的族群，即為「西排灣群」。整體而言，排灣族群的遷移行動，在荷蘭人來臺灣的時代已經大致完成。〔註8〕

時至今日，排灣族群主要分佈在臺灣中央山脈南端的東西兩側，海拔五百公尺至一千三百公尺的山岳地區。北起自武洛溪上游的大母母山一帶，向南延伸到恆春半島，東南面則包括中央山脈東南山麓與狹長的海岸地帶。排灣族是臺灣原住民南部大族，分佈地區極廣，以今日的行政區域來看，分屬於屏東縣、高雄市、臺東縣和花蓮縣，主要集中在屏東和臺東兩縣。在屏東縣境內所分佈的鄉鎮，有三地門鄉、瑪家鄉、泰武鄉、來義鄉、春日鄉、獅子鄉、牡丹鄉和滿州鄉等八鄉，以來義鄉人口最多；在臺東縣境內的鄉鎮，主要在金峰鄉、達仁鄉、大武鄉、太麻里鄉和臺東市的新園里，而卑南鄉和東河鄉亦有部份排灣族人。另有零星族群散居在高雄市的那瑪夏、桃源兩區與花蓮縣卓溪鄉境內。〔註9〕

根據鹿野忠雄、移川子之藏、衛惠林、王人英的分類法，排灣族可以分成拉瓦爾亞族（Ravar）和布曹爾亞族（Butsul）兩個支群。〔註10〕拉瓦爾亞族居住在排灣族最北端，主要聚居在武洛溪上游，三面有魯凱族圍繞，彼此通婚，風俗習慣彼此涵化。拉瓦爾亞族不舉行五年祭（Maleveq），亦無自南大武山（Kavulungan）下降之文化嚮導神 Salemed／（Salubuk）之傳說。此外，拉瓦爾亞族認為其先祖係來自 Tjavaran，即武洛溪上游地帶，也就是口社溪南大山西麓海拔約八百公尺的大社村。然而，該族群現已散居在三地門鄉北境的村落。

布曹爾亞族的分佈區域比較廣闊，族群分支情形也較為複雜。其支群又可分成巴武馬群（Paumaumaq）、查敖保爾群（Caupupulj）、巴利澤敖群

〔註7〕 見范純甫編：《原住民風情》（臺北：華嚴，1996 年），頁 2。
〔註8〕 見劉寧顏總纂，臺灣省文獻委員會編：《重修臺灣省通志·卷三·住民志·同胄篇（第一冊）》（南投市：臺灣省文獻委員會，1995 年），頁 607。
〔註9〕 排灣族群分佈在高雄市和花蓮縣的鄉鎮，參考自劉寧顏總纂，臺灣省文獻委員會編：《重修臺灣省通志·卷三·住民志·同胄篇（第一冊）》，頁 607。
〔註10〕 見劉寧顏總纂，臺灣省文獻委員會編：《重修臺灣省通志·卷三·住民志·同胄篇（第一冊）》，頁 607。

（Paljizaljizaw）和巴卡羅群（Paqaloqalo）等。這些支群的分佈區域，涵蓋屏
東的北部排灣、南部排灣和臺東的東部排灣。布曹爾亞族主要的居地，在北
口社溪以南，至東港溪之間，包括三地門鄉南半部的村落，以及瑪家鄉、泰
武鄉、來義鄉和春日鄉等地。

　　巴武馬群係由 Padain（巴達煙）、Tsalisi（查利西）和下排灣等地向南遷
移者，因爲此群來自排灣族祖居地之一，遂流傳著許多有關排灣族起源的神
話故事。查敖保爾群是分佈最廣的排灣族亞群，北自屏東縣春日鄉，南至獅
子鄉，部份族群甚至延伸到臺東的大武及太麻里等地。巴利澤敖群則分佈於
屏東縣的南端一帶，包含牡丹鄉及滿州鄉，其生態環境相當特殊，不僅與當
地的阿美族、卑南族和平埔族通婚共存，部落文化也互相影響，方志所稱的
「兒番」者，即爲此群。〔註11〕巴卡羅群是指東部排灣，在中央山脈南端的
東斜面，沿著大竹高溪、虷子崙（金崙）溪流域，分佈於臺東縣的金峰鄉與
達仁鄉，遭遇到鄰近的卑南、阿美等族，因而流失了許多布曹爾亞族的特色，
卻形成新的排灣文化，有別於西部的排灣族群。

　　至於排灣族的族名，則是來自於 Payuan 部落的稱號。在排灣族的區域內，
有兩個部落被稱爲 Payuan，一個在布曹爾亞族（Butsul）的領域；一個在拉瓦
爾亞族（Ravar）的領域。前者位於隘寮溪上游，進入大武山區的前端，是排
灣族在大武山下幾個重要的老聚落之一，該社又被稱「下排灣社」。後者位於
隘寮北溪上游支流 Kinidjaluan 溪右岸，大母母山西南方約八公里，標高七百
八十公尺處，因此被稱爲「上排灣社」。〔註12〕日治以後，日本學者對於原住
民族的研究，投入不少心力，鳥居龍藏將此族寫成 Paiwan，中文譯爲排灣，
鈴木質認爲「神話中排灣是其祖先發祥的靈地，在大武山的某個高處。現在
的排灣族即是從這個地方分佈到各地的，因此將這個地名，取爲自己的族名。」
〔註13〕現今排灣族人仍能具體地指出北大武山的祖居故地。〔註14〕因此可
知，排灣族名是取自部落之名。

〔註11〕見屠繼善：《恆春縣志》（南投市：臺灣省文獻委員會，1993 年），頁 287～295。
〔註12〕參考自童春發：《臺灣原住民史：排灣族史篇》（南投市：臺灣省文獻委員會，
　　　　2001 年），頁 7。
〔註13〕見鈴木質著、吳瑞琴編校：《臺灣原住民風俗誌》（臺北市：臺原，1992 年），
　　　　頁 33。
〔註14〕見達西烏拉彎‧畢馬（田哲益）：《臺灣的原住民——排灣族》（臺北市：臺原，
　　　　2002 年），頁 28。

　　排灣族是一個以農耕爲主要生產活動的族群，打獵只是農閒時期的活動，捕魚活動更是次要。部落的田地多爲山坡地，主要的農作物有地瓜、芋頭、小米、花生和樹豆等旱作雜糧，日治時期引入玉米、馬鈴薯和其他菜類，而以地瓜和芋頭爲主食，故薯類和芋種經常出現在排灣族的洪水神話和祭儀傳說，具有延續族群「命脈」的重要意義。

　　由於排灣族群分佈範圍甚廣，幾乎涵蓋整個臺灣南端，大大地增加了與鄰近異族接觸的機會。拉瓦爾亞族受到魯凱族三面圍繞，風俗習慣彼此相互涵化，呈顯出許多相似之處；布曹爾亞族具有移民的性格，族群分別向東、向南移動，融入更多元的族群文化特色。爲便於瞭解排灣族群的分佈概況，將其分佈區域和主要涵蓋村落等整理成「表 3－1」，附錄於下。

表 3－1：排灣族群分佈概況表 〔註 15〕

亞　族	族　群	分佈區域	主要村落	備　註
拉瓦爾亞族（Ravar）	拉瓦爾亞族（Ravar）	分佈於武洛溪上游，即口社溪南大山西麓，海拔約八百公尺處。	屏東縣三地門鄉：賽嘉、口社、安坡、沙溪、達來、德文、大社、三地、馬兒等村。	佔據排灣族最北端，三面有魯凱族圍繞，雖操排灣族語，然與魯凱族通婚，風俗習慣受其影響至深。
布曹爾亞族（Butsul）	北部排灣巴武馬群（Paumaumaq）	北自口社溪以南，南至林邊溪之間。	屏東縣瑪家鄉：筏灣（巴達煙、下排灣）爲中心地，另有瑪家、北葉、涼山、佳義等村；泰武鄉：泰武、萬安、佳平、平和、武潭、佳興等村；來義鄉：義林、來義、古樓、南和、望嘉、文樂、丹林等村；春日鄉：七佳、力里等村。	排灣族布曹爾群從此向南或向東次第移動，此群將原居地稱爲Paumaumaq，故以巴武馬群稱之。

〔註15〕 參考自劉寧顏總纂，臺灣省文獻委員會編：《重修臺灣省通志・卷三・住民志・同胄篇（第一冊）》，頁 608。

亞　族	族　群	分佈區域	主要村落	備　註
布曹爾亞族（Butsul）	南部排灣查敖保爾群（Caupupulj）	北自率芒溪以南，南至獅子鄉草埔村之間。	屏東縣春日鄉：春日、士文、歸崇、古華等村；獅子鄉：竹坑、楓林、丹路、南世、內文、內獅等村。	前稱由勢力最雄厚之屏東縣獅子鄉內文村內文社大股頭目 Rovaniaw 家及二股頭目 Tsuleng 家支配下之住民為 Caupupul，故實為一部族之總稱。另有薩布立克群（Sabedeq）居住於查敖保爾群之南，分佈於獅子鄉、牡丹鄉等地，習慣上應併入 Caupupulj 群。
	南部排灣巴利澤敖群（Paljizaljizaw）	分佈於臺灣南端恆春一帶，北端與薩布立克群（Sabedeq）間，以牡丹鄉牡丹村女仍社為界。	屏東縣牡丹鄉：牡丹、東源、四林、高士、石門等村；滿州鄉：滿州、里德等村。	在此群之間，除原來之排灣族外，參雜臺東方面之卑南族、阿美族以及平埔族，故成份至為複雜。東源，是由查敖保爾群遷過去。
	東部排灣巴卡羅群（Paqaloqalo）	分佈於臺東縣太麻里鄉與達仁鄉、大武鄉境內，中央山脈東斜面、大武溪、大竹高溪、虷子崙溪、太麻里溪流域。	臺東縣達仁鄉：土阪、台阪、新化、安朔、南田、森永等村；金峰鄉：賓茂、新興、介達、比魯、歷坵、嘉蘭等村；太麻里鄉：大王、金崙、多良等村；大武鄉：大竹、大鳥、大武、尚武等村；卑南鄉：大南村。	推測此群自巴武馬群之居地向東或向東南越過中央山脈逐漸移來。然至此地卻遭遇若干異族，如卑南、阿美及不明種族矮黑人（Ngaurur）等異族及東海岸新環境之影響，在土俗上已

亞　族	族　群	分佈區域	主要村落	備　註
布曹爾亞族 （Butsul）	東部排灣巴卡羅群 （Paqaloqalo）			分化，致與西部古排灣群可予分別之程度，所接觸之異族中較此群先居住之阿美族，似乎居於劣勢向北退縮，矮人則已滅絕。

　　排灣族群的口傳故事種類繁多，可謂「眾說紛紜」，無法逐一整理和討論，茲將排灣族的神話與傳說分成始祖誕生、舉日傳說、族群起源、洪水傳說和祭祀傳說等主題，以下依序論述之。

一、始祖誕生

　　在原始民族的神話傳說中，皆有其始祖誕生的傳說，李福清將人類起源的神話歸納成十個主要類型。〔註16〕而臺灣高山民族之中，以排灣族始祖誕生傳說的類型最為複雜，原因在於排灣族的分佈地區極廣，與周圍異族接觸的機會較多，如魯凱和卑南等族，而形成一種文化混合的結果。

　　排灣族的始祖誕生神話，可以概分為「太陽卵生」、「蛇生」、「壺生」、「竹生」、「石生」和「犬生」等類型。李亦園認為排灣族始祖誕生傳說以「太陽卵生」和「蛇生」為主，排灣族以蛇為部落圖騰，故「蛇生」是排灣族原始的神話，而「太陽卵生」傳說則為另一系統（箕模人）的神話。此外，「竹生」和「石生」傳說則分佈於排灣族邊緣區域，或係受到外族文化影響所致。〔註17〕茲將排灣族的各種始祖誕生傳說分述如下。

〔註16〕李福清認為人類起源神話可分為十個類型，包括自然生人、天地交合生人、石生人、樹（或其他植物）生人、人類由圖騰變形、動物變人、蛋生人、人出自下界（土地）、創世者（其他造物者）或神造人、人自天降下等類型，上述各類又可以細分成幾個小類（種），其他學者尚有不同分法，大抵皆不脫李氏所歸納的分類範圍。有關人類起源神話的分類，參考自李福清：《從神話到鬼話──臺灣原住民神話故事比較研究》，頁74。

〔註17〕參考自李亦園：〈來義鄉排灣族中箕模人的探究〉，《中央研究院民族學研究所集刊》第一期（臺北市：中央研究院民族學研究所，1956年），頁55～83。

（一）蛇生說

　　凡是擁有蛇卵生人、蛇生人或蛇化成人的神話故事，都是具有蛇圖騰崇拜文化的族群，屏東縣境內的排灣族和魯凱族皆然。北排灣群布曹爾亞群的佳平社有一則蛇卵生人的傳說，其故事云：

　　　　昔日洪水襲來，淹死所有人畜。當時有一神靈入山看見蛇卵，仔細觀
　　　　察，見卵內有人形影子，後來蛋破而出現人，是我們的祖先。〔註18〕

該則傳說內容雖然不長，卻結合了洪水和蛇卵生人兩個系統的神話，洪水滅絕地面所有的生物，而蛇卵則創生族群的始祖。同屬於布曹爾亞群的古樓社，有另一則蛇生的傳說：

　　　　昔日，Amawan 社有一女神。某日乘鞦韆盪遊，盪得過甚，鞦韆斷
　　　　而掉入穴中，降入下界去。後來，穴中另外出現一女神，亦居住於
　　　　該社。該女神與瑪家社人 puraruraruyay 交遊，一日，puraruraruyay
　　　　口渴，女神出去提水，路上撿得百步蛇蛋和龜殼蛇蛋各一枚攜帶回
　　　　來。不久，百步蛇蛋生出頭目家祖先，龜殼蛇蛋生出頭目輔臣（平
　　　　民）祖先。互婚而生的小孩，只有一鼻孔和半個嘴。因此，迄今頭
　　　　目家與平民家禁婚。〔註19〕

這則傳說的內涵涉及始祖起源和階級制度，排灣族社會有極為嚴密的階級制度，可以區分成貴族和平民兩種階級，貴族享有統治人民、支配土地和收稅等特權，平民必須服從貴族的命令，並向貴族繳納各種租稅。本則故事謂排灣族祖先是「蛇」，惟頭目是由「百步蛇」所生，平民則由「龜殼蛇」所生。最初，頭目和平民通婚的結果，生下「只有一個鼻孔和半個嘴」的畸形後代。因此，排灣族便禁止貴族和平民通婚，具有階級制度的影子。魯凱族也有類似的蛇生傳說，頭目家族同樣出自百步蛇，平民則是青蛇的後裔，惟該族並未提到階級通婚所受到的限制。

　　另一則蛇生的傳說，則具有社會階層和圖騰崇拜的意義。其傳說如下：

　　　　很早很早以前，神在眾多的蛇群中選出最美麗的一條，而把自己的
　　　　氣吹向牠的錦卵後，命那條蛇孵化變成人，於是由兩個卵生出一男
　　　　一女，長大後成為排灣族的頭目家。

〔註18〕見尹建中執行研究：《臺灣山胞各族傳統神話故事與傳說文獻編纂研究》，頁
　　　　183。
〔註19〕見尹建中執行研究：《臺灣山胞各族傳統神話故事與傳說文獻編纂研究》，頁
　　　　183。

神看到此情此景，既滿足又歡喜，為了保護此二人，命令那條蛇不得讓任何東西接近他們，並授權對那些靠近的惡者，以利齒咬之，使之百步內倒斃。於是在蛇的保護養育下，他們二人順利成長結為夫婦，成為爾後頭目家的始祖。

由於這個緣故，排灣族人至今看見蛇絕不去殺害，不管是什麼蛇，不巧遇見時，便閉目冥想讓牠快速通過。畢竟百步蛇猶如生出頭目祖先的功勞者，是蛇族之王，故對此王族以及其臣下的各種蛇類均表示無限的敬意。

自那之後，凡欺凌蛇的人，必照神所說的以毒齒咬人，置人於死地；雖是這樣，蛇並不無緣無故咬人，於是在自身有難時才咬人的習性，成為蛇對人的一種禮遇。〔註20〕

這則故事傳說排灣族頭目的始祖是由蛇卵所生，因此族人尊重蛇類，與前則傳說認為排灣族人全是蛇的後裔，略有不同。本則傳說同時也解釋了蛇咬人係天神所賜與的特權，以致於「排灣族人至今看見蛇絕不去殺害」，明顯可見是圖騰文化崇拜之下的產物。〔註21〕

（二）太陽卵生

太陽（Kadao）是排灣族傳統的崇拜信仰之一。在宗教觀念上，排灣族人相信太陽為人類生命的來源。〔註22〕於是，排灣族便有太陽卵生人的故事，而此類故事流傳地區極廣，同時涵蓋布曹爾亞族和拉瓦爾亞族，主要分佈於布曹爾亞族北排灣群的瑪家、筏律、下排灣、Masilidzi、糞池、Oalus、來義、望嘉、力里、丹林諸社，南排灣群的古華社，以及北邊拉瓦爾亞族的 Parirayan社。〔註23〕其中，望嘉社的傳說如下：

太古本社有一池。某日 Kadao 由天降下，生三枚蛋於池內，狗見而

〔註20〕 見達西烏拉彎・畢馬（田哲益）：《臺灣的原住民──排灣族》，頁 60～61。
〔註21〕 「圖騰」（totem）一詞，原為北美印地安部落的方言，其定義紛紜，大致可以歸納成下列四種：一、氏族的標誌或象徵；二、氏族或部落的血緣親屬；三、氏族的祖先或保護神；四、具有多種意義的有生物或無生物。原始民族對於自己崇拜的圖騰動物，多半具有禁止打傷或殺害的禁忌。有關圖騰文化的說法，參考自何星亮：《圖騰文化與人類諸文化的起源》（北京市：中國文聯，1991 年），頁 4～11。
〔註22〕 見林道生：《原住民神話與文化賞析》（臺北市：漢藝色研，2003 年），頁 118。
〔註23〕 見林道生：《原住民神話與文化賞析》，頁 117。

　　吠，池水逐漸減少，貓來抓這三枚蛋，蛋破生一女二男，此三人與
　　別處男女結婚，成爲箕模（本族內之一異族）之祖先。數年後，Kadao
　　第二次降臨於 Kadziaka（本社東面某地）生下一青色蛋，蛋自然破
　　開生出男兒，男兒名 rumuchi，爲本社排灣之祖先。〔註24〕

另一則瑪家社的傳說如下：

　　昔日，日神（Kadao）降地生蛋，忽出現一隻蛇將蛋吞入。於是，
　　Kadao 第二次生蛋於木缽內，擱置在鞦韆上，逾五天後孵出一女子，
　　後又生一枚，孵出一男子。男子長大後，下平地成爲日本人之祖先。
　　女子與蛇相婚，生一男二女。男子長大後，也下平地，爲平埔族之
　　祖。長女到 amawan 社與 awmun 結婚，生瑪家社的祖先 kui，次女
　　出嫁 taravakon 社。〔註25〕

還有一則傳說的內容較爲豐富，其故事云：

　　太古時候，太陽在「茶卡包根」山頂，降下紅白二卵，命百步蛇「保
　　龍」保護。不久孵出男女二神，男神名「普阿保龍」，女神叫「查爾
　　姆姬兒」，這二神的後裔變成了排灣族之貴族的祖先。至於平民的祖
　　先，就是名叫「麗萊」的青蛇所孵出來的。

　　到了上古時代，太陽重又下凡，在地上生下了二卵，孵出叫「那馬
　　塔烏」的男神和叫「那馬宇得」的女神。這二神長大後，只要男神
　　叫一聲「生牛」，女神就生牛，叫一聲「生樹」，就生下樹木。如此
　　這般，天下萬物就誕生了。〔註26〕

第一則望嘉社的傳說內容，可以分成前後兩部份。前半部說太陽產下三蛋，
貓抓蛋破，生出一女二男，再與「別處男女」結合，成爲箕模人之祖，因爲
雜有「別處男女」的血統，故云箕模人爲「本族內之一異族」；〔註27〕後半部

〔註24〕見尹建中執行研究：《臺灣山胞各族傳統神話故事與傳說文獻編纂研究》（臺
　　　　北市：臺灣大學人類學系，1994 年），頁 182。
〔註25〕見尹建中執行研究：《臺灣山胞各族傳統神話故事與傳說文獻編纂研究》，頁
　　　　182。
〔註26〕見達西烏拉彎・畢馬（田哲益）：《排灣族神話與傳說》（臺中市：晨星，2003
　　　　年），頁 31～32。
〔註27〕根據李亦園的研究指出，「箕模」一詞在排灣語的意義是原居住在山腳下而與
　　　　排灣人不同的一種人，最初的居地似在林邊溪以及隘寮溪上游山麓及平地附
　　　　近，其後或有部份遷往山區，但亦有若干成員移往山地。根據資料顯示，箕
　　　　模人與排灣人原是不同的族群，只是經過時間的融合（如通婚），使兩個族群

說太陽再次降臨，產下青色蛋，自然生出一男 rumuchi，斯為排灣人之祖，說明排灣人才是真正的「太陽之子」。

第二則瑪家社的傳說，太陽卵生人的過程並不順利，第一次下凡所產的蛋，遭蛇吞入。蛇吞食太陽卵的情節，或可視為以蛇為祖先圖騰的家族／部落攻擊以太陽為祖先圖騰的家族／部落的鬥爭行動，似乎隱喻著擁有不同信仰的古排灣族群之間的一段歷史秘辛。太陽第二次將蛋產於木缽，「擱置在鞦韆上，盪五天後孵出一女子，後又生一枚，孵出一男子」，男子後來成為日本人祖先，女子與蛇結合，產下一男二女，蛇裔男子成為平埔族祖先，蛇裔長女的後代成為瑪家社祖先，次女則嫁入 taravakon 社。排灣族的親族組織被認為是本島先住民中最複雜也最具特殊的典型，因其繼承制度為長嗣繼承制，男女並重，也就是「不論長嗣的性別而只著重出生別」。〔註28〕換言之，排灣族並不特別強調「重男輕女」的觀念，只要是「老大」便能「當家」。因此，長女亦可繼承家產和頭目地位，有別於其他種族的繼承法則。此外，本則傳說提到盪鞦韆一事，蓋昔日排灣族只有貴族結婚時，才有盪鞦韆的資格。〔註29〕從盪鞦韆孵卵、女先男後的降生順序和女嗣成為瑪家社祖先等傳說內容來看，在在顯示排灣族女子地位並不低於男子，本則傳說隱約透露出這種訊息，亦可窺得族群內部對親屬繼承權的詮釋痕跡。

第三則傳說先述及太陽在太古時代生下紅白兩卵，並命百步蛇「保龍」孵化成男女二神，此為排灣貴族的由來。至於平民祖先，則是由青蛇「麗萊」所孵化出來。貴族產自太陽，並由百步蛇孵化，平民則由青蛇所孵出，明顯具有排灣族傳統的社會階級觀念。稍後到了上古時代，太陽再次產下二卵，孵出「那馬塔烏」和「那馬宇得」兩位男女神祇，從「男神叫一聲『生牛』，女神就生牛，叫一聲『生樹』，就生下樹木。如此這般，天下萬物就誕生了」的過程，可知這兩位神祇就是萬物的創造者。本則傳說可以瞭解排灣族對人類的起源和社會階級觀念，以及天地萬物創生的宇宙觀。

的界線逐漸變淡。以上所述，參考自李亦園：〈來義鄉排灣族中箕模人的探究〉，《中央研究院民族學研究所集刊》第一期，頁55～83。因此，本則傳說云箕模人為「本族內之一異族」，而其原居地靠近水邊，亦頗合太陽「生三枚蛋於池內」的故事內容。

〔註28〕見劉寧顏總纂，臺灣省文獻委員會編：《重修臺灣省通志・卷三・住民志・同胄篇（第一冊）》，頁616。

〔註29〕見劉寧顏總纂，臺灣省文獻委員會編：《重修臺灣省通志・卷三・住民志・同胄篇（第一冊）》，頁617。

（三）壺生說

臺灣原住民擁有陶器的族群不少，包括布農、排灣、魯凱、阿美、卑南和達悟等族，價值和作用不一。而排灣族將青銅刀、古陶壺和琉璃珠等物品視爲珍寶，青銅刀的數量極少，古陶壺的數量次之，琉璃珠最常見，然而古陶壺受到重視的程度，卻遠在其他二者之上。〔註 30〕古陶壺被認爲是祖先留下來的遺物，在傳統階級嚴密的排灣族社會，只有貴族階級才能擁有的家傳寶物，藉以炫耀家族的權勢和財富，也是昔日貴族婚嫁時必備的聘禮。

排灣族的陶壺稱爲 Reretan，無釉且有印紋，主要的紋飾有太陽紋、蛇紋和人形紋等種類，古陶壺的製作技術早已失傳。事實上，在排灣族的遺址和聚居之地，並無出產陶土的地方。在族群傳說中，亦缺乏採陶土的故事和地點流傳下來；而在現實生活中，也無任何關於製陶技術、工具或遺跡留存。排灣族現存的陶壺傳說，並無人造陶壺的記載。因此，有關排灣族古陶壺的來源、時代和發掘地點，至今仍無定論，有待進一步的考證。

排灣族人相信陶壺是祖靈居住的地方，象徵生命的泉源，具有能使生命發生、繁殖和預測未來的超自然力量。〔註 31〕因此，有關排灣族陶壺傳說的內容，大致都是陽光作用於壺上，壺裂出現小孩的模式。至於故事中陶壺的來源，多半從天降下或無意間出現於山中，而小孩的出生則是有神意的。〔註32〕最典型的傳說，要屬排里雷安社的故事，其內容如下：

> 很久以前，山上有個不知來源的壺，有人見到此壺甚爲珍奇，便拾
>
> 回家去。一天，陽光透過牆壁照在壺上，壺便裂開，走出一男一女。
>
> 後來，他們繁衍出排里雷安社族人。〔註33〕

排灣族陶壺的種類，又可分成陰陽壺、公壺、母壺和人形壺等四種。依紋飾來區分，有蛇紋的是公壺，太陽紋的是母壺，陰陽壺則是結合太陽紋和蛇紋，且壺身浮貼乳狀裝飾。〔註34〕有一則女陶壺生人的傳說云：

〔註30〕見任先民：〈臺灣排灣族的古陶壺〉，《民族學研究所集刊》第二期（臺北市：中央研究院民族學研究所，1956 年），頁 163。

〔註31〕見達西烏拉彎・畢馬（田哲益）：《臺灣的原住民——排灣族》，頁 272。

〔註32〕見許世珍：〈臺灣高山族的始祖創生傳說〉，《民族學研究所集刊》第二期（臺北市：中央研究院民族學研究所，1956 年），頁 174。

〔註33〕見達西烏拉彎・畢馬（田哲益）：《排灣族神話與傳說》，頁 30。

〔註34〕參考自達西烏拉彎・畢馬（田哲益）：《臺灣的原住民——排灣族》，頁 273～274。

> 傳說有一個女陶壺，此陶壺受陽光照射孵出了一個女性的蛋，此蛋與 pocoan 家一個男性的靈魂結婚，生下了一女人，此女子又和山裡的百步蛇結婚，生下了二男孩，其中一個叫 tschonovak，就是 dararoan 社的祖先。〔註35〕

另一則壺生的傳說云：

> 很古以前，在 katomoan 山上，一處叫 inaran 地方，有人於打柴時發現一陶壺，甚奇，遂用番布包起來帶回家。一路上，陶壺屢掉下，於是那人便將之置於路旁，回家邀其兄弟前來，一同將陶壺帶回家去。

> 一天，太陽從牆頭邊照過來，陶壺遂裂，裡面出現男女二小孩。他們長大後，女的到 pabaguran 地方去了，男的則仍留在原處，成為該社的祖先之一。〔註36〕

古樓村的傳說，則是結合了陶壺女嬰與蛇神生子的情節。人蛇結合的後代，分別成為部落頭目和巫師。其傳說內容如下：

> 據說太古的時候，山區有三個神聖的古壺，它們分別由金、銀與陶做成。有一天，從大武山跑下來兩條狗，牠們撞裂了陶壺。裂開的壺中，有一位女嬰，女嬰長大後與百步蛇神結婚，而生下三個兄弟，老大是古樓社頭目，老二是隔鄰的武潭村頭目，老三則精研巫術，成為當地巫師之祖。〔註37〕

至今，在古樓大社地區與其所屬的小社，當地族人莫不自認為是陶壺女嬰與蛇神的後裔。當地傳說陶壺女嬰與蛇神所生的後裔，最初由於人數少，只能近親婚配，生下小孩的生殖器長在腳底，隨後一代一代慢慢往上移，最後才變得正常。現在古樓社頭目從人類正常的第一代起算，至今已經是大約第十五代頭目了。而故事中的三個太古神壺，裂開產生女嬰的陶壺尚存於當地頭目家中，銀壺則下落不明。金壺內有金線、琉璃珠和一顆名為「太陽的眼淚」的稀世琉璃珠等珍寶，惟金壺和壺中寶物已在日治時期被日人奪走，僅餘「太

〔註35〕見尹建中執行研究：《臺灣山胞各族傳統神話故事與傳說文獻編纂研究》，頁184～185。

〔註36〕見尹建中執行研究：《臺灣山胞各族傳統神話故事與傳說文獻編纂研究》，頁185。

〔註37〕見達西烏拉彎・畢馬（田哲益）：《排灣族神話與傳說》，頁29。

陽的眼淚」存於部落頭目處。金壺流落海外後，曾經數度易手，輾轉賣回臺灣，已不復爲排灣族所有。〔註38〕

（四）竹生說

排灣族的創生神話中，除了太陽卵生和蛇生之外，還有竹生之說。竹生人的傳說，又可分成兩種類型。一類是從竹中生出蛇，蛇再變化成人；另一類則是由竹子直接生人。兩類傳說各取一則，前者來自牡丹社的傳說云：

> 昔日，大武山上一根竹子裂開，裡面生出許多蛇。蛇成長後化成人，
> 是我們的祖先。〔註39〕

排灣族向來自認爲是蛇的後裔，以親屬的關係對待蛇。本則傳說內容簡短，謂蛇從大武山上的竹子裂開而生，竹子所生的蛇，長大後化成人，這就是排灣族祖先的由來，本則傳說雖然屬於竹生說，卻同時連結了排灣族與蛇的關係，可以視爲竹生和蛇生的綜合型故事。另一則竹生的內容稍有不同，其傳說云：

> 以前，有一男子名叫「沙利毛智多」和一女子名叫「沙留麥」二人，
> 由竹子出生，爲「高士佛社」的祖先。〔註40〕

此則傳說屬於植物生人的典型，由竹子直接生下男女各一，成爲高士佛社的始祖。高士佛社位於恆春半島牡丹鄉山區，在清朝同治十三年（1874）因「牡丹社事件」，遭到日軍屠殺並焚毀村落。〔註41〕牡丹社和高士佛社同處於恆春半島的牡丹山區，兩社毗鄰而居，聲息相通，因而皆有竹生始祖的故事，斯爲排灣族在恆春地區始祖傳說的特色。

（五）石生說

石生之說，大多分佈於東部排灣地區，也就是臺東縣境內。然而，在屏東縣境內亦不乏石生人的故事，流傳於高士佛社的故事謂：

> 太古 Kinabakay 處有大石，一日裂開生出男女二人。二人相婚生下
> 眾多子女，但第一胎是蛇，其次是瞎眼兒，再其次亦是有缺陷

〔註38〕參考自李嘉鑫：〈陶壺女嬰與蛇神生子〉，《中國時報》，1998.7.24，第 42 版。
〔註39〕見簡榮聰：〈百步蛇：排灣族的圖騰〉，《聯合報》，1996.4.28，第 17 版。
〔註40〕見達西烏拉彎・畢馬（田哲益）：《排灣族神話與傳說》，頁 41。
〔註41〕見臺灣銀行經濟研究室編：《同治甲戌日兵侵台始末》（南投市：臺灣省文獻委員會，1997 年），頁 22。

　　者……，最後才生下了完整的男女小孩。這對男女小孩成長後相婚，

　　子孫人口驟增，因地方狹小，故一部份人北上赴知本社，爲卑南族

　　之祖；其餘者南下成爲排灣族之祖先。〔註42〕

排灣族爲臺灣南部大族，向有遷徙移動的習性，東部排灣族約在十七世紀中葉，方由大武山西麓越過中央山脈抵達東海岸定居，與當地卑南族形成交錯，爲較晚近才形成的族群。〔註43〕從族群遷徙的路線來看，石生人故事流傳的時間順序，西部不應當晚於東部。故事中的石生人第一代男女相婚，分別生下蛇和有缺陷的後代，最後才有「完整的男女小孩」。由健康的子嗣結合所產下的後代，因爲「子孫人口驟增」，以致於「地方狹小」而產生遷移行動。遷移路線分成南北兩路，北路成爲「卑南族之祖」，南路則成爲「排灣族之祖先」。卑南族亦有石生始祖的同類傳說，其祖先是否源自排灣族，不得而知。然而，因爲族群居地交錯的關係，排灣、卑南兩族透過通婚和其他社交方式，在文化和習俗等方面相互影響、涵化乃是必然的結果，以致於日人曾誤將排灣、魯凱和卑南視爲同一族群。〔註44〕本則傳說可以同時觀察到近親結合的禁忌、族群遷移的過程與文化相互滲透的現象。

（六）犬生說

　　在排灣族的傳說中，屬於動物生人的傳說，除了蛇生說之外，還有犬生說。在古樓社的傳說云：

　　太古有一條狗，挾在兩棵大樹之間，生人，這是我們的祖先。迄今，

　　本社裡對狗之死視如人死，埋葬於一定的場所，並以衣物、飯、祭

　　品、豬肉之類爲殉葬品。假如，把狗屍遺棄，則全社會流行感冒。

　　〔註45〕

本則傳說可以看出排灣族對犬類的崇敬，猶如昔日臺灣農民對耕牛的重視。

〔註42〕見尹建中執行研究：《臺灣山胞各族傳統神話故事與傳說文獻編纂研究》，頁184。

〔註43〕參考自劉寧顏總纂，臺灣省文獻委員會編：《重修臺灣省通志・卷三・住民志・同胄篇（第一冊）》，頁26。

〔註44〕日人森丑之助把魯凱、排灣和卑南等三族，合稱爲「排灣族」。見達西烏拉彎・畢馬（田哲益）：《臺灣的原住民——排灣族》，頁29。

〔註45〕見許世珍：〈臺灣高山族的始祖創生傳說〉，《民族學研究所集刊》第二期，頁173。

二、舉天傳說

　　人類始祖誕生後，先民的生活作息便與大自然環境產生直接的互動。然而，世界許多民族的神話傳說，多半會提到天地如何創生，大抵是「從無到有」或「由渾沌變清明」的故事情節，如《聖經》的〈創世紀〉故事和漢族的盤古開闢天地故事，即是如此。漢族的盤古故事云：

> 天地渾沌如雞子，盤古生其中。萬八千歲，天地開闢，陽清爲天，
> 陰濁爲地。盤古在其中，一日九變，神於天，聖於地。天日高一丈，
> 地日厚一丈，盤古日長一丈。如此萬八千歲，天數極高，地數極深，
> 盤古極長。後乃有三皇。〔註46〕

故事內容描述天地原是一個渾沌如雞蛋的物體，盤古巨人在其中努力撐開這個尚處於渾沌狀態的物體。經過漫長的歲月，天地間的距離已經變得非常遙遠。盤古之後，世間「乃有三皇」，成爲人類文明的始祖。這則神話成功地凸顯了盤古開闢天地的堅毅沈穩與犧牲奉獻的人格形象，在文學藝術上的表現，堪稱卓越。

　　惟臺灣原住民的神話，缺少這類開天闢地的典型內容，往往跳脫「渾沌如雞子」的初始階段，直接敘述天地形成後的宇宙空間。此時天地之間的距離都是相當接近，於是日月星辰也相對的接近地面，因而對初民的生活造成許多不便，排灣族在神話中的天空亦然。因此，如何克服這種「先天上的缺陷」，便成爲初期原住民天空傳說的重要課題。有一則舉天的傳說云：

> 據說古時候天空低，有兩個太陽，人們難消受。人們只是工作，未
> 曾睡覺。（他們常說：）「這該怎麼辦呢？」
>
> （有一次）tokanivon 家的人舂粟，杵撞了天，有個太陽掉了下來，
> 天也昇高，因而有了夜晚了，我們也可以睡覺了！〔註47〕

另一則傳說云：

> 有一群女人，在屋頂上舂小米。可是，天很低，太陽很熱。於是，
> 女人們商量說：「太陽爲何如此之熱呢？」其中一個人說：「如果我
> 們用杵撞它呢？」說了，眞的就撞。這一來，有個太陽瞎了，那個

〔註46〕【唐】歐陽詢：《藝文類聚・卷一》（臺北市：文光，1977 年），頁 2。

〔註47〕見尹建中執行研究：《臺灣山胞各族傳統神話故事與傳說文獻編纂研究》，頁 189。

月亮就是它。接著，天空 tsalugtsag-……地叫著，往上昇高。〔註48〕
天空出現兩個甚至多個太陽，可能是先民對旱災的歷史模糊記憶所致，因而催化出來的苦難想像。射日神話便是先民對抗此一災難的產物，其中以漢族的后羿射日故事最為著名。排灣族雖然沒有英雄射日神話，卻有以杵舉天、把天空撐高的神話來消解「天很低，太陽很熱」的問題。

除了居住在蘭嶼島上的達悟族之外，臺灣原住民都以穀食為主，而準備穀食最重要的工具，就是杵和臼。因為木杵對原住民的生活十分重要，而習見於原住民的神話，因杵在搗米時的動作，容易讓人聯想到可以把天頂高，上述兩則傳說以杵將天舉高的發想即源於此。人們用木杵舉天，使炎熱的太陽掉下，不但解除人間災難，天空也因此昇高，形成現在的天地空間和日月晝夜。原住民以杵舉天的行為，殆含有「人定勝天」的思維模式，而其杵天的理由，並未有后羿射日神話背負著拯救天下黎庶的巨大使命，卻只是影響睡眠或太陽很熱等常見的生活課題，從中亦可見到原住民單純而活潑的想像意趣。

事實上，人們以杵舉天的神話情節，不僅流傳於臺灣南部的排灣族，在中國雲南、印度與菲律賓等地也有類似的故事情節，可說是世界普遍的舉天神話中一個特殊的南洋類型。〔註49〕從舉天神話流傳的地域性來看，或可提供臺灣原住民來源更多的思考方向。

三、族群來源

天地開展之後，子民繁衍成長，隨之而來的是，解釋族群來自何方的說法。有關排灣族來源的說法，主要有來自海上和山上兩種傳說。

（一）海上說

排灣族來自海上的傳說，其故事云：

> 很久以前，在東南方海上有一個叫馬賽賽（marairai）的小島。在那裡，人民過著快樂舒適的生活。某一年，該島突然出現很多鬼，居民大受其擾。這時，有位青年起來領導大家生火，圍成一個圓圈，

〔註48〕見尹建中執行研究：《臺灣山胞各族傳統神話故事與傳說文獻編纂研究》，頁189。

〔註49〕見李福清：《從神話到鬼話──臺灣原住民神話故事比較研究》，頁72。

老幼婦孺在中央睡覺，由青年們環繞他們唱歌跳舞，通宵達旦來藉
此驅鬼，這很可能就是排灣族有火和酷愛歌舞的起源。但是，如此
仍無法抵抗鬼的侵擾，只好搭木筏四處漂流，後來居民在今高雄的
下淡水溪附近登陸，建立了第二個家園。後來，排灣人漸向山中撤
退。在此次民族大遷移中，有一青年率領族人披荊斬棘，克服萬難
以抵達新據點，他是柯拉披林（kalapeilin），成了排灣族人第一位英
雄。他與其妻幾威（givi）教族人耕種、造屋、並制定社會制度，創
立祭祀天地的儀式，柯乃爲日後男巫的始祖，而幾威則爲女巫的第
一人。〔註50〕

故事敍述最早的排灣人，由於祖居島上多鬼，族群爲了逃避鬼祟，被迫放棄
故地，乘筏出海漂流，另覓平安處所。在南臺灣的下淡水溪（高屏溪）登陸
後，幾經輾轉遷移入山，率領族人向山麓遷徙的柯拉披林夫婦，後來成爲排
灣人的族群領袖和巫覡始祖。這則傳說顯示排灣族人本來不是居住在臺灣，
而是來自域外東南方海上的馬賽賽（Marairai）島，同時也述及族群英雄柯拉
披林率領族人披荊斬棘，找到新據點的事蹟，夫妻分別成爲男、女巫的創始
者，還教導族人「耕種、造屋、並制定社會制度，創立祭祀天地的儀式」，頗
有民族史詩的色彩。

（二）山上說

起源於山上之說，則以排灣族聖山——大武山爲主。在此必須先做說明
的是，一般所謂的「大武山」，正確說法應該是北大武山。因爲屬於中央山脈
最南端的大武山群裡，只有北大武山、南大武山，衣丁山、茱仁山和霧頭山
等諸峰，並沒有眞正的「大武山」，大武群峰以海拔最高的北大武山（三〇九
〇公尺）爲馬首，故一般人所謂的「大武山」，其實是指大武山系最高的北大
武山。有關大武山爲排灣族祖山的傳說很多，其中流傳較廣的故事云：

Taririku 社與 Katsurin 社祖先的起源是在大武山 Porucchi 的地方，從
天降下來黃色與青色的蛋，黃蛋出生男子名叫 Rumuji，青蛋出生女
子名叫 Gilin，兄妹長大成爲夫妻生出兒女，長男是盲目，長女沒有
鼻子，從次男開始才是正常人出生。次男名叫 Puraluyan，次女叫

〔註50〕見尹建中執行研究：《臺灣山胞各族傳統神話故事與傳說文獻編纂研究》，頁
186～187。

Kibi，三男叫 Palan，三女叫 Sakugo，正常的弟兄姊妹長大了，父母派遣了他們去探險領土。

於是，弟兄姊妹帶了兩頭獵狗出發了。首先上了大武山的儘頂兒，展望四方選定目標才前進。從大武山沿著山的稜線一直望南部進去到了現在的 Taririku 社上方的時候轉向東部前進。到了現在的 Taririku 社的南部地方名叫 Benukachian（意思是根本或太古）。那時候帶來的兩頭狗都坐在地上挖土，並一直吠而不跟四人前進。四人只好其地休息開始焚火。更不可思議的是火煙像沖天那樣升高，四人對於這個意義依照各個思考的結果，Puraluyan 說此地一定是神啟示我們要建設舊社最適當的地方，所以要在這裡建設也有其他準備，因此命令 Palan 和 Sakugo 就向東南部去，Palan 和 Sakugo 就帶了一頭獵狗過 Taririku 溪，從 Balaku 與 Bajolu 的地方爬上了山的稜線進去東部，走出來 Tabakasu 與 Chiokakulai 的中間，經過 Kakubulan 社到了 Pachiton 社。Kakubulan 社到了 Pachiton 社。在此有凹地，窺探了裡頭有一對男女沒有見過的人，Palan 對他們發問：「你們從那裡來？為甚麼在這裡頭？拿甚麼當食物呢？」他們回答：「是我們出生在這裡頭，沒有出去過外面，拿蛇或是蜥蜴來當食物。」Palan 說：「你們不可以吃那樣不好的東西，跑出來狩獵也好吧。山地四方處處有許多山豬或是鹿，獵取來吃好好吃喔，還有我們人類當主食物的粟或是芋栽培起來，吃這些是比較好喔。」這樣指教他們就離開此地望 Katsurin 方向去了。（出生在凹地的人，據說是大鳥萬 Pachiton 社的祖先）Palan 到了 Katsurin 的時候，帶來的狗同樣又挖地面且一直吠。所以 Palan 以為此地還是適合當蕃社的，就讓 Sakugo 和狗留在 Katsurin，自己一個人望海岸方面出發了。到了海岸沙灘上確認沒有人走過的痕跡，就去 Katsurin 溪左岸地名叫 Kinerekowan 的地方採竹子當拐杖，沿著海岸向北部急行到了現在現在的大得吉社下方的時候，有了從北部來的某人的腳印，因此到此為止當做北部的終點，當拐杖用的竹子種在此地，然後返回南部又去 Katsurin 溪採竹子，一直望南前進到現在的大武支廳的位置稍微偏南部的地名叫 Sukiya 那裡休息，又在此地把竹杖切了一半種下再望南部前進，但是到何處也找不到人的腳印，所以到了現在的牡丹灣社的南

部地名叫 Chiowabdasu 那裡，就以此地爲南部的終點境界，竹子種下歸返 Katsurin。種了竹子的這三個地方如今竹子還在生長。Palan 回 Katsurin 向 Sakugo 告知探險狀況。於是 Puraluyan 命令 Palan 和 Sakugo 建設蕃社在 Katsurin 分配給他們粟、芋頭、黍等等種子，弟兄姊妹分開建設了 Taririku 社與 Katsurin 社。其代代子孫大多都是與馬淵東一調查的頭目系譜連續的。〔註51〕

這則故事敘述排灣族祖先從大武山分向北、東、南各地拓墾繁衍的過程，頗能印證該族遷徙的歷史事實。值得注意的是，故事中的排灣初祖源自大武山「從天降下來黃色與青色的蛋」，屬於卵生型的傳說。卵生人的故事屢見於原住民的始祖傳說，排灣族以蛇卵和太陽卵爲大宗，此則故事卻是天卵生人。卵生的初代爲了繁衍後裔，經常出現「兄妹互婚」的故事情節。近親婚配的結果，多半產下身體殘缺的後代，如「長男是盲目，長女沒有鼻子」。古代原住民因爲知識未開，缺乏進化論和生物學等科學觀念，因此藉神話傳說和禁忌信仰以告誡後代，近親通婚有違自然生態法則。若以今日的觀點來看，這類故事所蘊藏的意義，其實具有非常進步的生態思考。〔註52〕

　　另一則起源於大武山的故事則是：

排灣族的祖先爲一對住在大武山的兄妹，當時尚無他人類的出現，爲了繁殖人類，他們兄妹二人結成夫婦。但天神爲處罰其亂倫的婚姻，他們的第一代至第三代的孩子，都是畸形兒，直至第四代時方爲完整的人。

故現在排灣族有四親之內禁婚的倫理觀念。〔註53〕

本則故事傳說排灣族祖先居住在大武山，在缺乏其他婚配對象的情形之下，爲了繁衍人類，遂兄妹互婚，卻因此遭到天譴，產下畸形後代，延及三代。故事雖云經過四代之後，才產下正常後裔，然而排灣族記取近親婚配慘痛的後果，爲了生育優良的後代，於是發展出四世親之內禁婚的倫理觀念。蓋排灣族近親禁婚的範圍，只問血緣遠近，不問父系、母系及親族的內外關係。惟排灣族布曹爾系亞族各群，其屬小宗或同高祖群禁婚近親範圍較廣，適用

〔註51〕見尹建中執行研究：《臺灣山胞各族傳統神話故事與傳說文獻編纂研究》，頁187～188。
〔註52〕見達西烏拉彎・畢馬（田哲益）：《排灣族神話與傳說》，頁18。
〔註53〕見尹建中執行研究：《臺灣山胞各族傳統神話故事與傳說文獻編纂研究》，頁185。

及雙系四世親範圍，也就是父系之小宗或同高祖族群，加上母族與姑母所出。拉瓦爾亞族對於近親禁婚的範圍則較爲寬鬆。〔註54〕這則故事所寓含的血親禁婚觀念，顯然較近於布曹爾系亞族的風俗習慣。

　　臺灣原住民族的來源，至今仍未能完全確定，然而以「多元遷移」之說被認爲是較合理的假設，亦即原住民族遷入臺灣是分成數波移入，並且來源也不同。最早可能是泰雅族，約在六千至七千年前已自中國南方移入，第二波爲賽夏族，排灣族屬於第三波及更晚移入的族群，自中國南方或中南半島移入南洋群島，而後遷移至臺灣。〔註55〕據此，來自海上的故事所顯示的遷移方向，應該較爲貼近「多元遷移」的假設。而起源自山上的故事，族群發跡之處恰與海上說法呈現截然不同的遷移方向，若從民族集體記憶所顯示的趨向分析，也許「他們已經遺忘跨越海洋進入臺灣島歷程，整體的記憶只能由他們居住地區特殊的自然環境開展，雪山、玉山、大霸尖山、大武山高聳的山勢，就成爲民族生命萌芽並與大地相處的座標」，〔註56〕如此或可解釋同一族群對祖先來源何以有如此兩極的說法。

四、洪水傳說

　　在各民族的災難傳說中，以洪水最爲常見。大洪水的故事，普見於世上許多民族，其中流傳最廣的故事，則非《聖經》的洪水傳說莫屬。據《聖經》記載，神耶和華因見世人的罪惡日大，所言所行都是惡事，便後悔造人在地上，決定要毀滅人類，乃降下滂沱大雨，讓「洪水氾濫在地上四十天，……水勢在地上極其浩大，天下的高山都淹沒了。」只因挪亞是義人，神爲了要留「種子」，才告訴他要事先建造方舟，以躲過這場大難。挪亞存活下來後，爲了感恩，便築壇祭神，神才不再因爲人的緣故而詛咒地上。〔註57〕這則洪水故事主張神是造物主，含有告誡世人敬神行善的意義，宗教色彩相當濃厚。

〔註54〕參考自達西烏拉彎・畢馬（田哲益）：《臺灣的原住民——排灣族》，頁93。
〔註55〕參考自劉寧顏總纂，臺灣省文獻委員會編：《重修臺灣省通志・卷三・住民志・同冑篇（第一冊）》，頁19。
〔註56〕見巴蘇亞・博伊哲努（浦忠成）：《臺灣原住民文學史綱（上）》（臺北市：里仁，2009年），頁55～56。
〔註57〕見李常受譯：《聖經・創世紀》（恢復本）（臺北市：臺灣福音書房，2007年），頁37～44。

在古代中國有關洪水的記載屢見於典籍，如《孟子・滕文公下》提到「當堯之時，水逆行，氾濫於中國，蛇龍居之，民無所定」，而《尚書・堯典》也有「湯湯洪水方割，蕩蕩懷山襄陵，浩浩滔天」的敘述。可見洪水襄陵之際，生靈塗炭，人類流離失所，不得安居，古今中外皆然。

據吳家君的統計，臺灣原住民各族均有洪水神話的流傳，惟情節有些差異，惟即使是異族仍有類似之處，而同族也有迥異的說法。〔註58〕排灣族也有多起洪水傳說，舉其中三則，以概其餘。其一曰：

> 古時候，陸地（因洪水而）溶解，山也全都變成了水。然而，有一小山尚存。據說人都死了，但有兩個人倖存，掛在山上的 lavilu 樹枝上。未幾，水退了，掛在樹上的兄妹活了。可是，（他們）沒有火，什麼也沒有。於是，（他們）折了其所曾掛住的小枝鑽火。這一來，生出火來了，因而焚之。於是，有了用以煮東西（的火）。而，他們兩人於是結成夫妻。可是，據說（他們）生了瞎子或瘸子或患鼠瘡者等兒女。傳說中說，（他們）於是把患有鼠瘡者遣到平地去，把瞎子和瘸子遣到臺東去，把優秀的（留）做自己的子女。而，據說他們是兄妹結婚之故，所以才生了瞎子、瘸子和患有鼠瘡者。並且自古傳說，隨著結婚者的血緣漸遠，漸生不瞎、不瘸、不患有鼠瘡者而逐漸好轉。〔註59〕

其二曰：

> 自古傳說曾發生洪水，各地山土被沖走。因此，到處山峰崩塌而消失。有二兄妹抓住 lagagaz 草（因此未被沖走而得救）。他們沒有土地，也沒有家，所以只是哭個不停。適有（斷掉部份身段的）一截蚯蚓，當它拉屎一次，都形成一條山稜線。他們找到了一個鍋子，（可是）它也破了。
>
> 於是，他們落居（某處），可是苦於無火，說：「（用）什麼做我們的火呢？」偶有一甲蟲出現，口銜著了火的火繩來。兩個孩子說：「那是什麼呢？」（甲蟲）到身邊來了，見之，有火，於是他們取了甲蟲

〔註58〕參考自吳家君：《臺灣原住民文學研究》（高雄市：國立中山大學中文所碩士論文，1997年），頁96。

〔註59〕見尹建中執行研究：《臺灣山胞各族傳統神話故事與傳說文獻編纂研究》，頁178～179。

所攜來的火。他們取了火，甲蟲就「vty，vty……」地叫著飛走。自那時起，其火（迄今）未熄滅過。

他們長大成人了，因為那蚯蚓排出土壤，（所以有了田地）可是他們看了看田地，沒有薯、沒有芋，也沒有粟，所以到處去找。終於發現薯、芋和粟的種苗了，於是他們以其為種，予以栽培。

他們成長了，（可是沒有對象，所以）說：「我們怎麼辦呢？」就去找伴侶，可是沒有找到人。（情非得已）他們遂以兄妹之關係而成了夫妻。第一代所生者身體有傷痕，或瞎，或手腳不全。第二代所生者稍佳，第三代所生者都是非盲、非殘障者。因此，（人們）獲知兄妹不可結婚事，傳說是這樣說的。〔註60〕

其三曰：

古時候有那叫做 tarovar 的怪物在平地，河水都流入其（口中）。可是，tarovar 的嘴巴塞住了，以致於積水，發生洪水。水太多，小山都被水淹沒，只有 tomapalapalai 山和霧頭山和大武山，沒有被水淹沒。下 paiwan 社的人逃上 tomapalapalai 山，而其處無火。（恰有）小鹿（羌？）在其處，人們派遣牠到霧頭山去取火。小鹿泅往霧頭山，攜（火）返回 tomapalapalai 山。Tomapalapalai 山上可以煮（飯）了。

其後日久，tarovar 的嘴巴打開了，不再積水，洪水遂退。有蚯蚓掛在樹上，頭目發現之，給了食物。這蚯蚓拉屎成土。（今）有土，是因此之故，又，這些土地之所以屬於頭目，是他們曾以食物餵過蚯蚓之故。〔註61〕

第一則傳說謂古時候發生洪水，土地遭到淹沒，待大水退去後，僅有兄妹兩人倖存，靠鑽木取火得以維生。為了延續人類生命，兄妹結合，卻因此「生了瞎子或瘸子或患鼠瘡者等兒女」，含有禁止近親結合的寓意。

第二則傳說同中有異，故事內容也是在古代的時候，洪水淹沒土地，人類僅存一對兄妹，這對兄妹為了延續人類生命，在不得已的情形下，只好近

〔註60〕見尹建中執行研究：《臺灣山胞各族傳統神話故事與傳說文獻編纂研究》，頁178。

〔註61〕見尹建中執行研究：《臺灣山胞各族傳統神話故事與傳說文獻編纂研究》，頁179。

親婚配，成為排灣族的祖先。這個故事同時提到避水的工具、火的來源，以及災後丘陵和耕地的產生是由蚯蚓所排出的糞土所造成，農作也因此得以重新展開。

第三則傳說謂大地所有的河水流入怪物 tarovar 的嘴巴裡，成為「萬流歸宗」的所在。新土地的產生，同樣也是蚯蚓由「拉屎成土」。故事內容雖然荒謬怪誕，卻極富有先民的想像力。在排灣族的洪水傳說中，多認為「土地」是由蚯蚓的糞便所產生。而頭目曾經拿食物餵食過蚯蚓，是以土地的所有權屬於貴族，平民使用土地必須要向貴族納租。此類傳說在某種程度上，具有敘述族群階級特權由來的意義。

從排灣族前兩則洪水故事來看，其故事的主要模式，不外是在遠古時代曾有洪水淹沒大地，淹死大多數的人類，僅剩的倖存者（多半是兄妹或姊弟等血親）逃到高地避難。待洪水退去，他們找到居住的地方，透過近親結合的方式，得以重新繁衍人類。其中，「兄妹成婚」的情節，在臺灣其他原住民的洪水故事也有類似的敘述，這種情節被稱為「同胞配偶型洪水傳說」。〔註62〕

洪水消退，大地重現，劫後餘生的人類面臨重建世界的課題。由於火是文明的象徵，使人類社會從「茹毛飲血」的生食時代進步到「以化腥臊」的熟食時代，得以徹底擺脫動物性的重要標誌。因此，在原住民的神話中，為了重建災後的人類部落，必須再次取得火種以存續生命能量，便成為洪水故事裡存在的要素。而取火種的故事，在西方世界以普羅米修斯（Prometheus）盜取天火到人間的故事最為著名。

臺灣原住民的取火傳說相當普遍，經常和洪水故事結合，對取火過程的描述多是精彩而詳細，且有各自的版本。各族版本雖異，卻仍有其共通處，主要在於協助取火的生物，皆是某種動物或昆蟲。上述三則故事，第一則是以鑽木取火的方式獲得火種，其餘兩則分別是在甲蟲和小鹿的協助之下，重

〔註62〕　「同胞配偶型洪水傳說」一詞，見李卉：〈臺灣及東南亞的同胞配偶型洪水傳說〉，《中國民族學報》第一期（臺北市：中國民族學會，1955.08），頁171～206。該文主要論述臺灣原住民中的阿美、卑南、排灣、泰雅、布農和平埔等各族的神話和中國、東南亞各地神話傳說的比較研究。根據李卉的說法，所以採用「同胞配偶型洪水傳說」的名稱，是因為洪水傳說雖遍及世界各地，但「同胞配偶型」的洪水傳說，卻是在東南亞區域的一個特徵，而其中「同胞」一詞，同時涵蓋「兄妹」和「姊弟」兩種關係。

新取得火種。其他部族有豬、山羊或鳥雀等山林常見的動物，種類不一，其中以鳥類最爲常見。然而，即使取火的生物不同，基本上仍可視爲是同類型的故事情節。由洪水傳說而衍生的各種生物取火故事，甚至被認爲是受到《聖經》洪水故事某種程度的影響所致。〔註63〕此外，因爲頭目救活蚯蚓，蚯蚓拉屎成土，土地乃爲頭目所有，解釋貴族世襲地權的由來。

五、祭祀傳說

祭祀在古代向來被視爲「國之大事」，族群產生後，爲祈求「風調雨順」和「國泰民安」，祭祀便成爲初民日常生活中不可或缺的重要儀式。原住民社會的祭祀儀禮相當多，舉其繁者，如卑南族全年有十個月，每月皆舉行祭祀慶典，布農族一年竟有三分之一的時間在祭禮中度過。原住民的祭祀，大致具有兩種實質意義，一則祈求農作、狩獵、馘首和戰鬥的勝利；二則祝禱日常生活上的賜福避禍。根據粗略的統計，原住民的祭祀項目多達七十餘種，主要包括狩獵、農耕、漁獵、敬祖、婚喪、氣象、征戰、建築、行旅和成丁晉級等項目，〔註64〕幾至無所不祭的地步。僅祭祖一項，排灣族就有一年祭、二年祭、三年祭、五年祭和六年祭等五種固定的祭典，其中尤以五年祭最爲重要，而平時不定期舉行的祭獻祖靈，則不勝枚舉。因此，在排灣族的祭祀傳說中，要以「五年祭」（Maleveq）的傳說最具代表性。

排灣族的五年祭爲人神盟約，是該族最盛大的祭典。〔註65〕對此，日本學者鈴木質有極爲詳細的記載，其前言云：

> 排灣族每五年舉行一次族眾共同祭祀祖先的儀式，稱爲五年祭。有
> 些社（其中之兩、三社）只舉行一次祭祀，但大部分都舉行前後兩
> 次的祭祀，前祭是爲迎接祖靈莅攝，後祭則是送祖靈歸山之祭祀。

〔註63〕浦忠成認爲臺灣原住民早期曾受到荷人傳教，因此在洪水神話的表現上，受到某種程度的影響，惟其轉化的痕跡極其自然而已。見巴蘇亞・博伊哲努（浦忠成）：《臺灣原住民的口傳文學》（臺北市：常民文化，1996年），頁76。

〔註64〕見范純甫：《原住民風情》，頁248～249。

〔註65〕排灣族並非所有社群皆有五年祭的祭典，如主要聚落分佈在武洛溪上游地帶的「北排灣群」拉瓦爾亞族（Raval）便沒有五年祭，其原因是拉瓦爾亞族世居排灣祖靈所在的北大武山，由於「原居地、本土」的地位，因此沒有該項祭典；排灣族所有舉辦五年祭的地區，都是在十五至十七世紀遷移後所形成的「拓殖區」。上述資料參考自達西烏拉灣・畢馬（田哲益）：《臺灣的原住民——排灣族》，頁30、104～105。

五年祭深具涵意，排灣族的始祖之靈，長年居住在北大武山，但祂會每五年出巡一次，南下看看祂的子孫，沿路到每一個部落察看子孫們的生活現況，保佑其農耕、狩獵都順利平安，一直到最南端的鵝鑾鼻後再折返，照原來的路途北上回到北大武山。如是之故，祂的子孫，便在始祖之靈南下之時與北上之時（共兩次）；迎送祭祀，以求平安幸福。另外，在始祖靈巡遊之際，各家的代代祖先也會伴隨而來，所以也要迎接侍奉，請祖先暫時回家，而當始祖靈巡遊完畢，歸山途中，再到該社來的時候，各家祖先也會隨之歸山；因此在自家再祭祀一次，一來是為始祖先，二來是為祖靈，備辦種種祭饌，做為禮物送諸靈歸山。〔註66〕

關於排灣族五年祭的傳說，根據日人的採集有二則，其一云：

> 我們 paiwan 人每五年行五年祭一次。先做樹皮球和竹矛，練習（刺球）一個月。一個月過後，就攜球和矛，到頭目那裡去舉行五年祭。在社門後面架造坐台，在社門後面七天。然後到社門前面去，當天又造坐台。女人做麻糬和酒，三天內的兩天連續跳舞。而在社門前面喝酒和刺球。那時，呼請祖靈、獻酒和麻糬，大家唱歌。歌唱時，要把鄰社頭目和勢力人士的名字唱出來。那是從古時候就開始的。

> 五日祭畢，就去打獵。獵歸，製竹矛尖，出草敵地。斬得首級，即攜其首級歸而歡。回家後集合，到頭目處去祭敵首級，（祈以）吾等之佳歲而舞。男、女、小孩都聚集頭目府。殺者為了弔祭被殺者，帶豬來，然後跳舞。於是，（大家）歡呼，為了取得首級而喜。被殺者的首級是放在院子中央處（倒放著的）臼子上。男、女、小孩都跳圈舞。五日滿，高呼敵人首級？祭典於是告終。〔註67〕

其二云：

> （古時天上有）royiliyan 者，在晒衣時掉落在 liyuta 家。limud 發現之，問：「你來自何處？」「我從天上來，來吧！焚我的火！我想隨煙登天！」（limud）生了火。royiliyan 說：「第五天，你隨煙來（天

〔註66〕見鈴木質著、吳瑞琴編校：《臺灣原住民風俗誌》，頁122。
〔註67〕見尹建中執行研究：《臺灣山胞各族傳統神話故事與傳說文獻編纂研究》，頁191。

上）吧！你第五天昇天來時，要在院子裡，我們唸誦時要聽著！天
將亮，我們開始唸誦時，要到（屋內）倉庫上方來！」

時至，limud（昇天，依其言）在倉庫上，看著（royiliyan）做司祭
者。天將亮，limud 說：「我要走！」royiliyan 問：「你們有什麼種苗？
有什麼粟種？」limud 說：「有 qalidod 芋和 vala 芋種！」royiliyan
說：「把 volovoloy，tamikil 和 lailiman 三種粟種拿走吧！（還有），
到 qatsuli 去，把斑豬拿去！」royiliyan 又說：「我們做五年祭。那麼，
（你們也）做五年祭吧！而把樹插上去吧！」

於是，limud 返回下界。到了下界，（他）就到 livulivuan 來插樹，
到 rosivawan 去插樹。接著，說：「還是不行的，沒有司祭者！」於
是 limud 的五兄弟都做了司祭者。因為 limud 把學自天上的事教（給
他們）了，所以地上也開始做五年祭。〔註68〕

五年祭是排灣族各類祭儀中規模最盛大，內涵意義最深的祭儀。族人相信祖
靈居住在大武山上或其上方天空，與地上的人們一樣地以頭目為中心而活
著。每隔五年一次，祖靈從大武山下來探訪各部落的子孫，參觀他們的生活，
並為他們帶來幸福。從大武山下來的祖靈由最北方的巴馬武群開始，依循族
人昔日遷徙的路線向南、向東巡視，直到最南端的排灣族部落，然後又依原
路線回大武山。來程要舉行前祭，回程要舉行後祭。由於五年祭具有強大的
社會整合團結能力，日治時期引起當局忌憚，因而遭到禁止。光復以後，國
民政府雖未禁止，卻急速的基督教化，也曾一度完全消失，後來由於保留傳
統文化的意識抬頭，才又開始恢復舉行。〔註69〕

第一則傳說敘述五年祭的準備和慶祝過程，其中的馘首儀式已在日治時
期被廢，改以草球代替人頭，惟刺球儀式至今猶存。〔註70〕第二則傳說敘述
天上人不慎掉落凡間，凡人生火助其重返天上，天上人因此贈送凡人粟種和
豬隻，並交代五年祭一事。故事中的天上人代表祖靈，粟種和豬隻代表糧食，
插樹則是提供祖靈降臨時所依附或坐鎮之處。〔註71〕該則故事具有祖靈教導

〔註68〕見尹建中執行研究：《臺灣山胞各族傳統神話故事與傳說文獻編纂研究》，頁
191～192。

〔註69〕見劉寧顏總纂，臺灣省文獻委員會編：《重修臺灣省通志・卷三・住民志・同
冑篇（第一冊）》，頁640。

〔註70〕參考自達西烏拉彎・畢馬（田哲益）：《臺灣的原住民──排灣族》，頁121。

〔註71〕原住民認為神靈大都無有形的神體，故其祈禱、祭祀並不設置任何神體，然

子民從事農耕、狩獵和祭祀等技術與儀式的重要意涵，同時亦涉及祭司的傳承問題。從上述兩則傳說可知，五年祭是排灣族的宇宙觀、宗教觀及社會組織的具體表現。

　　有關五年祭的傳說還有多起，社群不同，版本亦異。屬於布曹爾亞族巴武馬群的來義鄉，有謂五年祭原來是三年一祭的另類傳說。其內容如下：

> 相傳五年祭原來是三年舉行一次，有一回先祖與創世紀神塔卡勞斯和其他所有善、惡神，相約每三年相會一次，每次祭祀由巫師占卜約神靈降世與世人相會。
>
> 有一次舉行祭祀的時候，因爲頭目兄弟二人爭執刺球長短互刺死亡，而停辦五次（十五年），神前來人間了解後，恢復祭典，但改爲五年祭。〔註72〕

另外，在來義鄉境內的古樓村，其五年祭的版本則稍有不同。古樓村的傳說，也是因爲發生兄弟互刺致死而停辦祭祀。復祀後，祭典亦由三年改爲五年。不同的是，來義鄉復祀的原因是「神前來人間了解」，遂改爲五年祭；而古樓則是祭典停辦了五年後，因爲巫師「夜夢祖先不怡悅，要族人迅速恢復祭典」。由於已經停辦五年，「古樓村人索性就把祭祀改爲五年舉辦一次」。〔註73〕

　　上述布曹爾亞族巴武馬群的五年祭傳說，有二個獨特之處。其一，最早的「五年祭」係三年舉行一次，有別於其他社群；其二，因發生手足爭執刺球致死的慘劇而停祀，復祀後改爲五年一祭。復祀的原因，前者因爲神靈介入而復辦祭典，後者由於祖先不悅而復辦祭典，兩者皆具有敬畏神靈和祖先的色彩。

　　特別值得一提的是，無論是三年祭或五年祭，刺球活動都是該類祭典中的重頭戲。〔註74〕平埔族和高山族皆有此種刺球活動，據說是從馘首習俗演

亦有藉某物供神靈降臨時所寄託，或設置特殊建築物爲自靈界招降時臨時憑依、坐鎮之處。見田哲益：《臺灣原住民的社會與文化》（臺北市：武陵，2001年），頁94。

〔註72〕見達西烏拉彎・畢馬（田哲益）：《排灣族神話與傳說》，頁166。

〔註73〕見達西烏拉彎・畢馬（田哲益）：《排灣族神話與傳說》，頁167。

〔註74〕刺球活動是排灣族五年祭儀式中最重要的活動。刺球稱之爲「qapudung」，是用相思樹皮或葛藤蔓纏繞而成，直徑約五寸，爲數四至十數個，每個祭團數量不一。這些球都各自賦予名稱，例如粟種、芋種、獵獸、家畜、敵人、健康等，然後把這些球拋向天空，在它落地之前用竿擊刺，謂接住從天而降的各種幸福。原始的訴求意義，乃是在祈求五穀糧食豐收、獵物源源不斷，以

變而來。〔註 75〕最初，臺灣南部原住民族群如卑南、魯凱和排灣等族群有獵
頭祭的習俗，這種習俗是把敵首裝在籠子中間，向祭屋屋頂投去，等到籠子
滾下來時，用木槍刺之，刺中者為族中英豪。卑南族的少年在稻入倉祭和成
年禮儀時也有刺猴祭，以刺中猴頭為榮，這種祭儀習俗用意在培養和訓練年
輕武士的尚武精神。後來馘首之習被廢，改以藤絲編製成球狀，代替敵首。
這種藤球大如瓜狀，輕如棉帛，球上塗滿了五顏六色的花紋。每逢風和日麗
之際，全社大小都聚集在野外練習刺球，先將球拋至空中，再由族中青年各
持顫顫悠悠的長竹竿，紛紛揭竿試刺藤球，看誰能刺托著球，待球落到地面
後，再重新拋高刺之，如此反覆再三。刺托中者勝，不中者為敗，罰之以酒。
排灣族的刺球儀式，係在五年祭的第六天舉行。舉行刺球之際，觀者如雲，
氣氛熱烈，蔚為族中盛事。巡臺御史黃叔璥〔註 76〕便將此一刺球活動名為「託
高會」，其云：

> 山前、山後諸社，例於五年，土官暨眾番百十圍繞，各執長竹竿，
> 一人以藤球上擲，競以長竿刺之，中者為勝；眾番捧酒為賀，名曰
> 託高會。〔註 77〕

這是目前可見到最早有關於五年祭的文獻記載。稍後，六十七〔註 78〕巡臺時，

及個人、家族和部落平安幸福。上述說法參考自李恩賜：《排灣族刺球（djemul
jat）之研究》（屏東市：國立屏東師範學院體育系體育教學碩士論文，2003
年），頁 20。

〔註 75〕 參考自范純甫：《原住民風情》，頁 501。早期臺灣先住民，不惟高山族有獵敵
首之習，陳第在〈東番記〉有「東番夷人……。所斬首，剔肉存骨，懸之門；
其門懸骷髏多者，稱『壯士』。」之語，文中所指「東番夷人」，即當時遍佈
台南地區的平埔西拉雅族群，因此可知昔日平埔族亦有馘首之風。

〔註 76〕 黃叔璥，字玉圃，晚號篤齋，順天大興人。康熙四十八年（1709）進士，六
十年清廷始設巡視臺灣御史，滿漢各一員，與滿洲正紅旗人吳達禮巡臺，於
翌年蒞任。雍正元年（1723）秩滿，奉旨留任一年。官臺期間，安輯流亡，
博采輿論，多所建設。著有《臺海使槎錄》八卷，約十萬言，均為記述臺灣
史事、形勝、風物以及山地原住民之習俗，為後來研究臺灣史地者，多所取
資。其生平事略參考自張子文、郭啟傳、林偉洲撰文，國家圖書館特藏組編
輯：《臺灣歷史人物小傳：明清暨日據時期》（臺北市：國家圖書館，2006 年），
頁 604～605。

〔註 77〕 見黃叔璥：《臺海使槎錄》，頁 154。

〔註 78〕 六十七，或取諧音作陸世琦，字居魯，滿洲鑲紅旗人。乾隆八年（1743）冬
十二月，奉命巡臺，任滿續延兩年，十二年離台，為清代巡臺最久者。在任
期間，巡視南北路，考察台地收成米價及人民生活情形，並采風問俗，命工
繪圖，成《臺海采風圖考》和《番社采風圖考》，歷來為考文徵獻者所取資。

則將該活動視同爲漢人的「蹋踘之戲」而加以描述，並題作〈戲毬〉。其文曰：

> 番以藤絲編製爲毬，大如瓜、輕如綿，畫以五彩。每風日清朗，會
> 社眾爲蹋踘之戲。先以手送於空中，眾番各執長竿以尖托之；落而
> 復起，如弄丸戲彈。以失墜者爲負，罰以酒。男女堵觀，以爲歡娛。
> 張侍御有詩云：「藤毬擲罷舞秋千，世外嬉怡別有天。月幾回圓禾幾
> 熟？歲時頻換不知年。」〔註79〕

文中賦詩的張侍御，乃漢籍巡臺御史張湄。〔註80〕因爲異民族文化的差異，
張湄和六十七等中國官吏將臺灣原住民具有「祈求祖靈、保佑豐收」的神聖
祭祖獻靈儀式，主觀地認爲是「弄丸戲彈」的世外嬉怡樂事。雖名爲「戲毬」，
漢人以足蹴之，眾番執竿以刺，不僅兩者的活動形式有別，箇中實際意義亦
相去雲泥，如此比擬顯然相當不類。其實，這種情形普遍存在於清代的臺灣
文獻，可說是中國知識份子對於異族文化／文明的偏見和侷限之處。

小　結

　　排灣族的口傳文學相當多元且複雜，有些故事顯然是受到他族文化的交
混影響，殆因族群遷徙四方和居地交錯相接所致，此爲排灣族神話與傳說的
特色，尤以始祖誕生的故事最爲明顯。如排灣族的太陽卵生說，在布曹爾亞
族的巴武馬群較爲常見，是「箕模人」的傳統神話之一；蛇生說的分佈範圍
最廣，遍及整個布曹爾亞族，而蛇生的說法經常摻雜其他種類的誕生方式，
單純的蛇生說主要分佈在布曹爾亞族巴武馬群的佳平社和古樓社，融合太陽
卵生的說法則出現在拉瓦爾亞族的部落，蛇生與竹生相伴的傳說流行於布曹
爾亞族的巴利澤敖群與查敖保爾群之間。壺生說多爲拉瓦爾亞族分佈的地區

詩才敏贍，另著有《西域聞見錄》、《遊外詩草》和《臺陽雜詠》，編《使署閒
情》四卷，輯有許多臺灣詩文，復與范咸重修《臺灣府志》、增補高拱乾與劉
良璧舊志之缺失。其生平事略參考自張子文、郭啓傳、林偉洲撰文，國家圖
書館特藏組編輯：《臺灣歷史人物小傳：明清暨日據時期》，頁26～27。

〔註79〕見六十七：《番社采風圖考》（臺北市：臺灣銀行，1961年），頁9～10。

〔註80〕張湄，字鷺洲，號南漪，又號柳漁，浙江錢塘人。雍正十一年（1733）進士，
乾隆六年（1741）巡臺，兼理提督學政。在臺兩年，嚴稽冒籍，教士公明，
曾上疏阻止臺米外流，平抑臺地米價，政績卓著。善詩工書，官中編《珊枝
集》及著《瀛壖百詠》，另有《柳漁詩鈔》十二卷。其生平事略參考自張子文、
郭啓傳、林偉洲撰文，國家圖書館特藏組編輯：《臺灣歷史人物小傳：明清暨
日據時期》，頁413。

才有此類故事。單獨竹生的傳說則較為少見,大多與蛇生、石生共存出現,從竹生說的分佈區域來看,主要出現在與他族毗鄰交接的邊緣地帶,如高士佛社、牡丹社和卑南社等部落,可以據此推論排灣族的竹生傳說可能受到他族始祖起源故事的影響,而石生的傳說主要分佈於與魯凱族和卑南族相鄰的部落,同樣是族群文化相融合而「衍生」的產物。至於犬生的說法並不多見,魯凱族向有雲豹和獵犬指路覓地定居,族群因而得以繁衍的傳說,兩族地緣相近,文化互相滲透、涵化的情形甚多,或者與此有所連結而產生的變異,本文僅提出另種見解,以供參考。此外,有關排灣族人的各種始祖誕生傳說,正好可以觀察從「原生」故事到「衍生」故事的發展軌跡,此種現象同時可見於世界其他族群的民間故事,凸顯族群的遷徙過程和原住民族群文化/文學的融合結果。

原住民族常見對抗大自然的傳說,如射日和舉日便是此類的典型。排灣族沒有「以弓射日」的故事,卻有「以杵舉日」的傳說,可知杵是排灣族人相當重要的生活工具,不僅是舂米粟的農具,同時解釋晝夜現象的產生。值得一提的是,他族射日的主人翁通常是男性成員,而排灣族舉日的主角往往是婦女,顯示女性在排灣族社會佔有重要的地位。

臺灣原住民族的來源傳說,可說是族群集體記憶所呈現的趨向。依照目前人類學、語言學、考古學與民族學的研究,顯示臺灣原住民族的來源仍未能完全確定,還有許多討論的空間。排灣族的起源傳說亦然,有來自海洋和發跡山地兩種方向截然不同的說法。祖先從海上來的說法,屬於較為晚期的口碑,依舊傳承先人飄洋過海的記憶;而擁有高山起源的說法,則是較為早期的口碑,族群的記憶只能從定居地發軔。因此,來自馬賽賽(marairai)島的海上故事,仍然可以清晰地敘述族群英雄柯拉披林(kalapeilin)和幾威(givi)夫妻率領族人開創新天地的史詩事蹟。進一步言,根據學界「多元遷移」的說法所顯示的意義,排灣族部落擁有兩種族群起源的口傳資料,正可以說明排灣族人並非在同一時期抵達臺灣,而是「分批」移入,最初的定居地可能因此而有所不同。由此可知,即使同一族群未必是以同批整群的方式移入臺灣的居地。所以,排灣族的兩種族群來源傳說,剛好可以印證原住民族分批移入臺灣的歷史事實。

洪水傳說是世界各地普遍的神話題材,臺灣的原住民族均有關於洪水的神話流傳,只是各族故事繁簡不一。西方世界洪水故事的起因多半是遭到「天

（神）譴」，宣示教義的意味相當明顯，排灣族的故事沒有交代洪水發生的原因，而是直接進入水患的災難狀態。歸納排灣族洪水故事所傳遞的訊息重點，在於災後餘生人類社會的重建。受災之後，人類數量因流離和傷亡而減少許多，如何延續族群的生命旋即成爲重要的課題。其中，近親婚配和生物取火則是排灣族人面對此一難題的解答，可以視爲臺灣原始初民對於天災地變所產生的因應行爲和思維態度。排灣族以災後的兄妹重新建立新的世界，象徵著末世更新的循環觀點，此一情節和觀點並未見於魯凱族的洪水故事。然而，毫無例外地，原住民對於近親結合的傳說都會不約而同提到誕生出具有缺陷的後代，使人聯想到此類傳說的內容可能已經受到晚期外來文明或宗教的影響。而生物取得火種的故事情節，則充滿初民們的想像力和創造力，直接或間接解釋生物特徵和習性的由來。不僅如此，排灣族的洪水故事同時孕育著族群文化的肇生說法，如族人將農作文化的創始者寄託在水災孑遺的兄妹身上，兩人「終於發現薯、芋和粟的種苗了，於是他們以其爲種，予以栽培。」這是排灣族洪水傳說最值得注意的地方。

　　臺灣原住民族都有型態不一的各種祭儀，五年祭是排灣族各項宗教儀式中最具代表性、儀式最爲繁複的一項大祭，可說是排灣族宗教思想的具體表現。其實，排灣族的五年祭，最初是爲了祭祀族群的始祖之靈，惟祖靈們每隔五年會下山南巡各社子民，視察後裔子孫的生活狀況，並給各社子孫留下包括農耕、狩獵、健康和出草禦敵的善運，其基本精神在於對神衹的敬畏崇拜和祖先的敬仰追思，並且隱含著「祈求祖靈，保佑豐收」的意識。因此，排灣族部落傳說的五年祭內容具有兩種意涵，其一爲排灣族人的諸神和歷代祖靈，自祖山北大武山啓程，由北而南，自西越過中央山脈向東，由上游至下游依序巡視諸部落，同時祈求祝福與庇護的祭儀；二是從各部落之間舉行儀式的順序，反映和記錄了排灣族群自北而南，自西向東的遷徙歷史。直言之，排灣族人正是透過此一週期性輪流舉行的傳統祭儀，維持和加強散居於山中不同部落之間的族群共同感。

第二節　魯凱族的神話與傳說

　　魯凱族主要分佈的範圍，在臺灣南部中央山脈兩側，阿里山脈以南，大武山脈以北的山區，濁口溪、隘寮南北溪、大南溪流域的山區，以及呂家溪

流域一帶。以現代的行政區劃分，在今日的高雄市茂林區、屏東縣霧臺鄉和臺東縣卑南鄉的山區等，皆為魯凱族的聚居地。

依照魯凱族的聚居地，其族群可以概分成中央山脈西側的下三社群（高雄市茂林區）、西魯凱群（屏東縣霧臺鄉）和中央山脈東側的東魯凱群（臺東縣卑南鄉）。三群分佈的地區並不相連，彼此往來並不頻繁，反而與他族的互動較多，如下三社群與布農族、鄒族較為接近，東魯凱群與臺灣東部的卑南族和布農族毗鄰而居，受到卑南族的影響甚多，而位於屏東縣境內的西魯凱群則被排灣族所圍繞，因為兩族群的外觀、體質和社會組織差異極小，早期外人區分不易，日治時期曾經被歸類為排灣族的亞族。

在生計活動方面，魯凱族原有的耕種方式，以山田燒墾為主，作物有小米、芋頭、地瓜、落花生、黍、旱稻和樹豆等，以小米和芋頭為重要。此外，狩獵是魯凱族具有重要社會意義的活動，原因在於狩獵活動是魯凱社會判斷男性能力的重要指標。狩獵能力好的魯凱男性可以獲得族人的敬重，如獵得一定數量的公山豬，舉行儀式經過公眾的認可後，便可以配戴百合花，或將百合花圖案繡在衣褲，成為部落的英雄人物。〔註81〕

至於魯凱族來自何方，根據族人的口傳，其祖先由臺東的海岸登陸，隨即向山上遷移，最初來到中央山脈南段的肯杜爾山定居。過了一些時日，部分族人在部落領袖的領導下，由一隻通靈的雲豹領路與一隻老鷹在空中引導，翻山越嶺來到舊好茶，雲豹停佇良久，不肯離開，遷徙的族人遂在此建立新的部落。後來，一部份族人又遷移至阿禮、去露和霧臺等地，魯凱族因此被稱為「雲豹的故鄉」。族人為了感恩，將雲豹和老鷹列為禁獵的動物。〔註82〕

在社會組織方面，魯凱族屬於階級制度，分成頭目、貴族和平民等三個階級，各個階級之中，還有細微的區分。階級的地位以創始神話為基礎，往往與太陽、陶壺或石頭有關，如大武的創始傳說為遠古時代有一塊巨石，太陽不斷地照射巨石，於是從石中生出貴族的祖先。〔註83〕

相較於排灣族群的分佈情形，魯凱族就顯得單純許多，為便於瞭解其族群的分佈概況，將其分佈區域和主要涵蓋村落等整理成「表3－2」，附錄於下。

〔註81〕 有關魯凱族的族群分佈和生計活動，係參考自喬宗忞撰稿：《臺灣原住民史・魯凱族史篇》（南投市：臺灣省文獻委員會，2001年），頁7～12。

〔註82〕 參考自蘇義峰編著：《發現屏東：文化屏東》（屏東市：屏市阿猴城城鄉發展協會，2005年），頁56。

〔註83〕 見喬宗忞撰稿：《臺灣原住民史・魯凱族史篇》，頁16。

表3-2：魯凱族群分佈概況表

族群（別名）	分佈區域	主要村落	備　註
下三社群（濁口群）	霧頭山北麓濁口溪流域，向東沿巴西克敖溪到臺東縣卑南鄉的背後山地。	高雄市茂林區多納里、萬山里、茂林里。	向北與鄒族、布農族的勢力範圍接壤，向西經由六龜與漢人、平埔族時相往來，向南有排灣族拉瓦爾群。
西魯凱群（隘寮群）	北起大母母山，南抵南隘寮溪谷，的山區。	屏東縣霧臺鄉霧臺村、阿禮村、佳暮村、大武村、好茶村、吉露村，三地門鄉青葉村，瑪家鄉三和村美園社區。	三面被排灣族的拉瓦爾群和布曹爾群包圍，向東越過霧頭山，有臺東縣境的獵場領地。
東魯凱群（大南群）	臺東縱谷南端西側的呂家溪和大南溪兩溪合流的山腳沖積帶。	臺東縣卑南鄉東興村（大南村）、金峰鄉嘉蘭村新富社區、正興村、壢坵村。	最初僅大南社部落，自稱達魯馬克（Taromak），民國五十八年九月二十七日，因風災發生大火，全村焚燬，因而遷村改建，並易名為東興村。

　　本文將魯凱族的神話傳說分成人類起源、洪水傳說、射日傳說和鬼湖之戀等主題，以下依序論述之。

一、人類起源

　　魯凱族有關人類起源的神話故事，說法極多，大致可以分成太陽生人、陶壺生人、蛋（卵）生人、蛇生人、樹生人、石生人和花生人等版本，茲將各種故事羅列如下，以瞭解魯凱族對人類起源的看法。

（一）壺生說

　　第一則陶壺生人的故事云：

　　　　太古之時，有一 tboaniradan 家中藏著一男性陶壺，名叫 makie lu lu
　　　　san：而在另一 la lavwan 家中則藏著一個女性陶壺，名叫

makaitvewn，相傳 Todna 社的祖先，就是由這對男女陶壺所生。
〔註84〕

另一則故事云：

> 在萊沙多納地方，畢畢卡魯與雲煙一起出現。有一天，畢畢卡魯外
> 出下山去看看，竟看到了沙卜納地方也有人與雲煙一起出現，畢畢
> 卡魯邊走邊想：「會是誰啊？」他好奇的走去看個究竟。
>
> 沙卜納的人說：「我是塔得利（Tateli），你是從哪裡來的？朋友。」
>
> 「我是從萊沙多納那邊過來的，我是畢畢卡魯！」
>
> 接著畢畢卡魯指著以前沒看過的東西問：「這是什麼東西啊？」
>
> 「喔！是蓋在壺上面的刺繡布。」
>
> 在他們的談話中，不一會從壺中生出了小孩。塔得利對畢畢卡魯說：
> 「你看！從我們的壺中生出了小孩！」
>
> 「是女的嗎？」
>
> 「是男的。」
>
> 「就叫他卡列姆德吧！」
>
> 沙卜納的人口多了起來，大家都快樂的生活。〔註85〕

第一則故事的陶壺，有男女性別之分，生出 Todna 社的祖先，屬於部落起源的
傳說。第二則故事的畢畢卡魯和塔得利與雲煙一同出現，頗有天神的影子，
而陶壺所生之人為男性，凸顯魯凱族「重男」的傳統。值得注意的是，本則
故事出現人物對話情節，並非只有平面的故事敘述。

（二）太陽生說

在魯凱族的傳說中，太陽經常與陶壺結合而生出人類。其故事云：

> 陶壺中有一個卵，經過晨光長時間的照射，陶壺中的卵孵化成去露
> 社的大頭目。〔註86〕

〔註84〕見尹建中研究執行：《臺灣山胞各族傳統神話故事與傳說文獻編纂研究》，頁
270。

〔註85〕見林道生編著：《原住民神話故事全集（4）》（臺北市：漢藝色研，2004 年），
頁 110～111。

〔註86〕見達西烏拉彎‧畢馬（田哲益）：《魯凱族神話與傳說》（臺中：晨星，2003
年），頁 30。

有太陽和陶壺相戀而產卵的模式，其故事云：

> 傳說遠古時代，太陽愛上了陶壺，他們生下了蛋，由百步蛇守衛保
> 護，後來孵出魯凱族男祖與女祖。〔註87〕

魯凱族人對於太陽、陶壺和百步蛇相當尊敬，因為他們是太陽和陶壺所生的後代，故事中的百步蛇則扮演守衛神的角色。在魯凱族的傳說之中，蛇類經常以保護者或創生者的姿態出現，庇護族人的先祖，其中以百步蛇最多。

（三）蛇生說

魯凱族的人類起源傳說，有多則故事與蛇有關，以百步蛇最常見。由於蛇類是卵生動物，此類傳說的模式有二：其一是卵孵出蛇→蛇為始祖；其二是蛇生下卵→卵孵出人。兩類傳說的差異在於，從卵中所孵出的是蛇或人。第一類的故事云：

> 傳說遠古時代，在海邊飄來一個陶罐，裡面有兩顆蛋，這兩顆蛋後
> 來孵化成為兩條百步蛇，這就是魯凱族人的祖先。〔註88〕

從「海邊飄來的陶罐」可知，魯凱族祖先來自海上，陶罐有蛋，蛋孵出百步蛇，成為魯凱族祖先。第二類的故事云：

> 從前，有一天，兩條靈蛇 kanavanan 產下許多卵。於是，就從這些
> 卵中誕生出來許多人，是我們這族的祖先。所以，不可殺傷這種蛇
> 類。〔註89〕

由於 kanavanan 靈蛇產卵，卵孵化人，成為始祖，故不得殺害此種蛇類，含有原住民感恩和敬物的觀念。

另一則蛇生傳說同時結合太陽和陶壺，其故事云：

> 古代有一個青年在山谷中發現一個古甕，甕中有一枚百步蛇蛋，他
> 把它抱回家，每天由於陽光照射而得到溫暖，七天後即孵化出一個
> 男嬰，是百步蛇之子，長大後與一個下凡女神結婚，因而從此魯凱
> 族一代一代繁衍。〔註90〕

在魯凱族的傳說之中，常可見到蛇類產卵在陶壺（甕）之類的容器，經過陽光照射孵出卵中物，這是自然的生物現象與過程，本則故事屬於「卵孵出人」

〔註87〕見達西烏拉彎・畢馬（田哲益）：《魯凱族神話與傳說》，頁33。
〔註88〕見達西烏拉彎・畢馬（田哲益）：《魯凱族神話與傳說》，頁30。
〔註89〕見達西烏拉彎・畢馬（田哲益）：《魯凱族神話與傳說》，頁264。
〔註90〕見達西烏拉彎・畢馬（田哲益）：《魯凱族神話與傳說》，頁37～38。

的模式。由於「百步蛇之子」與女神結婚，說明魯凱族的祖先乃是百步蛇與女神的後代。

（四）蛋（卵）生說

魯凱族和其他原始民族相同，流傳蛋（卵）生人的故事，其傳說云：

> 有一天，太陽在山上產了兩個卵，一個卵是白色的，另一個卵是紅色的。有一條蛇 vunun 前來覆蓋。不久，一對男女神成形，孵化而生。他們就是這個部落頭目的祖先；其他的村民則是從另一種青色的蛇，產下的卵所孵化生出的。〔註91〕

這則傳說透露出魯凱族的階級意識，部落頭目的祖先由太陽所生，受到 vunun 蛇的保護，至於平民則是青蛇的後代。

另一則故事同樣是蛋生人，其內容云：

> 從前，有一戶人家有一個古老的大缸，每當太陽照到屋子裡時，那個缸就顯得特別亮，就好像太陽是直接射到缸裡的樣子。
>
> 有一天，那家的人發現缸裡有一顆蛋，旁邊還有一條百步蛇在保護那顆蛋。過了不久，蛋就孵化出一個女孩子來。大家認為這個女孩子是天上的女神降生的，於是把她取名為孃蓋蓋。
>
> 孃蓋蓋長大以後，是一個很漂亮的少女。有一天，有個叫古魯魯的男子，從天上循著石階做成的通道降到人間，看見孃蓋蓋，便愛上了她。當他們兩經過熱戀而成婚時，男子的父母及家人都下到人間來參加他們的婚禮。
>
> 婚禮結束後，男方的父母及朋友一個個回到天上去了，孃蓋蓋開始擔心丈夫有一天也會離開她回到天上去。於是她就把通往天上的通道切斷，使下面的人再也上不去，上面的人也下不來。下面就成了現在我們的人間，而古魯魯和孃蓋蓋兩夫妻在當時的地位就是我們現在所稱的頭目。〔註92〕

本則故事的主要情節為：卵生人孃蓋蓋→與天上人古魯魯結合→夫妻成為人間的頭目。故事內容解釋部落始祖的起源，卻有兩個訊息必須注意。

〔註91〕見達西烏拉彎‧畢馬（田哲益）：《魯凱族神話與傳說》，頁264。

〔註92〕見金榮華整理：《臺灣高屏地區魯凱族民間故事》（臺北市：中國口傳文學學會，1999年），頁15～16。

其一是天上和地面本來是可以交通的，顯示魯凱族人最初具有「天地相通」的原始概念，不僅地面上有人，天上也有「人」的存在，兩邊的人可以藉由「石階」通道隨時往來，是嬚蓋蓋私心「把通往天上的通道切斷」，從此將天上和人間的連結永遠分開。無獨有偶，中國漢族也有「蛋生人」的神話故事，而且同樣涉及天地分開的說法。根據漢族的傳說，宇宙本來是「渾沌」的狀態，經過無窮歲月的孕育，天地才以圓蛋的型態出現，從蛋中孵出巨人盤古，隨著盤古的軀體日漸成長，天地的距離便日漸分開，天空和大地於焉形成。兩族對於天地分開的說法雖然不同，卻同樣充滿「人為」的色彩。

其二是嬚蓋蓋和古魯魯的結合具有階級婚的意涵，蓋魯凱族的婚姻是階級流動的重要管道之一。〔註93〕從故事情節來看，嬚蓋蓋是地上人，古魯魯是「天上人」，男方通過「石階」下凡與女方結婚，意味著兩人的身份階層並不平等，兩人的婚姻對男方而言是「降級婚」，對女方而言是「昇級婚」，由於天上人的位階較高，兩人因此成為頭目家族的始祖。

（五）樹生、石生和花生

魯凱族的人類起源傳說，除上述各類故事之外，還有樹生、石生、土生和花生等傳說。其中，樹生和石生在東南亞和本島原住民族之間分佈很廣，位於霧臺東方約四公里的去露社同時有樹生和石生的傳說。其樹生說如下：

> 有一部份 Kinuran 的住民傳說，在聚落東邊的 Kidparats 殘留著一棵茄冬樹，Kinuran 的祖先是從茄冬樹幹分岔處生出來的。〔註94〕

去露社的石生傳說云：

> Kinuran 下方湧泉之處有一個巨石，石破生出一個男孩，叫做 Saul。成年後娶 Kachaponon 的 Kazakiran 家的女兒 Salakad 為妻。他們以對唱的方式，做出許多住民。〔註95〕

另一則石生傳說云：

> 去露人說最初天神由一塊中間有水流出的岩石中創造了一對男女，

〔註93〕魯凱族的婚姻多傾向於階級內婚，如階級不平等之男女結婚，子女的階層地位介於父母之間，因此由父母輩來看，階級較高者降低身份為降級婚，階級低者則反之，為昇級婚。上述說法可見於喬宗忞撰稿：《臺灣原住民史·魯凱族史篇》，頁21。

〔註94〕見喬宗忞撰稿：《臺灣原住民史·魯凱族史篇》，頁52。

〔註95〕見喬宗忞撰稿：《臺灣原住民史·魯凱族史篇》，頁52。

男的名爲「古樂樂勒」，女的名爲「摩阿該該」，後來他們結了婚生

了小孩並繁衍成爲一個部落，這個部落就是現在的去露社區。〔註96〕

從上述三則傳說可知，不論是樹生或石生的模式，在在顯示去露社人認爲祖先並非從其他地方遷徙而來，有別於其他社群。其實，樹生和石生兩種起源傳說常見於原始民族的故事，肇因於原住民長年生活在山林之間，對於大自然的林木和岩石等物賦予靈性，由於樹身的分岔、裂縫和凹洞，以及柱狀巨石、石縫和石洞等，形似人類生殖器官，遂有此類傳說。此種發想並非是原住民獨特的思維，在漢人社會常見到大樹公和石頭公等自然物的崇拜，皆是泛靈信仰的現象。

此外，在好茶有一則頭目祖先從花中誕生的傳說，其云：

遠古時代的時候，傳說有一名女神，因爲她專注著欣賞美麗的花朵，

在花朵中竟然誕生了頭目家的始祖。〔註97〕

另一則從花誕生始祖的傳說亦云：

傳說大武山上的女神「摩阿該以該以」，在百合花盛開的春天，巡視

祂的領地。突然，祂凝神專注，被一種超凡脫俗的花朵給吸引住了，

那是一種小喇叭型的潔白花朵。

這時在微風中搖曳的花朵和女神的心靈相互感應，從子房中誕生出

一名男嬰，就是「凱坦吉南」家的始祖。〔註98〕

兩則傳說皆來自好茶，內容大致相同，可視爲同一故事的延伸。因大武山女神和百合花感應而生出部落始祖，可以瞭解到百合花對於魯凱族的重要性。

蓋排灣族和魯凱族均善以花草果實編成頭冠插綴於髮間，惟在魯凱社會配戴百合花飾對於部落男女具有不同的象徵內涵，代表社會的秩序與倫理。由於具有女神「加持」的因素，使百合花具有勇敢、聖潔的意義。對魯凱男性而言，是個人獵績斐然的表徵；對魯凱女性而言，則是保有良好婦德的標誌。一般來說，只有頭目的花飾可以朝向正前方插戴，平民則朝向兩側，不可輕易逾越。〔註99〕

〔註96〕見黃美玲編著：《魯凱之歌》（屏東市：屏東縣立文化中心，1999年），頁80。

〔註97〕見達西烏拉彎・畢馬（田哲益）：《魯凱族神話與傳說》，頁28。

〔註98〕見達西烏拉彎・畢馬（田哲益）：《魯凱族神話與傳說》，頁28。

〔註99〕參考自許功明著：《魯凱族的文化與藝術》（臺北縣板橋市：稻鄉，2001年），頁95。

二、洪水傳說

　　世上許多民族都有大洪水的傳說與神話，魯凱族亦然，茲舉其洪水故事數則如下。第一則故事云：

> 在一次大洪水的時候，各部落的人都往狄阿巴拉蘭（Tiapadalan）逃難。狄阿巴拉蘭沒有火，造成生活的不方便，有一隻羌願意游過去卡特姆阿努（Katomuanu）取火。
>
> 羌到了卡特姆阿努，把火種綁在角上游了回來，家家戶戶生起火來煮小米飯，吃了暖呼呼的小米飯，個個都恢復了元氣。
>
> 不久，洪水退了，有些人隨著水流到了下游，留在山上的成了山地人，到下游平地的人成了平地人。
>
> 一條蛇爬過的痕跡成了一條溪，水經過了溪流往下流。後來陸續有了知姆（tebu）、巴路巴拉努（barubaranu）、拉拉卡路（lalagalu）、塔塔拉斯（tatalasu）、塔路古拉努（talugulanu）、巴茲卡努（paatsuganu）、塔西勞波阿努（taseauboanu）等新部落。〔註100〕

第二則故事的情節稍有不同，其內容云：

> 古時鬧水災，人們逃到 tiapadalan 去，但苦無火種，遂派羌子泅水至 katomuanu 取火置於角上帶回，大家方能吃熟食。等水退了，人們隨波而下成為本島人，留在山上則是蕃人。蛇造溪，水通成河，各地均出現了。狩獵團來此，他們去打獵，把頭目的狗留在這，後來回來要把狗帶走，但狗喜歡這，於是人們集中到 tana 社，蓋房子。
> 〔註101〕

從兩則故事的情節加以判斷，屬於同一部落或地區的傳說，其中有幾個重要的情節值得注意。其一是取火種的動物都是羌，不同的是，第一則故事的羌是自願前往，而第二則故事的羌是被派前往，因為羌的貢獻，浩劫之後的人類才能重新生活，並且透露出小米是族人賴以為生的重要糧食。其二是水退之後，人類分開居住，因為住居地位置不同，於是有平地人／山地人，以及本島人／蕃人之別，這是魯凱族對於族群分類的說法，而「蕃人」一詞具有

〔註100〕見達西烏拉彎・畢馬（田哲益）：《魯凱族神話與傳說》，頁94～95。
〔註101〕見尹建中研究執行：《臺灣山胞各族傳統神話故事與傳說文獻編纂研究》，頁269～270。

貶義，屬於後來的名詞，應是受到外來文化滲入所致，臺灣原住民斷不可能以此自稱。其三是蛇劃地成溪，使得土地再次出現，形成新的部落，具有疏浚河道和解除水患的意義，有別於漢族傳說以鯀、禹等「人」填洪治水的故事模式。

　　一般來說，在臺灣原住民洪水神話的動物，往往扮演取回火種的角色，對於人類世界有「再造」的功勞，魯凱族的羌亦然。而魯凱族的蛇類「造溪通水」，重整災後變形的地貌則是原住民神話之僅見，對人類社會的重建具有新的啓示和意義，在排灣族同類型神話故事並未見到蛇類的出現，更加凸顯出蛇圖騰對魯凱族的重要性。此外，頭目的狗擇地於 tana 社，影射族群遷移的史實，動物為先住民覓地而居的故事情節，同時可見於其他原住民族群。

　　對魯凱族有「再造」之功的角色，並非只有飛禽、走獸和爬蟲，還有昆蟲。另一則洪水故事云：

> 洪水氾濫，人們都聚集到 katomowo 山和 jaku-u-au-a 山上。於是 katomowo 山的羌仔去 Kuu-au-a 取火，但熄了。在此時有隻蒼蠅在旋轉，人們便仿效牠把松木旋轉，而有了火，大家都很高興。〔註102〕

魯凱族的羌取回火種後卻熄滅，族人竟從蒼蠅旋轉松枝獲得啓發，於是仿效使火復燃。這是先住民將鑽木取火的動作附會於蒼蠅搓足的生物慣性，可以想見此為原住民日常生活體驗的感發，饒富想像力。

三、射日傳說

　　世界各地都有關於太陽的神話故事，因為陽光帶來溫暖，有助於萬物成長，在原始人類的眼中，太陽具有無與倫比的「神力」，於是成為崇拜的對象之一。然而，在諸多太陽神話之中，以「射日」的主題最為特殊。造成「射日」的原因，通常是伴隨「多日」所產生的高溫與乾旱所致。相較於水災而言，旱災所帶來的痛苦和災難，更加不利於人類的生存。從科學觀點加以解釋，「多日」的奇景應該是「日暈」現象所造成。〔註103〕由於初民無法理解此

〔註102〕見尹建中研究執行：《臺灣山胞各族傳統神話故事與傳說文獻編纂研究》，頁270。

〔註103〕形成「日暈」現象的原因：「當太陽或月亮的光線射入冰晶，光線經冰晶兩次折射，形成一道內紅外紫的光環，此光環稱日暈或月暈。然而由於太陽較刺眼，致使暈的色彩不易看見，所以常被視為白色光環。……當天空中有冰晶組成的卷層雲圍繞在太陽或月亮的周圍時，偶爾會出現一個或兩個以上的彩

一自然現象所形成的錯覺，便誤認爲天上出現兩個、三個，甚至是十個太陽。在炎陽的肆虐之下，人類便有「射日」或「征伐太陽」的想法，透過口耳相傳，神話於焉成形。

第一則魯凱族的射日故事云：

> 祖先種下了作物，但因太陽太大，都枯死了。人們便派一個小孩去射日，當任務完成，已成爲一個老人。他把萱葉綁成了圓捲的命令它變成人。從此有了糧食，知道了晝夜。〔註104〕

第二則射日故事云：

> 古時有二個太陽，人們便計畫種了橘子樹便去射太陽。兩個小孩前去，射死了一個太陽，但其中的一人也死了，那另一人回社時，也已白髮無齒了。當時種下的橘樹也已結了果實，tona 社民稱讚他，但也感傷另一人的死亡。〔註105〕

另一則故事云：

> 傳說古代有兩個太陽，因此沒有白天和晚上的分別，有時候太陽會飛得很低，把草木都燒焦了，人類和所有動物都非常痛苦。
>
> 部落裡常常有小孩被烤死，於是有人就帶著弓箭征伐太陽，把其中一個太陽射得遠離大地，於是變成了月亮，大地才有白天和黑夜的分別。〔註106〕

前兩則射日故事的情節模式大致如下：太陽炎威肆虐→族人派遣小孩前去射日→射死一個太陽→小孩回社已成老人。兩則故事的不同之處在於射日的人數，第一則故事只有一個小孩，第二個故事有兩位小孩。相同之處則是小孩完成任務後，回到部落時，皆已成爲垂垂老者，顯示「射日」是漫長而艱辛的過程，必須歷經數十寒暑。陳千武認爲「陽光過烈是暗喻人類的現實社會，上層階級有權力者的蠻橫，人民不堪接受多餘權勢的壓迫，才要征伐太陽。」

色光環圍繞在太陽或月亮的四周，呈現內紅外紫的排列，有時還會見到一些彩色或白色的光斑和光弧。」上述引文見劉昭民：《臺灣的氣象與氣候》（臺北市：常民文化，1996年），頁 268～269。

〔註104〕見尹建中研究執行：《臺灣山胞各族傳統神話故事與傳說文獻編纂研究》，頁 269。

〔註105〕見尹建中研究執行：《臺灣山胞各族傳統神話故事與傳說文獻編纂研究》，頁 271。

〔註106〕見達西烏拉彎・畢馬（田哲益）：《魯凱族神話與傳說》，頁 94～95。

〔註107〕儘管魯凱族和排灣族都有明顯的階級制度，然而族群內部仍擁有極高的自主性，且衡諸臺灣原住民的社會結構，並未出現長期強力而嚴密的政治權力組織，其說雖然充滿政治聯想，頗具新意，惟此種論見仍有待商榷。

在中國漢族的神話故事，后羿爲射日英雄，以其超人的神力將九個太陽射落，受到萬民稱頌。臺灣原住民的射日者或以杵撞日者並非是神人，甚至是由平凡的婦女和小孩擔任執行者，缺乏超自然的勇力，且多半沒有姓名，有時還會出現死亡的情節。不僅如此，原住民射日故事往往具有「時間流動」的特色，即太陽災難的解除，通常要花上幾十年的光陰，或經過兩代人的接力完成，而在征伐的過程中，經常種植小米或果樹等作物，以爲歸途的路標和糧食。這種時空變化所帶來的啓示，誠如彭瑞金所言，「征伐需要長期、持續的奮力戰鬥，……不論箝制人民生活的暴政是否存在，人類都不可缺乏或喪失爲自己的生存權益、空間征戰的意志和能力。」〔註108〕

此外，由於其中一個太陽墜落或受傷，遂形成晝夜或月亮，這是原住民對於宇宙天體的最初認知，第三則故事就是此類代表。而且，在第一則故事還有萱葉變人的情節，屬於以物變化爲人的變異神話。在臺灣原住民的變異神話，以人變爲物的故事類型最常見，物變爲人居次，物變爲物最少，舉凡天上的日、月、星辰和彩虹，到地面的動物、植物和礦物等皆是可變易的物種，顯示原住民的生活思想相當開闊自由，對於自然萬物都賦予生命，一律視爲平等且予以尊重，認爲各種物類的生命都是互通的型態。基本上，原住民的變異神話含有浪漫的想像力，不僅可以看到原住民的生命觀和生命哲學，同時也是文學起源的動力。

四、鬼湖之戀

鬼湖之戀是魯凱族所獨有的傳說，故事的發源地在高雄、屏東和臺東等縣市交界的山區湖泊——大、小鬼湖。此地位於中央山脈南段的森林之中，散佈著許多大小湖泊，這些高山湖泊終年雲霧繚繞、虛幻飄渺，充滿寧靜神秘而不可測的詭異氣氛，容易使人產生畏懼和敬意，魯凱族人將這些湖泊視爲不可褻瀆的聖地，許多傳說因此而生，其中要以人蛇相戀的故事最爲膾炙

〔註107〕見陳千武：《臺灣原住民的母語傳說》（臺北市：臺原，1991年），頁30。
〔註108〕見彭瑞金：〈臺灣文學神話篇與原住民的口傳文學〉，《文學臺灣》第60期（高雄市：文學臺灣雜誌社，2006.10），頁243。

人口。由於鬼湖之戀的傳說版本眾多，茲舉數則以概其餘。第一則故事云：

> 從前，在 Dadel 社（今霧臺鄉大武村）頭目 Mabaliu 的家，有一個女孩子名叫 Palen。她長大之後，接受一名男子的求婚；但這名男子只有出現在 Palen 的眼裡才是個俊男，而在別人看來卻是一條蛇。當他們兩人在屋內談話時，她的家人看到的是一條蜷伏在盛放檳榔的藤籃上的蛇。她的家人當然反對這椿婚姻，但 Palen 自己卻堅持要嫁。最後，她的家人不得不放棄說服她。

> 結婚當天，蛇——新郎前往 Palen 的家迎娶。抬轎的時候，看不出有人在抬，而載坐新娘的轎子卻騰空行走。當 Palen 在到達蛇——新郎的住處 Dalubalin 湖（高雄、屏東、臺東三個縣市的交界）時，留言給一旁陪同的家人，道：「如果你們看到我頭上的帽子開始旋轉時，表示我已經平安到達了夫家。」說著，就緩緩的進了湖中。

> 當 Palen 她再度出現在湖上時，她帶來了一個盛水的陶壺和一串琉璃珠項鍊送給家人做為禮物。又叮嚀道：「當你們以後打獵行經此地，發現兩盤已煮熟的食物，就是我為大家所預備的。但切記，你們只能吃其中一盤熟的，而千萬不要吃另一道冷的食物。打獵之前，也一定要先拿酒和肉來此祭拜。」

> 因為 Palen 與蛇聯姻的關係，人們才開始在家中用蛇的圖紋做為裝飾。第二年，有兩條小蛇前去拜訪 Palen 的父母。他們是 Palen 所生的子女，不料，卻不幸為其祖父母所誤殺。

> 後來，Palen 的家人夢中知悉剛被殺死的兩條蛇，原來就是自己的孫子，悔不當初。所以，可能就是因為這個緣故，蛇才開始攻擊人類，與人處於敵對的地位。〔註109〕

第二則故事云：

> 話說從前，在現今屏東縣霧臺鄉，有個古老的「達樂樂村」（現已遷村，即今三地門鄉青葉村），該村頭目有個女兒，名叫「巴冷」，這位待字閨中的公主，不但美麗善良，且常幫家裡做事。

> 在遠方的大鬼湖，住了一條修煉成精的百步蛇，因久住深山，十分

〔註109〕見許功明著：《魯凱族的文化與藝術》，頁61～62。

寂寞，想找一位人間美女作伴，成大鬼湖的女主人，於是吩咐手下眾蛇將分頭尋找，最後都一致推薦巴冷公主。

百步蛇神聽後，為了親近公主，乃化身成一位英俊的青年蛇王子，進入村落幫忙公主做事，兩人一見傾心，相處日久生情。

有一天，百步蛇神向巴冷公主的父親提起婚事，頭目看對方誠懇，女兒又鍾情，但人蛇通婚畢竟不尋常，因此故意出題刁難，要求百步蛇神在文定時，必須以南海出產的琉璃珠為聘禮。

深愛巴冷公主的百步蛇神，不畏艱難，飄洋過海，終於取回琉璃珠，如願地把巴冷公主迎回大鬼湖。〔註110〕

第三則故事云：

在阿禮（Adel）有個阿巴柳斯（Abaliusu）貴族家，石板屋的大門口左右兩側各由蜜蜂和百步蛇擔任守衛，壞人一旦來侵犯便遭蜜蜂或百步蛇咬死。屋內有個大鐵鍋，鍋內經常裝滿了水，石板屋頂光滑到連蒼蠅停了都會滑倒。

這家貴族有個叫巴冷（Varen）的美麗女兒，被住在 Tiatikul 湖的水之神主艾狄狄南（Aititinan）愛上了。

有一天，艾狄狄南要到阿巴柳斯家向她正式提親，巴冷為了避免驚嚇到家人，事先提醒家人明天不要太早起來。

第二天早上，水之神艾狄狄南來到阿巴柳斯家提親，家人因為有巴冷的事先前警告，更是想看究竟有什麼事情會發生而早起，他們看到一條白色發亮的大百步蛇正纏繞在巴冷身上，而且屋內滿地都是百步蛇，把家人嚇得目瞪口呆。巴冷一看情形不對，趕緊請艾狄狄南讓所有的百步蛇回湖裡去。

原來艾狄狄南是百步蛇之王，巴冷的父母本來不答應這門婚事，但是想起自己的祖先也是由百步蛇孵化太陽卵而生的，認為也是一件門當戶對的親事而答應了。

艾狄狄南回去 Tiatikul 湖準備提親的禮品，數天後正式來到阿巴柳斯家迎娶新娘子巴冷。這些婚禮用的禮品有：陶壺、鐵鍋、琉璃珠，

〔註110〕見達西烏拉彎・畢馬（田哲益）：《魯凱族神話與傳說》，頁269～270。

都是象徵貴族身份的高貴品，通通飄浮在空中進入了阿巴柳斯家。

當艾狄狄南和他的屬下來到村中，竟沒有一個村人看得見他，只有巴冷眼中看到這位英俊的新郎。因為巴冷怕這一群百步蛇會嚇著村人，而要求艾狄狄南不要顯出蛇身。

不一會，一對新人離開了阿巴柳斯家，親友們和村人們送他們到 Tiatikul 湖邊。一路上，村人只看到他們敬愛的巴冷以躺臥的斜姿漂浮在空中緩緩地走出村莊。這時歌聲響起，巴冷唱著：

親愛的媽媽們呀！我就要離開妳們了。

當妳們看到我的身體，在湖面旋轉時，

我已經進入 Tiatikul 湖了，妳們再也看不到我了。

村人回唱：

巴冷，我們的寶貝女兒呀！

妳就要離開我們走了，消失在我們這座山的村莊，

嫁到 Tiatikul 去了，

妳將永遠住在湖底，再也不回來村莊了，

妳要記得部落的鄉親喔！

到了湖邊，巴冷向眾親友說：「宴會的食物馬上就送來了，請大家享用熱的食物，另外準備冷食物是給男方親友吃的。」這時湖面起了一陣漣漪，送來了冷食物和熱的食物，人蛇雙方親友一起分別享用，但是人眼看不見這些蛇類。

巴冷走向湖心，回頭看看族人，向他們交代說：「以後來到 Tiatikul 湖附近時，要穿白色或素色衣服，不可以穿黑色、戴紅色頭飾。」說完，巴冷在湖心慢慢沈下去，最後不見了。〔註111〕

古今中外都有人類與動物相戀結合的傳說，巴冷公主和百步蛇王的故事屬於典型的人獸相戀傳說，在魯凱社會流傳甚廣。魯凱族既以「蛇的子孫」自居，對於蛇類具有高度的圖騰崇拜，從上述數則故事可以整理出兩個重點，分述如下。

〔註111〕見林道生編著：《原住民神話故事全集（1）》（臺北市：漢藝色研，2004年），頁72～74。

其一、人蛇相戀／聯姻的身份意涵。故事中女主角的身份為頭目女兒，即魯凱貴族；而「男主角」的身份為百步蛇神，是蛇族之王，可知兩者出身皆「不凡」，這點可以從聘禮加以解讀。第一則故事公主以陶壺和琉璃珠回贈娘家親人，第二則故事女父要求以南海出產的琉璃珠為聘，第三則故事提到男方的聘禮有陶壺、鐵鍋和琉璃珠。蓋魯凱族的傳統婚俗相當繁瑣，男方必須準備許多物品以為聘禮，包括大鐵鍋、佩刀、耙子、檳榔、小米、香蕉、甘蔗、小米糕、小米酒、豬頭、豬脖子、liva（木柴名）、竹子、likuso（草名）、傳統衣飾、聘金等，若雙方為貴族階層，則還需要帶去陶壺、琉璃珠、貝幣等寶物。〔註112〕因此，從故事的聘禮來看，顯示雙方同為貴族階級，魯凱族的人蛇相戀／聯姻傳說乃具有「門當戶對」的意義，箇中隱藏魯凱社會「階層身份」的婚姻制度。

其二、人蛇相戀／聯姻衍生的禁忌。由於百步蛇新郎是大鬼湖的湖神，具有不可冒犯的威嚴，為了表示對靈蛇的敬意，魯凱公主特別交代族人來到湖邊時的數項禁忌，如只能吃熱食，不得食用冷食，「打獵之前，也一定要先拿酒和肉來此祭拜」，以及「要穿白色或素色衣服，不可以穿黑色、戴紅色頭飾。」有關大、小鬼湖的禁忌尚不止於此，還包括不可在當地高歌狂笑，否則，天氣將有異變。在另一則魯凱女性與神明相戀的故事，同時述及此項禁忌和小鬼湖產生的原因，茲錄於下。其故事云：

> 據說，從前有魯凱族的女孩，名叫巴倫，時常到他羅馬琳池與池中的鬼神約會。
>
> 有一次，十幾個族人暗地跟蹤她到此池來，見她能自由行走於池中，且沈入池中好一會兒才出來，族人驚訝地叫了起來，巴倫見族人跟蹤她至此，便迅速沈入池中不再出來，至今，她的傘（小島）仍留在池中。
>
> 後來，巴倫生了一個男孩，此男孩就是巴油池（小鬼湖），族人為了對巴倫表示歉意，此後就禁止族人到他羅馬琳池打獵。
>
> 至今，他們仍不希望登山者去打擾，且到鬼湖不能高歌狂笑，否則將有大霧大雨臨身。〔註113〕

〔註112〕見喬宗忞撰稿：《臺灣原住民史‧魯凱族史篇》，頁36。
〔註113〕見達西烏拉彎‧畢馬（田哲益）：《魯凱族神話與傳說》，頁268～269。

本則故事的情節與巴冷公主的故事有異曲同工之處，同樣是魯凱族鬼湖之戀的系列傳說，惟女主角巴倫僅是平民身份，百步蛇神則換成大鬼湖的神靈。巴倫與大鬼湖神的後代成爲另一湖泊——巴油池，魯凱族人以此解釋小鬼湖的由來。由於族人無意間發現巴倫和湖神的戀情，因此冒犯神靈，爲了表示對巴倫的歉意，禁止在大、小鬼湖一帶打獵和高歌狂笑，禁忌至今猶存。

此外，必須提到一個令人費解的問題，即百步蛇原本生長在山區，而非在水裡。然而，魯凱族的百步蛇神卻生長於湖中水域，一反生物常態。從鬼湖之戀的相關故事內容可以推測，他羅馬琳池可能是魯凱族人最初的居住地，後來逐漸南移至巴油池、霧頭山，最南則止於北大武山。因此，族人透過公主與百步蛇的故事，將祖居地的原始記憶世代流傳下來，〔註114〕此說值得參考。

小　結

魯凱族的人類起源傳說，以陶壺、太陽和百步蛇等誕生方式爲主。太陽是宇宙天體，有滋生萬物的神奇力量，地位至高無上；百步蛇是動物，擁有致命的毒液，使人產生敬畏，同時扮演守護者的角色；而陶壺最爲特殊，雖是人工製品，惟因形似女性子宮，代表生命的起源，因而成爲部落重要的聘禮之一，在排灣族和魯凱族社會同樣都具有生育、地位與權力的表徵。此三者對於魯凱族人具有部落圖騰的意義，成爲始祖誕生神話的主要源頭。因此，魯凱族對於始祖誕生的看法充滿濃厚的圖騰崇拜色彩。而蛇生說經常含有解釋社會階級起源的成分，排灣族的蛇生說同樣有此特徵，兩者有相當的密切性。至於，樹生說和石生說則普遍見於其他原住民族群，當是因爲山中樹木和石頭奇特形狀的啓發而產生的聯想。百合花是高山常見的花種，也是魯凱族的「花中之王」，具有特殊的社會意義，大武山女神對百合花感應而降生頭目的說法，藉此凸顯特定家族的與眾不同，歷來的統治家族常可見到有關其始祖降生的神異故事，爲其家族找到維護權威地位的依據，此說亦同。

臺灣原住民的洪水傳說，大多沒有述及洪水的成因，經常直接敘述水災的場景，同時也沒有「天譴」的說法，可知「神」的介入並不深，純粹是從自然現象的角度出發，明顯與西方宗教故事有別。其中，避水逃生的方式、

〔註114〕參考自高偉編：《臺灣少數民族——魯凱》（北京：臺海，2008 年），頁 164。

文明的重建、洪水的解除、火種的重新取得，以及人類的繁衍等問題，都是臺灣原住民洪水神話所表現的重點，魯凱族的故事談到火種的重新取得和文明的重建。火種的取得方式，有山羌泅水取火置於角上和蒼蠅摩擦雙腳啓發鑽木取火的兩種情節，前者屬於想像，後者是生活經驗。洪水消去後，都會出現地形重整的情節，魯凱族是以蛇造溪，通水成河，形成新的地理環境，新的部落因此得以出現；排灣族則是蚯蚓排出土壤，族人可以在新生的土地耕種，同時解釋頭目家族的土地權。然而，無論蛇尾濬流或蚓糞造土，都是象徵重建人類文明的起步。魯凱族的洪水故事最獨特的說法是有關原住民和平地人的起源，水災之後留在山上的人就是原住民，到平地居住的人則成為平地人，其中隱含人類同源的看法，只是因為洪水而產生族群分類。

魯凱族的射日動機，是因為出現兩個太陽，造成天氣炎熱，導致農作物乾枯，甚至小孩被烤死，兼以日夜失調，部落生活大亂，生命無法存續，因此往征太陽。負責執行射日者，以少年為主角，達成任務返回部落時，少年已成老者。值得思考的是，類似的射日傳說同樣可見於臺灣中、北部的布農族、泰雅族和賽夏族，惟鄰近的排灣族卻沒有射日故事，而是更具有想像空間與生活經驗的杵日傳說。口傳文學是初民集體創造的結晶，屏東兩大原住民族群面對「烈日」的思考模式和處理態度，一則以箭射日，一則以杵頂日，從此可以看出「民族性」的不同。

巴冷公主的故事透露出魯凱族人對於靈蛇的敬畏和崇拜，同時含有階級婚姻的成分。因為百步蛇是祖先的來源，屬於部落神聖的圖騰，是高貴的象徵，公主與蛇王階級相當，兩者結合係「門當戶對」的盛事，對於強調階級觀念的魯凱社會而言，反而是符合「制度」的婚姻。大、小鬼湖則隨著此一系列故事的流傳成為部落聖地，而在聖地打獵、飲食、服飾和噪聲的諸多禁忌，已然成為魯凱族人世代遵循的規範，這是口傳文學衍生出族群制約的例子。必須提到的是，鬼湖之戀的女主角明知情郎並非常人，儘管兩者的族類不同，無法獲得家人與族人的認同，仍執意與情郎相戀廝守，凸顯出魯凱族女性感情堅貞的特質。再從另一個面向來看，公主和百步蛇的故事與蛇生始祖的起源神話遙相呼應。所以，魯凱社會對此故事的接受度頗高，因此流傳甚廣。

第三節　平埔族的敘事歌謠

　　屏東地區的平埔族群，即清領時期的「鳳山八社」。鳳山八社的敘事歌謠經首任巡臺御史黃叔璥的採集而流傳下來，成為最特殊的口傳文學作品，這批歌謠的作者乃是散居在臺灣西部的平埔族人。從臺灣文學發展史的角度而言，這批敘事歌謠是目前臺灣島上最早的詩歌，為平埔族先民世代口耳相傳的集體創作，雖然經過漢人的採摘和「再製」，轉譯成漢族文字而得以見世，仍有其無法抹滅的文學地位。雖然平埔族歌謠被「發現」的時間在清領時期，但可以肯定的是平埔族歌謠的創作時間，當在歐洲人與漢人來到本島之前。因此，有關屏東地區的平埔族歌謠仍應視為屏東文學的一環。

　　臺灣原住民族雖然沒有文字可將他們的文化資產記錄下來，但是透過口傳的方式，仍保存相當程度的民間文學遺產。這些原住民族天性能歌善舞，每遇有祭儀，即聚集族人暢飲，至酒酣，乃共起相攜而舞，並高唱部落傳統歌謠，加上「好勇善鬥」的民族性格，在「生存激烈」的環境之中，自有其古來的藝術生活，產生許多令人感奮的口傳歌謠。〔註 115〕這些口傳歌謠，經過後代文人的記錄、翻譯，方得以書面的方式流傳下來。黃叔璥是最早注意到原住民族歌謠的人，在其所撰的《臺海使槎錄‧番俗六考》中曾採錄當時臺灣各地平埔族群歌謠，共有三十四首。這批「番歌」除了以漢字記音外，又加以意譯，得以「再現」內容，遂成為記錄臺灣原住民風土的文字記載。

　　其實，這些歌謠透過漢人的記錄和翻譯，雖然不可能是「絕對真實」的呈現出平埔族群的生活內涵，〔註 116〕卻仍為當時的平埔族群文化保存相當珍貴的歷史記錄。日人佐藤文一曾依歌謠內容分成祝年歌、頌祖歌、耕種歌、打豬歌、祭祖歌、情歌、飲酒歌和待客歌等類。〔註 117〕黃氏所錄的歌謠，屬於屏東地區的作品有九首，依其內容可以分成頌祖歌、耕種歌、飲酒歌和待客歌，茲分述如下。

〔註 115〕 參考自林熊祥：《臺灣省通志稿‧學藝志》〈文學篇〉第一冊（臺北市：臺灣省文獻委員會，1952 年），頁 1。

〔註 116〕 參考自楊克隆：〈十八世紀初葉的臺灣平埔族歌謠——以黃叔璥〈番俗六考〉著錄為例〉，《文史臺灣學報》創刊號（臺北市：國立臺北教育大學臺灣文化研究所，2009 年），頁 6。楊氏認為由官方所主導的平埔族歌謠採集，不可能是「絕對真實」的呈現，最多僅能代表官方觀點之下對歌謠的選擇性詮釋，其本身往往充滿表演虛構的成分。

〔註 117〕 參考自李亦園：〈從文獻資料看臺灣平埔族〉，《臺灣土著民族的社會與文化》（臺北市：聯經，1982 年），頁 70。

一、頌祖歌

頌祖歌多用於祭祀祖先的場合，將祖先的豐功偉業和部落的光榮歷史，藉由口碑歌謠的方式傳承下去，以便達成部落「集體記憶」的塑造，以及凝聚部落成員的向心力。〔註118〕下淡水社的〈頌祖歌〉云：

> 巴千拉呀拉呀留（請爾等坐聽）！礁眉迦迦漢連多羅我洛（論我祖先如同大魚），礁眉呵千洛呵連（凡行走必在前），呵吱媽描歪呵連刀（何等英雄）！唦媽礁卓舉呀連呵吱媽（如今我輩子孫不肖），無羅嘎連（如風隨舞）！巴千拉呀拉呀留（請爾等坐聽）。〔註119〕

下淡水社人遙想祖先如同引領族人前進的大魚，是何等的英雄風範，同時也感嘆後代子孫不肖，無法承繼祖先的行爲。

阿猴社的〈頌祖歌〉云：

> 咳呵呵仔滴唦老（論我祖），振芒哄糾連（實是好漢）；礁呵留的乜乜（眾番無敵），礁留乜乜連（誰敢相爭）！〔註120〕

阿猴社人稱頌其祖先是好漢，在眾番間所向披靡，莫能匹敵。

武洛社的〈頌祖歌〉云：

> 嘻呵浩孩耶嘎（此句係起曲之調）！乜連糾（先時節），鎮喇烏留岐跌耶（我祖先能敵傀儡），那喇平奇腰眉（聞風可畏）；鎮仔奇腰眉（如今傀儡尚懼），哄耳奄耳奄罩散嘎（不敢侵越我界）！〔註121〕

武洛社人詠其祖先與傀儡族戰鬥的英勇事蹟。蓋武洛社爲鳳山八社最小者，因居地近山，屢遭深山傀儡番欺凌，爲生存計，起而反擊。在《臺海使槎錄》記云：

> 武洛社，八社中最小；性驚悍，逼近傀儡山。先是傀儡生番欺其社小人微，欲滅之；土官糾集社番往鬥，大敗生番，戮其眾無算。由是傀儡懾服，不敢窺境。其子孫作歌以頌祖功；冬春捕鹿採薪，群歌相和，音極亢烈。生番聞之，知爲武洛社番，無敢出以攖其鋒者。
> 〔註122〕

〔註118〕參考自楊克隆：〈十八世紀初葉的臺灣平埔族歌謠──以黃叔璥〈番俗六考〉著錄爲例〉，《文史臺灣學報》創刊號，頁27。

〔註119〕見黃叔璥：《臺海使槎錄》，頁147。

〔註120〕見黃叔璥：《臺海使槎錄》，頁147。

〔註121〕見黃叔璥：《臺海使槎錄》，頁148。

〔註122〕見黃叔璥：《臺海使槎錄》，頁149。

武洛社的祖先打敗凶悍的傀儡番，使敵人從此不敢輕越雷池，子孫作歌頌之，頗見傲人之意。武洛社的子孫深為祖先的事蹟感到自豪，於是每逢祭祖或工作，都要高唱「我祖先能敵傀儡」的頌歌，並且「群歌相和，音極亢烈」，既鼓舞自己，又威懾敵人。因此，黃叔璥有詩贊曰：

> 發聲一唱競嘻呵，不解腰眉語疊何。傀儡深藏那敢出，為聞武洛採
> 薪歌。〔註123〕

上述三社的頌祖歌都在描述祖先英勇威猛、開拓疆土的榮耀事蹟，曲調高昂而豪壯，頗有民族英雄史詩色彩。而搭樓社的〈念祖被水歌〉風格則迥異於此，曲調低迴而哀悽，其內容云：

> 咳呵呵咳呵嗄（此係起曲之調）！加斗寅（祖公時），嗎撐唭唠濃（被
> 水沖擊），搭學唭施仔捧（眾番就起）；磨葛多務根（走上內山）。佳
> 史其加顯加幽（無有柴米），佳史唭唥嗎（也無田園），麻踏掘其搭
> 學（眾番好艱苦）！〔註124〕

搭樓社人感念祖先遭遇洪水侵襲，向深山遷徙的艱困情景，儼然是一則洪水時代的滄桑史話。

在原住民的社會裡，勇武是一種被歌頌的美德。因此，下淡水社、阿猴社和武洛社的頌祖歌，都在歌頌著祖先的驍勇制敵和英雄氣概，除了表達對祖先的崇敬和追思之外，更重要的是勉勵後代子孫能效法這種英勇尚武的部落傳統，教育意味相當明顯。而從搭樓社的頌祖歌可以推知，早期該社必然曾經遭受到嚴重的洪水侵襲，藉此傳承部落的災難歷史記憶，以及緬懷祖先創業時的艱辛景況。

二、耕種歌

明代萬曆三十一年（1603）隨軍來臺的陳第，便已提到臺灣西南部的平埔族「無水田，治畬種禾，山花開則耕，禾熟，拔其穗，粒米比中華稍長，且甘香。」〔註125〕蔣毓英的《臺灣府志》亦云：「鳳山之下淡水等八社，不捕禽獸，專以耕種為務，計丁輸米于官。」〔註126〕可知在漢人大量來臺之前，

〔註123〕見黃叔璥：《臺海使槎錄》，頁149～150。
〔註124〕見黃叔璥：《臺海使槎錄》，頁147。
〔註125〕見沈有容輯：《閩海贈言》（臺北縣永和市：文海，1978年），頁25。
〔註126〕見蔣毓英：《臺灣府志》（南投市：國史館臺灣文獻館，2002年），頁60。

鳳山八社已經是「專以耕種爲務」的社會型態。上淡水社的〈力田歌〉云：

> 咳呵呵里慢里慢那毛呵埋（此時係畊田之候），唭嗲老唭描嘎咳（天
> 今下雨）；唭吧伊加圭朗烟（及時畊種），唭麻列唭呵女門（下秧鋤
> 草）。唭描螺螺嘎連（好雨節次來了），唭麻萬列其嘻列（播田明白
> 好來飲酒）！〔註127〕

其歌詞內容在提醒「無水田」的族人們，應當把握雨水充分的季節，及時下
田耕種。

當陳第來臺之際，已可見到臺灣南部的農作物：「蔬有蔥、有薑、有番薯、
有蹲鴟，無他菜。」〔註128〕因爲薑有袪除腥羶味道的效果，「三四月種，五六
月發紫芽，纖嫩如指，名子薑。隔年者名母薑。能通神明，去穢惡。」〔註129〕
此外，《諸羅縣志》亦云：「生番入山，以生薑爲糗糧，和水而嚼，佐以草木
之實；云可支一月。」〔註130〕不僅如此，薑還可以藥用，原住民「病則擷薑
爲藥」。〔註131〕因此可知，薑是早期原住民社會不可或缺的重要農作物。放索
社的〈種薑歌〉云：

> 黏黏到落其武難馬涼道毛呀覓其嗲嗎（此時是三月天，好去犁園）！
> 武朗弋礁拉老歪礁嗎嘆（不論男女老幼），免洗溫毛雅覓刀嗎林唭萬
> 萬（同去犁園好種薑）；嗎咪唭萬萬吧喇陽午涼藹米唭喇呵（俟薑出
> 後再來飲酒）。〔註132〕

農曆二、三月間是種薑的最佳時節，因此歌云「此時是三月天，……，不論
男女老幼，同去犁園好種薑」，用意在呼籲所有族人，要及時整地種薑。

三、飲酒歌

無論是上淡水社的〈力田歌〉或放索社的〈種薑歌〉，不約而同地在耕種
結束後，提到都要「飲酒」。而陳第亦記錄平埔族人釀酒和會飲的情形，「採
苦草，雜米釀，間有佳者，豪飲能一斗。時燕會，則置大罍團坐，各酌以竹

〔註127〕見黃叔璥：《臺海使槎錄》，頁146～147。
〔註128〕見沈有容輯：《閩海贈言》，頁26。
〔註129〕見蔣毓英：《臺灣府志》，頁39。
〔註130〕見周鍾瑄：《諸羅縣志》（臺北市：臺灣銀行，1962年），頁159。
〔註131〕見佚名：《臺灣府輿圖纂要·道里》（臺北市：臺灣銀行，1963年），頁69。
〔註132〕見黃叔璥：《臺海使槎錄》，頁148。

簡，不設肴」。〔註133〕在黃叔璥所錄的三十四首歌謠中，曾言及「飲酒」者就有十六首，從整體比例上言，幾達半數之多。依此類飲酒歌詞內容來看，其範圍涉及築屋、迎客、祭祖、婚禮、耕種和打獵等日常活動，可見飲酒是平埔族重要的社交行為。力力社有〈飲酒捕鹿歌〉云：

> 文嘮唭啞奢（來賽戲）！丹領唭漫漫（種了薑），排裏唭黎唉（去換糯米）；伊弄唭嘮力（來釀酒）！麻骨裏唭嘮力（釀成好酒），飽黍其麻因孖臨萬唭嘮力（請土官來飲酒）；媽良唭嘮力（酒足後），毛丙力唭文蘭（去捕鹿）；毛里居唭丙力（捕鹿回），文嘮唭啞奢（復來賽戲）！〔註134〕

臺灣村社自古即有「賽戲」的習俗，滿人六十七便曾描述原住民「賽戲」的情景，圖文並茂。〔註135〕這首歌謠讓人想像力力社是個快樂的民族，歌詞先云「來賽戲」，次云「種了薑，去換糯米」，然後「來釀酒」。釀酒既成，邀請土官同飲，會飲完畢就去捕鹿；捕鹿回來，又要賽戲慶祝。從賽戲、種薑、易米、釀酒、捕鹿和復來賽戲的連串過程中，既反映出力力社人耕種捕獵和活潑樂天的生活面貌，亦可從種薑換取糯米釀酒的情節，窺知該社當時仍保有「以物易物」的純樸社會風俗。

此外，茄藤社的〈飲酒歌〉云：

> 近呵欵其歪（請同來飲酒）！礁年臨萬臨萬其歪（同坐同飲），描呵那哆描呵款（不醉無歸）！代來那其歪（答曰：多謝汝）！嘻哆萬那呵款其歪（如今好去游戲），龜描呵滿礁呵款其歪（若不同去游戲便回家去）。〔註136〕

茄藤社歌以對唱形式呈現，先殷勤地邀客「同坐同飲」，復豪邁地勸客「不醉無歸」，客人回禮曰「多謝汝」，其狀有如：「農事既畢，各番互相邀飲；……若漢人闌入，便拉同飲，不醉不止。」〔註137〕充分表現雙方互相酬唱宴飲的歡樂氣氛。末了，為佐酒興，社人猶誠摯地邀客「好去游戲」，不然「便回家去」，語氣直接毫不做作，明顯可見茄藤社熱情而不矯情的民族性格。

〔註133〕見沈有容輯：《閩海贈言》，頁26。
〔註134〕見黃叔璥：《臺海使槎錄》，頁148。
〔註135〕其文記云：「每秋成，會同社之眾，名曰『做年』。男、婦盡選服飾鮮華者，於廣場演賽。衣番飾，冠插鳥羽。男子二、三人居前，其後婦女；連臂踏歌，踴躍跳浪，聲韻抑揚，鳴金為節。」見六十七：《番社采風圖考》，頁87。
〔註136〕見黃叔璥：《臺海使槎錄》，頁147。
〔註137〕見六十七：《番社采風圖考》，頁14。

四、待客歌

本地的九首歌謠，除了鳳山八社的民歌之外，最特別的是來自恆春地區的〈瑯嶠待客歌〉。鳳山八社向來被視爲平埔族，其歌謠被歸類爲平埔族歌謠殆無疑義，而在恆春地區所採集到的〈瑯嶠待客歌〉，應否被視爲「平埔族」歌謠，或有商榷的空間。

首先，瑯嶠社雖然位於恆春半島，但該社群很早便與外界文明接觸，早在十七世紀三〇年代中期便曾與荷蘭人有「結盟締和」的記錄。其次，清領以後的瑯嶠社「惟輸賦，不應徭」，〔註138〕很快成爲納餉歸化的族群，而深山野番猶處於「不與外通，外人不能入，無由知其概」的狀態。〔註139〕瑯嶠社人又「喜與漢人爲婚，……所需珠米、烏青布、鐵鐺，漢人每以此易其鹿脯、鹿筋、鹿皮、卓戈紋。……諸社隙地，民向多種植田畝。」〔註140〕在朱一貴事變後，朝廷爲防止反清勢力潛入，曾將恆春地區列爲禁地，〔註141〕惟仍無法全面禁絕漢人與瑯嶠社眾的往來交易，因爲「沿海如魚房港、大綉房一帶，小船仍往來不絕」。〔註142〕再則，根據十九世紀中葉來臺的英國人必麒麟（William A. Pickering）近距離的觀察指出：

> 大體而言，清廷統治的區域，只有西部沿岸平原和少數丘陵區，至於高山區和南岬，仍屬於原住民的勢力範圍。〔註143〕

必麒麟（William A. Pickering）來臺期間（1863～1870），除了與島上官吏往來熟絡之外，也廣泛接觸各階層的漢人及平埔族，更不時深入南部山區，探究當時漢人唯恐避之不及的高山原住民。從必麒麟的說法可以得知，直至此時（同治朝）官方的統治勢力仍未眞正及於臺灣深山。既然如此，則黃叔璥在康、雍之交所採集到的〈瑯嶠待客歌〉，顯非來自恆春的深山區域，而是錄自於平地族群的歌謠。故此歌仍應被視爲恆春地區的平埔族歌謠。

〔註138〕見郁永河：《裨海紀遊》（臺北市：臺灣銀行，1959年），頁11。

〔註139〕見郁永河：《裨海紀遊》，頁11。

〔註140〕見黃叔璥：《臺海使槎錄》，頁157～158。

〔註141〕有關恆春地區被列爲禁地的情形，在《重修鳳山縣志》有謂：「瑯嶠社，臺變始爲禁地。」又，「瑯嶠社喬木茂盛，長林蓊薈，魚房海利，貨賄甚多；原聽漢民往來貿易，取材捕採。（康熙）六十年臺變，始議：地屬窵遠，奸匪易匿，乃禁不通；惟各番輸餉而已。」分見王瑛曾：《重修鳳山縣志》（南投市：臺灣省文獻委員會，1993年），頁11、65。

〔註142〕見黃叔璥：《臺海使槎錄》，頁158。

〔註143〕見必麒麟著、陳逸君譯述：《歷險福爾摩沙》（臺北市：前衛，2010年），頁122～123。

　　從上述文獻已可見到昔日瑯嶠社與外人接觸密切的情形，在在顯示瑯嶠人並非是封閉自守的原始族群。因此，瑯嶠社有〈待客歌〉云：

> 立孫呵網直（爾來瑯嶠），六呷呵談眉談眉（此處不似內地），那鬼
> 呵網直務昌哩呵郎耶（爾來無佳物供應），嗎疏嗎疏（得罪得罪）！
> 〔註144〕

本歌為瑯嶠社的對外交際歌。好客的瑯嶠人自云「此處不似內地」，不僅有慨嘆生活不如外界富裕的意味，亦含有社交謙遜的意義在內。是以當外人來到本地時，社人便謙遜地說「無佳物供應」，並連聲以「得罪得罪」來表示待客不週的歉意，恰恰可以見到該社自然誠懇而有禮的待客態度。

小　結

　　從上述歌謠可以瞭解，頌祖歌多半含有教育後代子孫，並緬懷祖先風範的寓意；耕種歌在勉勵族人把握時節努力耕耘，從中亦可隱約見到原住民正由獵捕過渡到農耕的社會型態；飲酒歌則反映出聚飲是原住民的重要社交方式，更表現其熱情活潑的樂天性格；待客歌將原住民真誠對人的謙遜態度表露無遺。

　　這批採錄的歌謠分別來自於下淡水平原的鳳山八社和恆春半島的瑯嶠十八社等原住民族群，雖然經過漢人的轉譯、再現，其純度確實值得懷疑。然而，在漢人掌握書寫詮釋權力的時代裡，這些轉譯作品並未見到過度宣揚皇恩聖澤或教化導正的制式語言，仍保有相當自然質樸的本色，這是極為難能可貴之處。此外，這些民間歌謠所呈現的內容，正是早期屏東地區原住民族的「庶民」生活，適足以填補屏東民間文學和文獻資料的缺口。更進一步言，從文學發展史的觀點和價值來看，這些平埔族歌謠可堪為臺灣文學的「國風」之章，應當受到珍視。

〔註144〕見黃叔璥：《臺海使槎錄》，頁158。

第四章　清領時期宦遊文人的詩歌

　　在臺灣文學的發展史上，古典文學佔了極大的比重，而臺灣古典文學的創作則以詩歌作品為大宗，屏東地區的古典文學發展趨勢亦然。從屏東地區的歷史分期和文教發展可以了解史前時期和荷蘭時期沒有詩作的產生。由於史前時期的先住民沒有文字，可知並無留下文本作品的可能，在荷蘭時期或更早之前來臺的漢人多為漁民和農夫，或從事走私、掠奪的海盜，皆不具備書寫創作的文化能力；荷蘭治下的臺灣南部原住民雖有「新港文書」的產生，卻只是實用性質的書契文字，並未使用在藝文創作方面；而隨鄭家來臺的明朝遺老具有高度的文化知識，惟所作多為眷念故國的詩歌，加上清人刻意刪除、銷燬明鄭在臺的文史資料，亦乏見書寫屏東的作品，寫及屏東地區的詩歌作品必須等到清領時期方才出現。

　　清人領臺以後，官方隨著移民開墾的腳步，逐漸擴大其政教範圍，大量的知識份子於此時來臺。於是，長達兩百多年的清領時期，中國文人在臺灣留下為數相當可觀的傳統詩作。然而，有關屏東地區的詩文作品，多見諸於清人所編著的方志文獻和私人別集，前者以《臺灣府志》(高志)、《鳳山縣志》、《重修鳳山縣志》、《鳳山採訪冊》和《恆春縣志》等為主，後者則以藍鼎元的《東征集》、《平臺紀略》和朱仕玠的《小琉球漫誌》為主，從這些文史資料可以拾掇書寫屏東地區的相關作品。可惜的是，這些作品都是官方性質的記錄文獻，或者是具有宦臺職務的文人所為，屬於屏東在地文人的別集殊為少見，至今只有邱國楨的後人將其作品付梓成冊，其餘在地文人的作品並未結集成冊，箇中原因尚待日後再做進一步的考察。

　　由於清代屏東地區以一溪之隔，偏離臺灣西部走廊的政教核心區域，無論是地理環境和風土民情皆自成一格，屬於文教發展較遲的地區，並非人文萃集之所在。觀察當時知識份子到下淡水溪以東所吟詠的作品，以寫景、視察、采風和記遊爲主，抒情的成分較少。因此，本章將就清領時期有關屏東地區的詩歌歸納整理成四個主題，分成八景詩、巡社詩、竹枝詞和記遊詩等主題加以論述，此間作者包括中國宦遊人士和臺灣本土文人，而屬於屏東在地文人的詩歌作品，則於下一章進行討論。在進入本章之前，擬先將清領時期屏東詩歌的作者背景和作品名稱整理成「表4－1」，附錄於下。

表4－1：清代屏東地區詩歌作者資料表

姓　名	籍　貫	功名出身	在臺職務	作品名稱	創作時期
宋永清	山東萊陽	監生	鳳山縣知縣	力力社、下淡水社、上淡水社、大澤機社、放索社、阿猴社、茄藤社、搭樓社、渡淡水溪	康熙朝
李丕煜	直隸灤洲	歲貢	鳳山縣知縣	傀儡番	康熙朝
張士箱	福建晉江	歲貢	分修《臺灣縣志》	娘嬌潮聲	康熙朝
藍鼎元	福建漳浦		隨藍廷珍來臺佐幕	東征逾載，整棹言歸。巡使黃玉圃先生索臺灣近詠，知其留心海國、志在經綸，非徒廣覽土風、娛詞翰己也。賦此奉教（五首之四）	康熙朝
卓夢采	鳳山縣	庠生		阿里港閒行	康熙朝
卓夢華	鳳山縣	生員		望琉球、淡水溪雨	康熙朝

姓　名	籍　貫	功名出身	在臺職務	作品名稱	創作時期
黃叔璥	順天大興	進士	巡臺御史	聞武洛社採薪歌	康熙朝
黃吳祚	福建惠安	太學生		詠上澹水八社二首	康熙朝
李欽文	臺灣府治東安坊	歲貢	分訂《重修臺灣府志》，分修《臺灣縣志》、《諸羅縣志》、《鳳山縣志》	番社	康熙朝
夏之芳	江蘇高郵	進士	巡臺御史	臺灣紀巡詩之三十一、三十二、三十三、三十四、三十五、三十六、三十七、三十八	雍正朝
陳璿	鳳山縣	歲貢		瑯嶠春潮	雍正朝
陳輝	臺灣縣	舉人	分修《臺灣縣志》、《臺灣府志》	宿放索社口、龜興溪、東港渡、東港、琉球山、瑯嶠山	乾隆朝
王賓	鳳山縣	舉人		淡溪秋月、球嶼曉霞、瑯嶠潮聲	乾隆朝
楊二酉	山西太原	進士	巡臺御史	南巡紀事之二、三	乾隆朝
范咸	浙江仁和	進士	巡臺御史	茄藤社觀番戲二絕句	乾隆朝
卓肇昌	鳳山縣	舉人	分修《鳳山縣志》	瑯嶠潮聲、淡溪秋月、球嶼曉霞、東港竹枝詞十四首、仙山謠、仙人山、仙人對弈、沙馬磯山	乾隆朝

姓　名	籍　貫	功名出身	在臺職務	作品名稱	創作時期
謝其仁	鳳山縣	舉人		瑯嶠潮聲、淡溪秋月、球嶼曉霞	乾隆朝
覺羅四明	滿洲正藍旗	進士	臺灣知府、臺灣道兼提督學政	瑯嶠潮聲、淡溪秋月、球嶼曉霞	乾隆朝
林紹裕	福建福州	拔貢	鳳山縣訓導、署理鳳山縣教諭	巡社課番童	乾隆朝
朱仕玠	福建建寧	拔貢	鳳山縣教諭	瑯嶠聽潮、淡溪月夜、小琉球朝霞	乾隆朝
譚垣	江西龍南	進士	鳳山縣知縣	搭樓社、武洛社、阿猴社、上淡水社、下淡水社、力力社、加藤社、放索社	乾隆朝
陳元榮	鳳山縣	歲貢		琅嶠潮聲	乾隆朝
錢元煌	鳳山縣	生員		宿淡水草社對竹	乾隆朝
陳元炳	鳳山縣	廩生		淡溪秋月	乾隆朝
林夢麟	鳳山縣	生員		淡溪秋月、瑯嶠潮聲、球嶼曉霞	乾隆朝
何昌藩	不詳	監生		淡水溪渡	乾隆朝
陳元炳	鳳山縣	廩生		淡溪秋月	乾隆朝
蔡江琳	鳳山縣	生員		球嶼曉霞	乾隆朝
林樹梅	福建金門			從曹侯巡山即事、巡山即事、題瑯嶠圖四首、瑯嶠、番刀	道光朝
黃文儀	鳳山縣	附貢		立帥府、獲巨砲	道光朝

姓　名	籍　貫	功名出身	在臺職務	作品名稱	創作時期
劉家謀	福建侯官	舉人	臺灣府學訓導	海音詩之七	道光朝
張維垣	鳳山縣（後移籍淡水廳）	進士		竹馬、寄廣東同仁諸子感賦、元旦即景、青衫換錦袍、戲詠乞煙灰等三十七首	道光朝至光緒朝
沈葆楨	福建侯官	進士	巡視臺灣欽差大臣	依韻答日本使者七絕二首	同治朝
丁日昌	廣東豐順	生員	福建巡撫	恆春新街行臺題壁二律	光緒朝
梁燕	廣東嘉應	監生	鳳山縣典史、枋寮巡司	廣寧宮題壁七律一首	光緒朝
邱國楨	鳳山縣	貢生		七絕組詩共一百二十七首	光緒朝
江昶榮	鳳山縣	進士		逾限被議自蜀旋里留別諸同寅、到恆春縣作等三十三首	光緒朝
黃逢昶	湖南湘陰			臺灣竹枝詞之十四、四十三	光緒朝
黃家鼎	浙江鄞縣	監生	代理鳳山縣知縣	球嶼曉霞、淡溪月色	光緒朝
何如謹	廣西灌陽	舉人	恆春縣知縣	試士二首、弔鄭延平五首、丁亥三月下浣，將卸篆，留別恆春僚友士民（七律四首）	光緒朝

姓　　名	籍　貫	功名出身	在臺職務	作品名稱	創作時期
鍾天佑	廣東嘉應			猴洞仙居、三台雲嶂、龍潭秋影、鵝鑾燈火、龜山印纍、馬鞍春光、羅佛仙莊和海口文峯	光緒朝
康作銘	廣東南澳	秀才	義塾塾師、校對《恆春縣志》	游恆春竹枝詞十二首	光緒朝
胡澂	廣西桂林		義塾塾師	恆春竹枝詞八首	光緒朝
屠繼善	浙江會稽	貢生	主修《恆春縣志》	恆春竹枝詞十首	光緒朝

　　從上述表列資料顯示，清代屏東詩歌的作者有四十四人，宦遊者二十五人，本土者十八人，一人不詳；作品共計三百五十四首，宦遊者所作一百零九首，本土者所作二百四十四首，不詳者作品僅一。依作者群的籍貫而言，中國宦遊文人來自福建最多，共有八人，其次是廣東四人、浙江三人、廣西和河北各二，而滿洲、山東、江蘇、江西、湖南和山西等地各一；本土人士則以鳳山縣最多，共有十四人，臺灣府和臺灣縣各一，必須說明的是，在鳳山縣作者群之中，隸屬於現代屏東行政區域的「本地作家」，僅張維垣、邱國楨和江昶榮等三人。以朝代分佈來看，康熙朝九人（宦遊者六、本土者三），雍正朝二人（宦遊者、本土者各一），乾隆朝十七人（宦遊者六、本土者十、一人不詳），道光朝四人（宦遊者二、本土者二），同治朝二人（宦遊者一、本土者一），光緒朝十一人（宦遊者九、本土者二），其中較特殊者為本地文人張維垣，由於張氏的創作時間橫跨道光、同治和光緒等朝代，為清楚起見，分別列入道、同、光等朝的本土文人。以宦遊者來臺職務來看，任職福建巡撫有丁日昌一人，欽差大臣有沈葆楨一人，臺灣道則是覺羅四明一人，巡臺御史有黃叔璥、夏之芳、楊二酉和范咸等四人，知縣有宋永清、李丕煜、譚垣、黃家鼎和何如謹等五人，前四人為鳳山縣知縣，何如謹是恆春縣知縣，臺灣府學訓導僅劉家謀一人，鳳山縣典史有梁燕一人，鳳山縣學訓導和教諭有林紹裕和朱仕玠等二人，張士箱、藍鼎元、康作銘、胡澂和屠繼善分別受

聘來臺修志、佐幕和課塾等職務，餘者不詳。至於本土人士則因清朝所訂任官迴避規定，無法在臺灣本土擔任官職，是以本土文人雖然具有科舉功名，卻不能在臺灣本土為官，如同治十年（1871）得第的張維垣，便歷宦浙江、北京等地，而春闈未第的卓肇昌和免官回臺的江昶榮，則是擔任幕僚、修志和書院講席等職務。〔註1〕總之，清領時期屏東詩歌的作者群，以來自中國的文人為創作主力，本土文人為次，且多出現於雍正朝以後；在作品的數量上，亦呈現相同的情形。

第一節　八景詩

　　八景詩衍生於八景畫。「八景」一詞，最早出自沈括對北宋畫家宋迪「瀟湘八景」畫的總稱。〔註2〕八景一出，文人競作，蔚成風潮。後來，「八景」的詞彙義涵逐漸演變成為一地或私人園林刻意選定的八處勝景。最特別的是，「八景」不再只是以山水畫的方式呈現，它會附帶產生詩文作品，藉以烘托「八景」為主題的畫作，八景組詩遂應運而生。由於臺灣在中國境外，山海之靈異、景物之秀發，自是異於中原內地。因此，內地文人見到海外的獨特山水，不免「特標其名而誌其勝，列為八景，附以七絕。庶名山佳水，不至蕪沒而不彰，後之人流連景物延訪山川，亦可一覽而得其概云。」〔註3〕

　　清領臺灣以後，八景詩的創作風氣隨之傳入臺灣，高拱乾為發軔者，其

〔註1〕見卓肇昌舉人中式，屢試春闈，惜皆不售，遂在鳳山縣城龜山山麓書院執教，有〈書院即景六詠〉、〈三畏軒竹枝詞〉十二首和〈三畏軒偶成〉二首等作，詠物寄情，以抒不遇，分見於王瑛曾：《重修鳳山縣志》（南投市：臺灣省文獻委員會，1993年），頁412～413、478、485。江昶榮免官自蜀回梓之際，遭逢丁憂，守孝一年，後應聘至臺南和恆春等地講學，其事可參考鍾壬壽編：《六堆客家鄉土誌》（無出版地：常青，1973年），頁202。

〔註2〕宋迪，北宋畫家，字復古，洛陽人。以進士擢第為司封郎，嗜古好作山水，尤工平遠。有關其生平，請見文史哲出版社編輯部編：《中國美術家名人辭典》（臺北：文史哲，1983年），頁325。沈括云：「度支員外郎宋迪工畫，尤善為平遠山水，其得意者，有平沙雁落、遠浦帆歸、山市晴嵐、江天暮雪、洞庭秋月、瀟湘夜雨、煙寺晚鐘、魚村落照，謂之八景，好事者多傳之。」見沈括：《夢溪筆談》卷17（北京：中華，1985年），頁109。

〔註3〕見陳淑均編：《噶瑪蘭廳志》（臺北市：臺灣銀行經濟研究室，1963年），頁403。

臺灣八景詩以五律書寫,所描述景觀大多聚焦於臺南地區,[註4] 僅〈雞籠積雪〉和〈西嶼落霞〉延伸至府城以外。試觀其〈安平晚渡〉云:

> 日腳紅彝壘,烟中喚渡聲。一鉤新月淺,幾幅淡帆輕。岸闊天遲暝,
> 風微浪不生。漁樵爭去路,總是畫圖情。[註5]

首句「紅彝壘」係指昔日荷蘭人所築的熱蘭遮城。日暮時分,新月初上,風平浪靜,江帆點點,漁人和樵夫紛紛踏上歸途,構成一幅純樸的漁村風情畫。

　　繼高拱乾之後,臺灣各地陸續選有八景,聯章創作風氣遂起。清代臺灣各地標榜的景點數,雖不固定只選八個,尚有四景、六景、十六景之數,如「淡水廳四景」、「諸羅縣六景」、「澎湖廳十二景」、「澎湖廳十六景」等,惟仍以「八景」最為普遍,且都以偶數出現。不僅如此,既已選定的八景,復因後來行政區域改變、自然景觀變遷,而有所更新與調整,如光緒朝將恆春半島自鳳山縣析出,另闢為恆春縣,原鳳山縣八景中的「琅嶠潮聲」則改以「龍巖冽泉」取代。

　　由於清代行政區域的劃分和變更,屏東全境原屬於鳳山縣,光緒朝以後,恆春半島另闢為恆春縣。因此,描述屏東地區勝景的八景詩作,則分見於鳳山縣八景詩以及恆春縣八景詩。以下分就鳳山縣八景詩中的屏東三景和恆春縣八景詩作內容進行論述。

一、鳳山縣八景詩中的屏東三景

　　清代屏東地區初隸鳳山縣,最先被提到的屏東地景,當推沙馬磯頭山、傀儡山、郎嬌山和小琉球山等處。沙馬磯頭山在恆春鎮貓鼻頭地區,[註6] 其地「在鳳山治西南,離府治五百三十餘里。其山西盡大海,高峻之極。山頂常帶雲霧,俗傳此山有仙人衣紅、衣黑,降遊於上;今有生成石磴、石碁盤在。凡呂宋往來洋船,皆以此山為指南。西南之山,至此極焉」,[註7] 臺灣

[註4] 高拱乾所撰的「臺灣八景」詩分別是:安平晚渡、沙崑漁火、鹿耳春潮、雞籠積雪、東溟曉日、西嶼落霞、澄臺觀海、斐亭聽濤。見高拱乾:《臺灣府志》(南投市:臺灣省文獻委員會,1993年),頁279～281。

[註5] 見高拱乾:《臺灣府志》,頁279。

[註6] 有關「沙馬磯頭山」為恆春鎮貓鼻頭地區的說法,參考自施添福總編纂,臺灣省文獻委員會採集組編輯:《臺灣地名辭書·卷四·屏東縣》(南投市:臺灣省文獻委員會,2001年),頁239～240。

[註7] 見蔣毓英:《臺灣府志》(南投市:國史館臺灣文獻館,2002年),頁14。

首任知府蔣毓英所記含有濃厚的傳說色彩，為後人詩作留下想像的空間。而傀儡山在「治之東，其山之最聳者，曰傀儡山（在縣治東。其土番性極頑悍，偽時屢征之，終不順服）」，〔註8〕斯為大武山脈無疑，而明鄭時期屢征不下的山中悍番，即大武山區的排灣族群，鳳山縣知縣李丕煜以五律〈傀儡番〉，描述該族群的生活型態。郎嬌山「在沙馬磯頭山東南，離府治五百三十餘里」，〔註9〕郎嬌則為恆春地區的古稱之一。小琉球山乃屏東縣離島小琉球，「西南洋海中突出一峰，層巒高峻、林木蓊翳，則小琉球山也（此山在鳳山西南，在海洋中。周圍約有三十餘里，崎嶔巉險，並無拋泊船隻處。止多出椰子、竹木，並無人居）。」〔註10〕鳳山八景中的「球嶼曉霞」，即此地朝霞景致。

康熙中葉，鳳山縣形勝「最特出者，有傀儡山干霄插漢，東渡指南。又有淡水流清，蓮池吐艷（在文廟前）；郎嬌波濤，貫耳如雷。所謂奇觀勝概，約略如此。」〔註11〕高志所云鳳山縣景「最特出者」有四，而屏東景觀居其三，分別是傀儡山、淡水溪流和恆春半島的濤聲，惟此時僅有其名，並無詩以紀勝。康熙末年，陳文達撰鳳山縣形勝時，亦提到屏東的特殊地景，「傀儡高峯，近接天際；琉球孤嶼，遠映海中，山曰沙馬磯，挺一方之特秀。」〔註12〕此外，陳文達復列出「鳳山六景」，〔註13〕可視為後來「鳳山八景」的雛形。該六景分別有詩，概以律詩呈現，五、七言皆有，然非同人所撰。〔註14〕而詩中景觀所在地，涵蓋今日的臺南、高雄和屏東等地，其中真正屬於屏東地區者，只有「瑯嶠潮聲」。

康熙年間，鳳山縣僅有「鳳山六景」詩；到了乾隆中葉，出現完整「鳳山八景」組詩。〔註15〕此時的鳳山八景所在地，分別落在今日的高雄和屏東

〔註8〕見蔣毓英：《臺灣府志》，頁18。
〔註9〕見蔣毓英：《臺灣府志》，頁18。
〔註10〕見蔣毓英：《臺灣府志》，頁18。
〔註11〕見高拱乾：《臺灣府志》，頁8。
〔註12〕見陳文達：《鳳山縣志》，頁4～5。
〔註13〕見陳文達：《鳳山縣志》，頁5。
〔註14〕此六景名稱和作者出身分別是：鳳岫春雨（李泌，圭海人）、泮水荷香（謝正華，茂才）、岡山樹色（洪成度，明經）、娘嬌潮聲（張士箱，茂才）、安平晚渡（黃元碧，茂才）、鯤身曉霞（柳存信，茂才）。見陳文達：《鳳山縣志》，頁155～156。
〔註15〕乾隆二十九年（1764），王瑛曾編纂《重修鳳山縣志》，在卷十二（下）正式錄有覺羅四明等多人的鳳山八景組詩，八景名稱分別是：鳳岫春雨、泮水荷香、瑯嶠潮聲、岡山樹色、翠屏夕照、丹渡晴帆、淡溪秋月、球嶼曉霞。

地區，屬於高雄地區的景觀有「鳳岫春雨」、「泮水荷香」、「岡山樹色」、「翠屏夕照」和「丹渡晴帆」等五處；位於屏東地區的景觀則有「瑯嶠潮聲」、「淡溪秋月」和「球嶼曉霞」等三處。原有鳳山六景中的「安平晚渡」和「鯤身曉霞」兩處勝景，則因雍正年間鳳山縣的行政區域變更，將安平鎮和七鯤身等地劃歸臺灣縣，而被新增的「翠屏夕照」、「丹渡晴帆」、「淡溪秋月」和「球嶼曉霞」四景取代，加上既有的「鳳岫春雨」、「泮水荷香」、「瑯嶠潮聲」和「岡山樹色」四景，正式成為「鳳山八景」。〔註16〕至此，鳳山八景於焉成立，茲將鳳山八景的地理位置略述如下。

「鳳岫春雨」的所在地位於鳳山縣城南門外，為一肖鳳形而名的丘陵群，《鳳山採訪冊》記云：

> 鳳山，在小竹、鳳山二里交界（東小竹、西鳳山），縣東南十八里，脈由大坪頂山出，高四里許，長十里許，為縣治八景之一（八景中有鳳岫春雨即此）。首昂如冠（俗名為鳳髻山），最為圓秀，旁列二小峯，形若飛鳳展翅，縣治命名取此。〔註17〕

「泮水荷香」所指「泮水」，即鳳山縣學前種滿荷花的埤塘，又名「蓮花潭」，係當時附近農田重要的灌溉水源，最早在《臺灣府志》便記載：

> 蓮花潭：在興隆莊。為鳳山學宮泮池。中產蓮花，潭因以名。附近田園，資其水利。〔註18〕

後來在《鳳山採訪冊》亦提到：

> 蓮水潭（舊志作蓮池潭，俗呼為蓮陂潭），在興隆里，縣西北十五里，周十里許，中有活泉，為聖廟泮池；每逢荷花盛開，香聞數里。昔人目為八景之一（八景內有泮水荷香，即此）。〔註19〕

蓮花潭即今日高雄市孔廟前的蓮池潭，惟泮水猶在，荷香已遠。

「岡山樹色」所在地乃高雄境內的大、小岡山，從臺南府城到鳳山縣途中，向東可遙見這兩座丘陵，山上林木蓊鬱，在《鳳山採訪冊》記云：

〔註16〕 有關「鳳山六景」到「鳳山八景」的變遷經過：「按舊志載邑治六景，內沙鯤曉霞、安平晚渡二地今歸臺轄；應裁。茲依郡志增補四景。一曰鳳岫春雨、一曰泮水荷香、一曰瑯嶠潮聲、一曰岡山樹色、一曰翠屏夕照、一曰丹渡晴帆、一曰淡溪秋月、一曰球嶼曉霞。」上述引文見王瑛曾：《重修鳳山縣志》，頁11。
〔註17〕 見盧德嘉：《鳳山採訪冊》（南投市：臺灣省文獻委員會，1993年），頁29。
〔註18〕 見高拱乾：《臺灣府志》，頁45。
〔註19〕 見盧德嘉：《鳳山採訪冊》，頁107。

> 大岡山，在嘉祥里，縣北五十里，脈由牛磨灣山出，高七里許，長
> 二十里。樹木蔚然，為縣治八景之一（八景中有岡山樹色，即此）。
> 〔註20〕

歷來描寫岡山樹色的作品很多，卻多以遠距離的觀點描寫岡山翁鬱蒼翠的林木，如朱仕玠詩云：

> 海邊島樹自敷榮，根浸滄溟陰愈清。高幹排雲涵蜃氣，疏枝漏月送
> 猿聲。寔殊華夏何曾見，種別圖經不解名。極目遙天青未了，長年
> 迢遞送人行。〔註21〕

朱氏認為大、小岡山上的樹木，因根伸進大海裡，所以才長得如此茂密，卻經年累月，只能目送往來的行人。

「翠屏夕照」係指映照在高雄市觀音山區的夕陽餘暉，在《鳳山採訪冊》記云：

> 觀音山，在觀音里，縣北二十三里，脈由虎形山出，高三里，長十
> 五里，陡起十九峯。中一峯屹立如菩薩端坐。眾小峯拱峙於側，分
> 支環抱，不可名狀。其麓一巖，名曰「翠屏」，為縣治八景之一（八
> 景中有翠屏夕照即此）。中蓋觀音寺，左右二山，天然鐘鼓，形家稱
> 勝地焉。〔註22〕

「丹渡晴帆」的所在地則在今日的高雄港海濱，在《鳳山採訪冊》記云：

> 丹鳳澳（一名朱雀池，俗呼內海仔），在大竹里西港內，縣南十里，
> 源受六港（鹽埕、三塊厝、前金、前鎮、竹仔、鳳山）、十四堰（紅
> 毛港、港口、洴水、新堰、順興、德成、裕昌、鱟穴、堰寮仔、中
> 寮、大林尾頂、大林尾下、過田仔、山腳），西行，由港門入海，周
> 三十里，渡船九處（鹽埕、三塊厝、前金、能雅寮、前鎮、竹仔港、
> 鳳山港、旗後、哨船頭），帆檣往來，欸乃聲不絕於耳，為縣治八景
> 之一（八景中有丹渡晴帆，即此）。近港水深三、四丈，可泊夾板洋
> 船。〔註23〕

從「港門入海，周三十里」和「近港水深三、四丈，可泊夾板洋船」可以推

〔註20〕見盧德嘉：《鳳山採訪冊》，頁33。
〔註21〕見全臺詩編輯小組編撰：《全臺詩》第貳冊（臺北市：遠流，2004年），頁395。
〔註22〕見盧德嘉：《鳳山採訪冊》，頁21。
〔註23〕見盧德嘉：《鳳山採訪冊》，頁64。

知，丹鳳澳係一濱海大港，港道寬闊，可通外海，並非停泊一般舢舨的河港，從引文所描述的周圍水域和地理位置，約是今日的高雄港區。

「瑯嶠潮聲」爲恆春地區的浪濤聲。有關瑯嶠潮聲成爲勝景的原因，僅在《重修鳳山縣志》可見：

> 瑯嶠極島，潮所始發；當春潮乍長，聲聞數百里。故「瑯嶠春潮」，號八景之一焉。〔註24〕

恆春半島三面環海，加上落山風助勢，由於海上波濤「聲聞數百里」，堪稱勝景，因列鳳山八景之一。

「淡溪秋月」的「淡溪」係下淡水溪（今高屏溪），在《鳳山採訪冊》記云：

> 淡水溪（亦名西溪），……。縣治諸溪，當以此爲最（按縣治緯溪凡四十六條，而經溪只此一條。全邑疆城，儼被此水中分爲二。東岸港東西兩堡，與西岸十二堡地適相等，兩岸相距三里許。夏秋水漲，或寬至四、五倍不等。沿溪田園廬舍，常被淹壞，他如尖山、南勢、隘寮、巴六、四十分、西勢、東溪、九甲、後寮、擺律、薑園、頂苦溪、下苦溪，皆能衝壞田廬，民恆患之）。每逢秋夜月明，則如萬道金蛇，中流蕩漾，故昔人列爲八景之一（八景中有淡溪秋月，即此。或云：當秋之夕，泛舟夜遊，則溪中浮一金線，自此而南，長亘是溪，而他溪獨否，此景尤奇）。〔註25〕

高屏溪爲高雄市和屏東縣兩地界河，亦是臺灣第二長河，由於河道甚寬，「兩岸相距三里許。夏秋水漲，或寬至四、五倍不等」。在秋夜月明之際，買舟順流而下，但見「萬道金蛇，中流蕩漾」，此景「他溪獨否」，洵可稱勝。

「球嶼曉霞」的「球嶼」爲屏東縣離島小琉球。在《鳳山採訪冊》記云：

> 小琉球嶼（俗呼爲剖腹山），在港東里，縣東南六十里，與鳳鼻山對峙（按昔人有以小琉球爲靈芝草者，云鳳鼻山下有石線一條，從海底過脈），孤懸海中，周圍二十餘里（東西相距四里許，南北相距六里許，積方二十四里有奇），澳、莊各六（按六澳東曰大寮澳，西曰杉板路澳，南曰天台澳，北曰白沙尾澳、西北曰花瓶仔澳，東南曰厚石澳；六莊即打牛崎莊、尖山莊、相思埔莊、魚埕尾莊、濫潭莊、

〔註24〕見王瑛曾：《重修鳳山縣志》，頁201。
〔註25〕見盧德嘉：《鳳山採訪冊》，頁49～50。

龜仔路腳莊是也），居民四百餘戶，男女二、三千口。地不差五穀，以捕魚兼蒔雜糧爲生。光緒三年，恐宵小之易於藏匿也，亦屯兵戍守之（營地在白沙尾澳，現駐水師汛官一員，目兵二十四名），上有石洞（在天台澳尾，相傳舊時有烏鬼番聚族而居，頷下生腮，如魚腮然，能伏海中數日，後有泉州人往彼開墾，番不能容，遂被泉州人乘夜縱火盡燔斃之。今其洞尚存。好事者輒往遊焉）、花瓶石（在花瓶仔澳西北數武，有巨石峙海中，高二丈許，其上小松數株，類花之插瓶然，故名）、觀音亭諸勝，土分紅、黃二色，且多沙礫，僅產竹木、花生豆、番薯，下有巉石，不堪泊舟。海日初升，霞光煥發，爲縣治八景之一（八景內有球嶼曉霞，即此）。〔註26〕

特別一提的是，光緒年間因爲行政區域變動，遂以「龍巖洌泉」取代恆春縣的「瑯嶠潮聲」，〔註27〕該勝景位於在高雄市鼓山區，成爲最新的「鳳山八景」之一。在《鳳山採訪冊》記云：

打鼓山（一名埋金山、一名麒麟山，俗呼打狗山），在興隆、大竹交界，縣西十五里，脈由蛇山出，高三里許，長十里許，適當港門之右，與旂後山對峙。上有兩礮臺，一在臨港扼要處，一在大棚頂，可容駐兵一千名。山麓一巖，有泉出石罅，夏秋雨潤，泉湧如噴雪翻花，潺湲遠聞，冬春稍細（土人云此泉甚奇，雨則吞入，旱則吐出），下注汙池，灌田數十甲，汲以煮茗，清甘異常，極旱不竭，居民名爲龍巖泉（亦名龍眼井泉）。今補入爲八景之一（八景中有龍巖洌泉，即此）。〔註28〕

打鼓山麓的龍巖湧泉雖然被選爲鳳山八景，卻是唯一沒有收錄任何有關「龍巖洌泉」詩的勝景，出現「有景無詩」的情形，此爲其特殊之處。

從上述資料可知，傳統鳳山八景中屬於屏東的地景有三處，分別是「琅嶠潮聲」、「淡溪秋月」、「球嶼曉霞」，斯爲清代鳳山縣的「屏東三景」。以現在的眼光來看，即恆春半島的濤聲，高屏溪的秋月和小琉球的朝霞，皆屬自然景色。

〔註26〕見盧德嘉：《鳳山採訪冊》，頁31。

〔註27〕有關「龍巖洌泉」取代「瑯嶠潮聲」的記載：「按舊志載：邑治八景內瑯嶠潮聲一景，今歸恆轄，應裁：茲依舊志，增補龍巖洌泉一景。」上述引文見盧德嘉：《鳳山採訪冊》，頁131。

〔註28〕見盧德嘉：《鳳山採訪冊》，頁34～35。

　　此外，在「鳳山三志」（《鳳山縣志》、《重修鳳山縣志》和《鳳山縣採訪冊》）中最後成書的《鳳山縣採訪冊》，除了黃家鼎的「球嶼曉霞」外，〔註29〕所錄鳳山八景詩全部來自《重修鳳山縣志》舊作，並未見到任何新的「鳳山八景」詩。換言之，在《重修鳳山縣志》之後便無新的鳳山八景詩產生。《重修鳳山縣志》刊行於乾隆二十九年（1764），而《鳳山縣採訪冊》則完成於光緒二十年（1894），兩書時間跨度長達一百三十年之久，箇中原因令人費解。

　　從目前可見的鳳山八景詩來看，幾乎都是康、乾年間的作品，其中不乏以八景之任何一景為題的作者和作品，但真正見諸方志具有完整「八景」者屈指可數，僅覺羅四明、朱仕玠、卓肇昌、王賓和林夢麟等五人，而覺羅四明與朱仕玠的八景詩則為兩人唱和之作，不僅在覺羅氏「鳳山八景」組詩前有「用朱廣文韻」字樣，〔註30〕亦可從彼此同題作品內容判斷得知，以兩人所作的〈鳳岫春雨〉為例，朱仕玠詩云：

　　　島山東去海天遙，春至空濛暮復朝。氣動蛟龍初起蟄，聲添螺蚌正乘潮。瀟瀟餘響紛傳幄，淰淰輕寒鎮入宵。羈旅有情誰遣此，短檠兀坐伴寂寥？〔註31〕

覺羅四明詩云：

　　　高張鳳翅接天遙，好雨霏微淑景朝。帶露霑濡高下陌，隨風激蕩去來潮。山家藥筍肥今日，小閣琴書潤此宵。寄語莎庭賢令尹，溥將膏澤慰清寥。〔註32〕

兩詩用韻相同，且末聯內容明顯可見彼此應答之情。朱詩云：「羈旅有情誰遣此，短檠兀坐伴寂寥。」其中含有難以紓解的羈旅鄉愁，而覺羅四明則答曰：「寄語莎庭賢令尹，溥將膏澤慰清寥。」意在勸勉朱氏當感念皇恩聖澤，委任其來臺任教，應致力於教化以報上德，如此必能消解寂寥的思鄉之情。從兩人的唱和之間，正可以窺得臺灣基層官吏「羈旅於此」的心境與朝廷視察大員「到此宣恩」的心態。

〔註29〕黃家鼎曾於光緒十年（1884）代理鳳山縣知縣，著有「鳳邑四詠」五律四首，詩題分別是「鳳岡春雨」、「球嶼曉霞」、「淡溪月色」和「赤崁潮聲」，此組詩卻錄在乾隆年間王瑛曾所編撰《重修鳳山縣志》（頁420～421），時空錯置，令人突兀，原因不明，疑為後世所附。
〔註30〕見王瑛曾：《重修鳳山縣志》，頁447。
〔註31〕見王瑛曾：《重修鳳山縣志》，頁449。
〔註32〕見王瑛曾：《重修鳳山縣志》，頁447。

　　覺羅四明和朱仕玠俱為宦臺文人，兩人有舊，〔註 33〕以詩唱和，屬於常情。此外，除了覺羅四明和朱仕玠等五人的鳳山八景組詩外，還有多位八景個別吟詠者。茲將「屏東三景」的作者和作品整理成「表4－2」，表列於下。

表4－2：鳳山縣八景詩中「屏東三景」的作者和作品

作者／景名	琅嶠潮聲	淡溪秋月	球嶼曉霞
張士箱	1		
覺羅四明	1	1	1
朱仕玠	1	1	1
卓肇昌	1	1	1
王　賓	1	1	1
陳元榮	1		
謝其仁	1	1	1
陳元炳		1	
蔡江琳			1
林夢麟	1	1	1
黃家鼎			1

　　從上表可見，「屏東三景」的作品數量差不多。而從作者的出身背景來看，張士箱、覺羅四明、朱仕玠和黃家鼎為中國文人，除了康熙朝的張士箱到此分修《臺灣縣志》並落籍斯土，〔註 34〕以及光緒朝代理鳳山縣知縣的黃家鼎

〔註33〕有關覺羅四明和朱仕玠兩人情誼，朱仕玠記云：「予調任鳳山，寔由順天石君朱公向制府推激。予以母老辭，繼感公言而不獲辭也。宗室覺羅四朗亭公時為臺灣道憲，公命予致書，非公素交也。進謁日，朗亭公極口相譽，具述公書云爾，予益感動。至台既數月，諸生罕至者，深懼尸位，辜公德意，日悒悒不樂。因述公所言著於詩，欲令天下益知公之賢，而予得此於公為不易也。公順天大興人，年十八，登乾隆戊辰進士，官翰林，歷侍讀學士。庚辰歲，出為福建糧憲：治暮年，士民懷之，繼陞臬憲。」上述引文請見朱仕玠：《小琉球漫誌》（臺北市：臺灣銀行，1957 年），頁 26。

〔註34〕張士箱（1673～1741），字汝萬，福建晉江縣人。中年時，鑑於臺灣科舉初興，較利進學，遂於康熙四十一年（1702）渡臺，落居鳳山，以舌耕授徒為業，具詩名。康熙五十九年（1720），分修《臺灣縣志》。雍正十年（1732），為歲貢生，曾任漳州府學訓導。攜四子來臺，耕讀傳家，因善於積累，拓地數萬甲，子孫六人中舉，為臺灣科名最盛之家族。有關張氏生平事略，參考自張

之外，餘者皆為乾隆朝的鳳山縣士子，藉此可以觀察到一個現象，那就是在漢文化的養成教育之下，乾隆朝已可看到臺灣本土文人正逐漸崛起的現象。以下僅就屏東三景作品，各舉兩首論述以概其餘，並將中國文人覺羅四明、朱仕玠和臺灣文人卓肇昌所作加以析論。

（一）淡溪秋月

清代臺灣八景詩描寫月光或月景的作品不少，本地「淡溪秋月」便是其一，主要在描寫下淡水溪的月色，共有七首。由於夏、秋水漲之際，下淡水溪面甚寬，「當秋之夕，泛舟夜遊，則溪中浮一金線」，王賓詩云：

> 淡淡滄溪夜，溶溶皓魄秋；浪恬光不動，波澈影同浮。
>
> 畫黛何勞鏡，收鰲可當鉤。清平無一事，對酒且優遊。〔註35〕

首聯以「淡淡」、「溶溶」兩組疊字作對，前者形容平靜的溪水，後者描述水面的月光；皎潔秋月溶在淡溪之中，寥寥數語點出詩題。頷聯寫溪月，前半「光不動」屬於靜態，後半「影同浮」則是動態；頸聯以「畫黛」和「收鰲」比喻月彎如鉤。末聯則以「清平無事」、「對酒優遊」做結，有「海晏河清」之意。

此外，林夢麟詩云：

> 玉兔娟娟碧水悠，波光萬頃映沙州。
>
> 聲歸長寂溪原淡，氣有餘清月帶秋。
>
> 泛棹渾忘身在世，行吟只覺魄吞喉。
>
> 塵心對此全銷卻，半點繁華更不留。〔註36〕

首句「娟娟」二字，既寫玉兔，亦寫淡溪，充分勾勒出「淡溪秋月」之美感。頸聯以「溪」、「淡」、「月」、「秋」等字點題，寂靜的淡溪，清明的秋月，確實使人忘懷身處何方。作者欣賞江上清朗的月光之際，認為足以「銷卻塵心」、「不留繁華」，在在凸顯出淡溪秋月的清新脫俗。

（二）球嶼曉霞

「淡溪秋月」屬於溪中月色，而「球嶼曉霞」則是日出霞景，共有八首。小琉球孤懸海上，當東方旭日初升時，「霞光煥發」，黃家鼎詩云：

子文、郭啓傳、林偉洲撰文，國家圖書館特藏組編輯：《臺灣歷史人物小傳：明清暨日據時期》（臺北市：國家圖書館，2006 年），頁 417。

〔註35〕見王瑛曾：《重修鳳山縣志》，頁 453～454。

〔註36〕見王瑛曾：《重修鳳山縣志》，頁 460。

　　　鯤南天設小琉球，一嶼千家水上浮。

　　　燦爛晴霞明海市，迷離曉日現蜃樓。

　　　綺橫平旦飛還駐，名類藩封禁又收

　　　（乾、嘉間屢封禁之，今則烟□稠密）。

　　　散錦煥文開盛運，孤懸片土亦瀛洲。〔註37〕

首句「鯤南天設小琉球」直指地點，「鯤南」即臺灣南方，而「天設」表示景觀天成；次句「一嶼千家水上浮」寫出島上住有千戶人家。三、四句以「海市蜃樓」形容小琉球在燦爛朝霞映照下所呈現的迷離景象。頸聯前半云綺麗景色橫亙在日出平明之際，認為此一美景即使消失，翌晨仍將再現，藉以呼應海上奇觀的虛幻，為球嶼曉霞增添想像空間；後半述歷史背景，本地曾遭朝廷封禁，不許百姓移入，後來收回禁令重新開放，因此自註「乾、嘉間屢封禁之」，〔註38〕如今已是人煙稠密的景況。末聯以小琉球雖一嶼孤立，惟島上實施教化之餘，散佈錦繡煥發的文采，開啟盛世的國運，亦可視為海上仙山樂土，頗有溢美之意。

　　黃家鼎既為父母官，頌揚隅地教化業績自是職分所在。相形之下，孝廉王賓所作，則從不同的角度加以描寫，其五律云：

　　　滄海藏殘月，青山出曉霞。松門增景色，荻岸帶光華。

　　　似霧堪文豹，非霜自潤花。更看紅濕處，球嶼萬人家。〔註39〕

前兩聯對仗工整，俱為寫景之詞，充分描述海日初昇朝霞籠罩球嶼的光景。在霞光的映照之下，島上松林增色、岸邊蘆葦生華，美景如煙似霧，令人神往。詩人刻意渲染曙光乍現之際，書寫日光投射在自然景物的做法，以「似霧」、「非霜」形容霞光瀰漫的景象，可堪有「文豹」和「潤花」的作用，竟使原本抽象莫名的光線之美顯得具體而鮮明，可謂不落俗套。最後筆鋒轉回現實，指出紅霞照處，球嶼人煙稠密，已有「萬人家」的熱鬧景況，詩人所言殆有誇飾的成分。

（三）瑯嶠潮聲

　　描述恆春地區浪潮的作品有八，以康熙朝的文人張士箱所作〈娘嬌潮聲〉最早，而屏東地景的古典詩寫亦首見於此詩。其詩云：

〔註37〕見王瑛曾：《重修鳳山縣志》，頁420～421。

〔註38〕乾隆年間，小琉球「為鳳山水口奉禁界外」。上述說法參考自王瑛曾：《重修鳳山縣志》，頁20。

〔註39〕見王瑛曾：《重修鳳山縣志》，頁454。

　　娘嬌聳出碧雲空，俯撼流波勢更雄。

　　日影隨潮寒欲曙，松聲臥海午生風。

　　依稀雪湧浮天外，恍惚雷轟入耳中。

　　自是聖朝恩澤溥，河清共慶九州同。〔註40〕

首聯前半描寫本地山勢高聳，後半形容浪濤更勝山勢，以山勢烘托波濤，充滿誇張的浪漫想像；頷聯提到午後生風，在強風的「推波助瀾」之下，為浪濤雄於山勢做出詮釋。頸聯以「雪湧」和「雷轟」分喻浪花和濤聲，極盡視覺和聽覺的摹寫之能事，使人如臨其地；末聯歌頌聖朝恩澤深遠，以九州同慶昇平做結。

　　本縣孝廉謝其仁詩云：

　　琅嶠壁立海雲生，山盡東南水一鳴。

　　沙馬（山名）時聞金鐵響，仙人（山名）常聽雨雷聲。

　　乘潮舟楫安無恙，息浪魚龍臥不驚。

　　極目汪洋環島嶼，蒼洲天外憶蓬瀛。〔註41〕

首句寫景，山海並陳，琅嶠山勢聳立，浪潮猶如雲湧。次句描述地理，臺灣山勢「到郎嬌、沙馬磯頭，而山始盡」，〔註42〕因云「山盡東南」；而本地向以濤聲聞名，故曰「水一鳴」。頷聯為本詩特色，蓋「瑯嶠潮聲」的書寫重點向來著墨於此地的浪潮聲，本聯乃引沙馬磯頭山仙人對弈傳說入詩，更為此地潮音增添一份神秘色彩，可謂獨樹一幟的做法。有關沙馬磯頭山的傳說，「山頂常戴雲霧，俗傳此山有仙人衣紅、衣黑，降游於上。今有生成石蹬、石碁盤在。」〔註43〕因為「山頂常戴雲霧」，風雨興於其上，是以「時聞金鐵響」、「常聽雨雷聲」。頸聯提到風平浪靜時節，舟楫安渡無恙的情景。最後，詩人把視角拉遠，極言本地被汪洋大海所環繞，不免使人有海外蓬瀛仙島的浪漫想像。

（四）覺羅四明、朱仕玠和卓肇昌的屏東三景

1. 覺羅四明

　　覺羅四明和朱仕玠同樣宦臺，只是身份不同，一為方面大員，一為地方

〔註40〕見陳文達：《鳳山縣志》，頁155。

〔註41〕見王瑛曾：《重修鳳山縣志》，頁457。

〔註42〕見蔣毓英：《臺灣府志》，頁13。

〔註43〕見蔣毓英：《臺灣府志》，頁14。

教諭，〔註44〕兩人臺灣異地相逢，共同吟詠鳳山八景，因為際遇不同，呈現不同風光。覺羅四明位居要津，仕途如意，筆下頗有得色。其〈瑯嶠潮聲〉云：

> 蜈蜞嶺畔峙靈鰲，極目蒼茫激怒濤。
> 萬派騰空天共遠，四圍掀浪岳同高。
> 人疑海若吹龍笛，我笑天吳奏玉璈。
> 勘破升沉多類此，鷗鷖偕予樂陶陶。〔註45〕

前兩聯寫景，描述瑯嶠山勢和浪潮，用誇飾手法形容浪潮如山。頸聯以「我」入詩，從「人疑」和「我笑」對比，顯出作者的自信和自傲。尾聯意有所指，以「勘破升沈」直言看破宦海浮沈之理，心境便得恬淡閒適，頗有自勉勉人之意。

其〈淡溪秋月〉云：

> 誰沐秋蟾激灩生，海邊群動息喧聲。
> 遠停林薄冰壺潔，近浸寰瀛藻鏡清。
> 鯨眩鉤沉爭欲避，鵲逢輪度共為驚。
> 舟人若問桃源路，夜半緣溪千里明。〔註46〕

本首充滿浪漫詩情，前兩聯以「秋蟾」、「冰壺」和「藻鏡」描寫秋月皎潔，末聯引武陵漁人典故，美化眼前意境。

其〈球嶼曉霞〉云：

> 孟陽佳句寫疎欐，刺眼晴霞散作屏。
> 山色照來千仞碧，波光蒸出萬重青。
> 軒軒似欲薰鱗翼，冉冉如將炙鳳翎。
> 聖治光華朝彩煥，普天群祝萬斯齡。〔註47〕

〔註44〕覺羅四明，字朗亭，號松山，滿洲正藍旗人。乾隆二十四年（1759）任臺灣知府，乾隆二十六年（1761）任臺灣道兼提督學政。任上總裁《臺灣府志》。在臺期間，建樹甚多，知府任內疏浚鳳山縣茄藤港，並明定歲修一次，增建府城城隍廟，設崇文書院。乾隆二十七年（1762），巡道任內邊建海東書院，乾隆二十九年（1764）五月，任滿離臺。上述資料見全臺詩編輯小組編撰：《全臺詩》第貳冊（臺北市：遠流，2004年），頁346。乾隆二十八年（1763），朱仕玠擔任鳳山縣教諭。

〔註45〕見王瑛曾：《重修鳳山縣志》，頁447。

〔註46〕見王瑛曾：《重修鳳山縣志》，頁448。

〔註47〕見王瑛曾：《重修鳳山縣志》，頁448。

本詩明顯是歌頌朝廷的政治樣板作品。前兩聯使用「刺眼」、「千仞碧」和「萬重青」，強調海上朝陽和霞光鮮豔的亮麗景象，頸聯連用疊詞「軒軒」和「冉冉」形容日頭初昇和陽光溫暖，以此和尾聯的「聖治光華」做成連結，並以四海同慶皇帝萬壽，營造出太平盛世的和樂氣象。

2. 朱仕玠

相形之下，朱仕玠的心情就顯得黯淡沈重。朱仕玠自述從未到過小琉球，〔註48〕且「所云小琉球者，亦可想像於海水汨沒之間也已。」〔註49〕作者是以浮沈於海中的小琉球自況。因此，其〈小琉球朝霞〉的海上景色純是想像之作，詩云：

> 朝來紅紫射窗櫺，海上明霞炫錦屏。
> 遠映三山魚尾赤，高烘孤島佛頭青。
> 光浮淵客時橫脊，影照鵁鶄欲曬翎。
> 安得日餐成五色，從教駐算百千齡。〔註50〕

朱氏的心境可從尾聯的「從教駐算百千齡」得知，顯然是鬱抑不得、有志難伸的言語。

再從其〈瑯嶠聽潮〉更可證其宦臺的苦悶心情，詩云：

> 欲向三山訪巨鼇，瑯嶠島外雪翻濤。
> 何當一夜寒聲壯，正值千崖秋氣高。
> 屢訝馮夷來擊鼓，底須董女丁鳴璈。
> 年來踽踽轅駒似，欲仗餘波洗鬱陶。〔註51〕

末聯自比為駕轅的良駒，表達來臺的不堪和不平，因此欲藉瑯嶠浪潮洗去鬱悶的心情。其〈淡溪月夜〉云：

> 一片冰輪海上生，淡溪流水寂無聲。
> 長懸碧落何曾異，每到秋期分外清。
> 淺渚惟聞寒蚓弔，疎林時有夜烏驚。
> 國傳龍伯知何處，便欲垂綸趁月明。〔註52〕

〔註48〕 朱仕玠在《小琉球漫誌·自序》云：「既至學署，即詢小琉球所在，以險阻未能至，顧意念終不至也。」見朱仕玠：《小琉球漫誌·自序》，頁4。
〔註49〕 見朱仕玠：《小琉球漫誌·自序》，頁4。
〔註50〕 見朱仕玠：《小琉球漫誌》，頁33。
〔註51〕 見朱仕玠：《小琉球漫誌》，頁29～30。
〔註52〕 見朱仕玠：《小琉球漫誌》，頁30。

前六句寫景，惟景中寄情。首聯、頷聯偏重視覺效果，以秋月皎潔、流水無
聲，透露出淡淡思鄉情緒；頸聯加入聽覺效果，寒蚓哀鳴和烏鴉夜啼的騷動，
恰與靜懸的明月形成強烈對比，「寒」字亦點出異鄉孤獨的心境；尾聯藉龍伯
釣鰲傳說，表達作者期許能趁聖明之際，得爲朝廷所用的衷曲。全詩充滿深
沈委婉的感傷情懷。

3. 卓肇昌

本土文人卓肇昌的屛東三景，則呈現不同的風貌和心情。卓氏擅長援引
神仙傳說入詩，其〈球嶼曉霞〉云：

> 琉球孤島屹天池，霞蔚葦騰若木枝。
> 蓬嶠陸離輝貝闕，金波瀲漾捲朱旗。
> 彩紋乍烘雞屛舞，紈縵方濃鶴氅披。
> 此去洪崖應有伴，朝餐五色換仙肌。〔註53〕

首聯將海中球嶼比喻在「天池」仙境，中間兩聯色彩鮮麗，如「輝貝」、「金
波」、「朱旗」和「彩紋」等，末聯引洪崖仙人故事，充分美化小琉球日出的
景象。

其〈瑯嶠潮聲〉云：

> 海天奇巘鬱崔嵬，鼉鼓逢逢何狀哉！
> 疑是桃花初破浪，殷然地軸乍奔雷。
> 聲噓螺蚌寒孤島，氣盪蛟龍映雪堆。
> 悟得化機無滯處，乘除消息漫相猜！〔註54〕

首聯前半描述山勢巍峨，後半形容風聲強烈，同時兼具視覺和聽覺。中間兩
聯寫浪潮洶湧之狀，尾聯含有參悟世事的弦外之音。

其〈淡溪秋月〉具有濃厚的宗教色彩，詩云：

> 一泓澄澈隱沙洲，月色泠泠泛碧流。
> 光浸潭空星斗闊，寒篩夜氣荻蘆秋。
> 步溪應有懷三笑，垂釣訟看落半鉤。
> 可是若耶清迴處，詩人添得思悠悠！〔註55〕

前兩聯寫景點題，交代秋夜溪月，頸聯化用陶淵明、道士陸修靜和僧人慧遠

〔註53〕見王瑛曾：《重修鳳山縣志》，頁452。
〔註54〕見王瑛曾：《重修鳳山縣志》，頁451。
〔註55〕見王瑛曾：《重修鳳山縣志》，頁452。

暢談義理，興猶未盡，不覺步過虎溪，突聞山中虎嘯，三人相視而笑、欣然道別的故事，隱含「三教原是一家」的和諧意境，頗發人深思，同時透顯出作者悠然豁達的人生觀。

二、恆春縣的八景詩

原來的鳳山縣八景係從六景衍生而來，直到光緒二十年（1894）盧德嘉《鳳山縣採訪冊》的記載，方以「龍巖冽泉」取代已屬恆春縣的「瑯嶠潮聲」，將恆春縣的地景從鳳山縣切割出來。整體而言，鳳山縣八景既經選定，其調整幅度並不大，斯爲特色。恆春因陞爲縣，亦有八景詩以紀名勝，反而成爲今日屏東境內最完整的八景組詩。清代的恆春縣八景有兩組選景，最先產生的八景作品，當推廣東嘉應州文人梁燕的「恆春縣八景詩」。

光緒四年（1878），梁燕宦遊至此，〔註56〕將本地八處山川景物賦成一律，鐫刻在西門三山國王廟（今廣寧宮）壁上，被認爲是恆春縣八景詩之濫觴，其詩云：

> 貓鼻龜蛇峙海邊，三台高聳入雲巓。
>
> 龍吟雨化潭心月，虎嘯風清岫口煙。
>
> 牛背躬耕歸野徑，馬鞍誰著出塵鞭。
>
> 千秋洞鑒封侯蹟，雄鎭東南半壁天。〔註57〕

本詩描繪恆春八景，每句一景，依序分別是貓鼻頭、三台山、龍鑾潭、虎頭山、赤牛嶺、馬鞍山、猴洞山和關山，其中六景涉及動物名稱，爲梁氏恆春八景獨特之處。

梁燕的八景詩，雖然初步勾勒出本地自然風光，惟在形式上仍有別於傳統的臺灣八景聯章。〔註58〕稍後，宦遊本地的廣東嘉應州文人鍾天佑，在梁

〔註56〕 有關梁燕的生平事略，可從其妻李烈婦事蹟旁知。梁氏原籍廣東嘉應州，由監生報捐從九品，光緒二年（1876）六月署福州五虎巡檢，九月卸篆，旋奉委解軍裝來臺。光緒四年（1878）三月，任鳳山縣典史，六月調署枋寮巡司，兼辦招撫局事件，積勞成疾，九月二十五日卒於官，年三十有七。上述資料引自盧德嘉：《鳳山縣採訪冊》，頁307。

〔註57〕 見屏東縣文獻委員會編印：《屏東縣志・卷一・地理志》（臺北市：成文，1983年），頁56。

〔註58〕 綜觀清代臺灣八景詩，皆以組詩形式出現，不僅一景一詩，且八景命名原則皆爲四字，高拱乾的臺灣八景詩即是如此，後人因循成例。而梁燕所作，僅爲一詩，八景又無四字命名，只能以〈恆春八景〉詩視之。

燕的八景基礎上加以改易，另成八景，分別有詩，成為名副其實的恆春八景組詩。〔註59〕

鍾氏八景詩前皆有註，標明所選八景位址，使人在歷經滄海桑田的變化後，大致仍可循此覓得勝景，茲臚列其文如下：

猴洞仙居：山在西門城內，距縣署五、六十步。〔註60〕

三台雲嶂：縣城坐山。〔註61〕

龍潭秋影：南門附郭。〔註62〕

鵝鑾燈火：縣南三十里，山臨海際，距海三十里，有七星石為患商舶。今仿西洋照海之法，建有燈樓，晝夜點燃，洋人司其事；俾渡海者望而知其為星石之處，永免觸礁之害，眞善政焉。旁有大石高數丈，兀立海中，名船帆石，奇偉異常。〔註63〕

龜山印纍：龜山臨海，其平如印，故名。距縣西十四里。〔註64〕

馬鞍春光：距縣城南七里。〔註65〕

羅佛仙莊：距縣城東北二十五里。光緒元年，周大令購茶教民種植。其味清香，倍於他處，惜未能推廣焉。〔註66〕

海口文峯：縣西四十里，臨城。〔註67〕

從鍾氏所註判讀，除海口文峯無法確知係何座山巒外，其餘七景分別是猴洞山、三台山、龍鑾潭、鵝鑾鼻燈塔、龜山、馬鞍山和羅佛山村屋。此外，比對梁氏八景和鍾氏八景，可以發現兩組勝景選定的方向稍有不同，前者所選

〔註59〕 鍾天佑所選的恆春八景，名稱分別為「猴洞仙居」、「三台雲嶂」、「龍潭秋影」、「鵝鑾燈火」、「龜山印纍」、「馬鞍春光」、「羅佛仙莊」和「海口文峯」，其中「鵝鑾燈火」、「龜山印纍」、「羅佛仙莊」和「海口文峯」等四處景觀，為梁燕八景所無。其八景聯章收錄於屠繼善：《恆春縣志》（臺北市：臺灣銀行，1960 年），頁 240～243。
〔註60〕 見屠繼善：《恆春縣志》，頁 240。
〔註61〕 見屠繼善：《恆春縣志》，頁 241。
〔註62〕 見屠繼善：《恆春縣志》，頁 241。
〔註63〕 見屠繼善：《恆春縣志》，頁 241。
〔註64〕 見屠繼善：《恆春縣志》，頁 242。
〔註65〕 見屠繼善：《恆春縣志》，頁 242。
〔註66〕 見屠繼善：《恆春縣志》，頁 242。
〔註67〕 見屠繼善：《恆春縣志》，頁 242。

全部是天然景致，後者所選的鵝鑾鼻燈塔和羅佛山村等兩處為人造景觀。茲舉鍾氏八景四首，兼及天然和人造兩種景觀，以概其餘。

（一）天然景致

鍾氏的〈猴洞仙居〉詩云：

> 同儕小約上層巒，仙洞玲瓏仔細看；
> 避俗尚虛無俗客，偷閒應許得閒官。
> 披風陡覺襟期爽，賞月偏教眼界寬；
> 最好澄心亭畔望（山上有亭名澄心，今改為文廟），嬋嫚不讓此山觀。
> 〔註68〕

猴洞山舊名為嚮山，昔日曾有野生猿猴棲息，遂名之。其山位於恆春縣城西門內，平地矗起，全山皆石，距縣衙僅約五、六十步之遙，是恆春平原中央偏東的珊瑚礁岩小丘。山上奇岩怪石聳立，周圍則是廣袤平坦，為沈葆楨奏請朝廷設治於此地的重要依據，其〈請琅嶠築城設官摺〉曰：

> 蓋自枋寮南至琅嶠，居民俱背山面海，外無屏障；至猴洞，忽山勢廻環。其主山由左迤趨海岸，而右中廓平埔，周可二十餘里，似為全台收局。從海上望之，一山橫隔，雖有巨礮，力無所施，建城無踰於此。〔註69〕

據日人伊能嘉矩指出，山上洞窟原為排灣族「馘取異族之頭顱時收藏之地」。〔註70〕劉璈卜地築城，將此山圍入城內，自此「兇番無從藏匿；故狙殺之案，罕有所見」。〔註71〕儘管山勢不高，惟四周地勢平坦，登上山頂，有風颯然，頗有風清萬里之感，亦為中秋賞月佳地，故云「披風陡覺襟期爽，賞月偏教眼界寬」。山頂築有澄心亭、聽雨山房和瀛洲仙館等數椽小屋，斯為宦遊恆春者公餘消閒佳處，而澄心亭後來改為文廟。明治二十八年（光緒二十一年，1895）二月，日軍佔領恆春，分豎「忠魂碑」和「兵器整備紀念碑」各一，此地易名為恆春公園，又稱石牌公園，惟碑文現已模糊難辨。〔註72〕

〔註68〕見屠繼善：《恆春縣志》，頁 240～241。
〔註69〕見屠繼善：《恆春縣志》，頁 42。
〔註70〕見伊能嘉矩：《臺灣文化志‧上卷（中譯本）》（台中市：臺灣省文獻委員會，1985 年），頁 373。
〔註71〕見屠繼善：《恆春縣志》，頁 293。
〔註72〕參考自施添福總編纂，臺灣省文獻委員會採集組編輯：《臺灣地名辭書‧卷四‧屏東縣》，頁 189。

其〈龍潭秋影〉詩云：

> 晴潭風漾綯微茫，恍有神龍水窟藏；
>
> 兩道溝渠農父路，一池波鏡釣翁鄉。
>
> 更深玉兔浮晶彩，夜半銀蟾吐炬光。
>
> 漫道西湖多勝景，桂香滿處話吳剛。〔註73〕

龍鑾潭位於「南門附郭」，為一天然湖泊，「會眾流之水以成潭，潭闊約三里，長約六里。環潭皆田，水利未修，夏、秋水漲，泛濫可虞。」〔註74〕此地本為原住民龍鑾社領地，該潭或因此而名。〔註75〕有關該潭的記載云：

> 龍鑾潭，在南門外五里。受環潭諸山之水而為潴，周圍七、八里，
> 深不可尋尺計，洵恆邑之巨浸也。溢則疏之、旱則資之，傍湖之田
> 皆成膏腴。潭之中，魚蝦結隊而游、鳧鷖成群而飛，蘊藏宜田，蘆
> 葦可絢；且昔有菱、藕、芹、芋之屬，雞頭、鴨腳之類。自然美利，
> 不可殫述。〔註76〕

從縣志可知，昔日該潭水利未修之際，「夏、秋水漲，泛濫可虞」。光緒二十年（1894），知縣陳文緯與百姓「集款興工」整治，在該潭東南建閘成為龍鑾埤，閘寬「僅二丈餘尺」，「事竣，得溉雙熟田一千餘畝」。〔註77〕從此，「溢則疏之、旱則資之，傍湖之田皆成膏腴」，不僅提供農田灌溉水源，且有防洪和蓄水的功能，一併解決當地雨季水患問題。該潭除了本身的湖泊沼澤之外，與附近的溪流、農田、樹林等形成複雜的生態環境，潭中「魚蝦結隊而游、鳧鷖成群而飛」，至今已成為水鳥的重要棲息地，同時具有環境生態的教育功能。〔註78〕

　　本詩寫龍鑾潭秋天的景色。詩的前半描述白天微風吹拂潭水，儼然神龍潛藏在淵的神秘景象，以及該潭供應農地灌溉的實用功能，更是釣客常臨之所在。詩的後半寫及龍潭的秋夜，其中以「桂香」點出季節，並藉由「玉兔」、「銀蟾」和「吳剛」等詞，勾勒出濃郁的月色聯想，詩人謂此景可比西湖之勝，允為恆春八景佳句。

〔註73〕見屠繼善：《恆春縣志》，頁241。

〔註74〕見屠繼善：《恆春縣志》，頁257。

〔註75〕參考自施添福總編纂，臺灣省文獻委員會採集組編輯：《臺灣地名辭書・卷四・屏東縣》，頁229。

〔註76〕見屠繼善：《恆春縣志》，頁273。

〔註77〕見屠繼善：《恆春縣志》，頁272。

〔註78〕參考自施添福總編纂，臺灣省文獻委員會採集組編輯：《臺灣地名辭書・卷四・屏東縣》，頁230。

（二）人造景觀

鍾天佑所選的恆春八景有二處人造景觀，分別是鵝鑾鼻燈塔和羅佛山村。其〈鵝鑾燈火〉詩云：

> 鵝鑾山勢撲濤頭，力挽飛篷眼底收；
>
> 日午青波沈暑氣，夜深明月滾寒流。
>
> 危樓百尺燈常耀，巨石千尋影半浮；
>
> 碧海汪洋迷遠眺，癡情偏欲問閒鷗。〔註79〕

鵝鑾鼻位於臺灣最南端，「舊名沙馬崎，在縣城南三十里，與龜仔角山接脈。高下數十峯，邐迤而至；峭石矗立，兀然海際」。〔註80〕鵝鑾原爲排灣族譯音Goran，本義爲帆，因西岸香蕉灣有礁岩似帆，再加上一個意味著岬角的「鼻」字而成，故稱鵝鑾鼻。〔註81〕

本詩頸聯前半「危樓百尺燈常耀」，描寫鵝鑾鼻燈塔光輝；後半「巨石千尋影半浮」，則指當地著名的景點——船帆石。鵝鑾鼻燈塔原稱鵝鑾鼻燈樓或「照海燈樓」，興建緣起於本地南方海域有七星石暗礁，屢生船難，甚至引發國際糾紛，尤以同治六年（1867）的美船羅發號事件和同治十三年（1874）的牡丹社事件最爲著名，美、日兩國因而要求清廷在此建造燈塔。清廷在國際壓力之下，遂於光緒元年（1875）議建燈塔，委託英人哈爾定設計，由吳光亮和劉璈等人督造，光緒七年（1881）興工，光緒九年（1883）完工，計費「洋二百數十萬元」，〔註82〕成爲臺灣首座燈塔。此一善政，不僅使得過往船隻「永免觸礁之害」，燈塔光芒更是從此名列恆春八景。

另外，其〈羅佛仙莊〉詩云：

> 羅佛佳名自昔傳，當年曾否遇神仙？
>
> 龍團款客香如許，雀舌留人嗜豈偏？
>
> 牧返春雲常戴笠，樵歸夕照每隨肩。
>
> 偶來勝境徘徊久，得否金剛誦百篇？〔註83〕

有關羅佛山形勝的記載云：

〔註79〕見屠繼善：《恆春縣志》，頁241～242。
〔註80〕見屠繼善：《恆春縣志》，頁253。
〔註81〕參考自安倍明義：《臺灣地名研究》（臺北市：武陵，1996年），頁226～227。
〔註82〕見屠繼善：《恆春縣志》，頁74。
〔註83〕見屠繼善：《恆春縣志》，頁242。

> 山頂墳一小山，旁有兩峯，如參禪狀。其山常有雲氣往來於上。又
> 如佛頂圓光。下有瀑布，懸流百尺，有鏗鏉聲，有鏗鏉聲。右出為
> 臭泉，山石确犖，異卉參差。嘯猨歌鳥，致極清幽；為邑中八景之
> 一。山之腰，左有石屋舊址，右有阿眉社，民、番雜居三十餘家。
>
> 〔註84〕

羅佛山因山頂「如參禪狀」而名。山腰既有石屋舊址，又有阿眉社人，而「民、番雜居三十餘家」，則顯示當時此地已有漢人與原住民和睦共處的聚落。山中景致有瀑布、泉水、奇石、異卉、猿啼、鳥鳴，極為清幽，儼然畫境，洵為本地八景的主因。此外，又記「羅佛山茶室」云：

> （羅佛山）山勢綿延，土性沃饒。光緒元年，知縣周有基購茶，令
> 民試種；並結茅三椽，以為往來憩息之所。今廢，產茶亦不多。又
> 該處尚有番社名羅佛番，男婦數百人。其人矮而肥，極有力；屋皆
> 石砌，大小與其身等。旋與鄰社鬥，不勝，徙去後山。今石屋尚存
> 數間。〔註85〕

可知羅佛山勢綿延，土質沃饒，在光緒元年（1875）時，本地乃一茶葉試種區。為了種茶工作之便，知縣周有基便在此「結茅三椽」，以供茶農和茶商往來休憩之所。然而，周氏教民試種的茶葉並未成功，「其茶味甚清，色紅。十餘年來，未能推而廣之。」〔註86〕

　　本詩雖名仙莊，首聯以羅佛山名入詩，卻僅以「當年曾否遇神仙」輕描帶過，並未多加著墨；接著，頷聯寫茶，其中所引「龍團」和「雀舌」俱為茶名，藉以凸顯此地曾經試植茶葉的往事；頸聯寫景，刻意描述春雲夕照、樵牧返歸的和諧景象，營造世外桃源般的意境，使人不禁聯想到「仙莊」；末聯以到此勝境得誦佛家金剛經，藉此呼應首聯「當遇神仙否」之意。

小　結

　　屏東三景雖然是地區性的勝景，但和其他臺灣各地的「八景」創作並沒有明顯的差異。在內容上多是模山範水的寫景方式，而作者群多是擁有科甲功名者，早期書寫者以宦遊文人為主，當漢文化教育深植臺灣後，本土文人

〔註84〕見屠繼善：《恆春縣志》，頁 255。
〔註85〕見屠繼善：《恆春縣志》，頁 72。
〔註86〕見屠繼善：《恆春縣志》，頁 156。

繼起創作，然所作內容仍未脫以往宦遊者的寫景模式。總觀屏東三景的創作者，雖以本土文人居多，惟因作品數量不多，且可能是「一時唱和」所作，是以無法進一步審知作者群的詩歌風格全貌。

此外，屏東三景的創作者是否真正親臨筆下所描述的「淡溪秋月」、「球嶼曉霞」和「瑯嶠潮聲」等勝景所在地，則是一個值得商榷的問題。蓋鳳山縣的政教重心向在下淡水溪西岸，也就是今日的高雄市一帶，而屏東三景的所在地分別在高屏溪、小琉球和恆春地區，皆屬偏僻荒陬之境。先從地理位置言，高屏溪是屏東三景最易抵達之處，而小琉球和恆春兩地，一在海上，一在南疆，皆非平日尋常易達之處，不僅人煙稀少且路途迢遙，充滿許多不可知的險阻，抵達斯土的困難度自然要比月下泛舟於高屏溪提高許多，如擔任地方教諭的基層官吏朱仕玠便坦承因為路途險阻而未曾到過小琉球。再以作者身份言，覺羅四明、朱仕玠和黃家鼎等人宦臺，或因職務需要，必須巡行踏查所轄。因此，宦遊者親履斯地的機會應當要比一般人多，即便如此，仍無法判定這些宦遊人士曾經到達勝景的所在地；而本地的科舉士子，甚至是康熙年間的文人張士箱，是否得以長途跋涉至海中孤嶼和瑯嶠邊境實地進行觀霞和聽潮，則令人存疑。據此而論，屏東三景的書寫存在著文人憑空想像虛構的可能性，而非全然是創作者親臨其地後所寫下的作品。再從中國文人覺羅四明、朱仕玠和臺灣文人卓肇昌的屏東三景加以比較，三人在吟詠之間，皆有「我」的存在，卻因際遇不同而有些許差異。覺羅四明位居府道，筆墨之間充滿主觀自信和勉己慰人的語氣，且不乏歌頌太平盛世的樣板字句；朱仕玠落拓異鄉，字裡行間莫不透露出遭遇委屈和企求見用的悲觀情調；卓肇昌是本土人士，既沒有中國文人的羈旅牢騷，也沒有溢美的政治字眼，雖然舉業不順，卻因看淡仕途，得以平靜閒適的客觀心情寫景，而有濃厚的道家色彩摻雜其間。

梁燕的恆春縣八景詩，雖然是恆春八景詩的濫觴，其特點在於將八景的景名鑲入詩中，即使景名並不完整，仍可見到其中的關鍵詞，惟正因遷就鑲入景名之故，在內容上自然無法對景點的風光多加著墨，該類作品皆有此病，本詩亦無法免此。鍾天佑的恆春縣八景詩，概以四字命景，皆以七律書寫，堪稱屏東境內形式與內容最完整的八景聯章，所選景地突破前人，包括山巒、潭影、燈塔與山村等名勝，涵蓋天然景致和人造景觀，而燈塔屬於近代文明產物，此為創格之處。鍾氏在寫景之外，復可見到「偷閒應許得閒官」、「碧

海汪洋迷遠眺，痴情偏欲問閒鷗」等抒發情感的字句，而無前人「散錦煥文開盛運」、「自是聖朝恩澤溥，河清共慶九州同」等歌頌朝廷的字句，較能顯示出作者的眞實情感。

最後，再從屏東三景和恆春八景所描述的景觀來看，前者所描述的地景分別是溪中秋月、離島朝霞和恆春海潮，都是自然景觀的書寫；而後出的恆春八景除了當地自然景觀外，尙有燈塔、村落等人造景物，尤其燈塔是近代文明的產物，格外具有時代意義，顯示清末傳統文人對於區域八景或寫景詠物目標的選定，不再侷限於日月山川等天然景色的範疇，對於因爲時代變遷所出現的人工造景或新式產物已經有相當的接受度，後來日治時期的漢詩題材便有許多新發明的人工物品，其實在光緒朝的恆春八景詩已經可以見到這種創作現象的發端和變化。比較特別的是，當地聞名遐邇的潮聲，梁、鍾兩氏皆未列入本地八景，或因前人對此已經多所著墨，爲了推陳出新之故，是以不再選入。

第二節　巡社詩

清代有關鳳山八社的詩作，共有二十六首，巡社者的身份多爲中國官吏，有鳳山縣知縣和巡臺御史，僅黃吳祚爲太學生。[註87]其中，曾經擔任鳳山縣知縣的宋永清（康熙四十三年，1704）和譚垣（乾隆二十九年，1764）兩人皆有完整的鳳山八社詩創作，惟兩人所書的鳳山八社稍有不同。前者所寫八社，分別是力力社（位於崁頂鄉）、下淡水社（位於萬丹鄉）、上淡水社（位於萬丹鄉）、大澤機社（位於里港鄉）、放索社（位於林邊鄉）、阿猴社（位於屏東市）、茄藤社（位於南州鄉）和搭樓社（位於里港鄉）；後者所寫八社並無大澤機社，而是武洛社（位於里港鄉）。根據清代方志所示，大澤機社和武洛社並非同一社群，大澤機社出現時間要早於武洛社。康熙五十八年（1719），已在縣志輿圖見到「大澤機社」，[註88]此時尙無「武洛社」；直到乾隆二十八年（1763），在新修的縣志全圖見到「大澤機庄」和「武洛社」並存，兩者

〔註87〕有關鳳山八社的作者和作品數量，分別是宋永清八首、譚垣八首、夏之芳四首、范咸、黃吳祚各兩首、楊二酉和黃叔璥各一首。其中，夏之芳的巡社作品並未特別註明村社，惟從所作內容可以判斷所經之地爲「番」社所在。

〔註88〕見陳文達：《鳳山縣志·輿圖》，頁8。

所在地相去不遠。〔註89〕乾隆中葉,「大澤機社」已成爲「大澤機庄」,根據清代臺灣「番社漢庄」的命名規則,其社址應已開發成爲漢人村落,因此由「社」變「庄」,至於原大澤機社眾或被消滅、或被漢化,眞正下落爲何,如今已無法判知,此亦非本文論述的重點,因此略去不表。宋、譚兩人分處康、乾兩朝,時代背景殊異,自有不同的書寫重點,以下先言宋永清的巡社詩,次述譚垣的巡社詩,最末則論巡臺御史寫及屏東番社的作品。

由於宋、譚兩人所作組詩,分錄於多處志書,或因昔人傳抄轉錄之故,以致於各書詩文產生「大同小異」的現象。爲統一論述起見,本文所引巡社詩概以《全臺詩》爲藍本。

一、宋永清的巡社詩

宋永清,號懲庵,原籍山東萊陽,漢軍正紅旗監生,康熙四十三年(1704)由汀州府武平縣知縣調補鳳山縣事。〔註90〕有政聲,素工詩,庭署之餘,吟詠不輟,有《溪翁詩草》,〔註91〕惟迄今未曾得見。宋氏是鳳山縣史上任期最長的知縣(康熙四十三年到康熙五十一年),〔註92〕亦是「奉文歸治」——首位實際到鳳山縣治(今高雄市左營區)辦公的知縣。掌鳳山縣時,多所建設,新學宮、建衙署、創義塾、修水利,大興土木,百廢俱舉,所作〈興建文廟恭記〉和〈新署落成〉可爲代表。其〈新署落成〉云:

> 百里山城幾代瓜,我來猶自少官衙。
> 承宣何地藏公案,聽斷無從隱使車。
> 茅屋幾間開枳棘,竹簾四壁帶煙霞。
> 群山極目含佳氣,春色晴光到萬家。〔註93〕

前兩聯敘述鳳山縣治缺乏辦公處所的窘境,三聯以茅屋幾間和竹簾四壁描寫衙署草創的情形,末聯藉景寓情,以群山佳氣和春色晴光等好景,烘托出縣

〔註89〕 見王瑛曾:《重修鳳山縣志·鳳山縣全圖》,頁6。
〔註90〕 有關宋永清事蹟係參考自張子文、郭啓傳、林偉洲撰文,國家圖書館特藏組編:《臺灣歷史人物小傳:明清暨日據時期》,頁157~158。
〔註91〕 見盧德嘉:《鳳山採訪冊》,頁256。
〔註92〕 有關宋永清擔任鳳山知縣的時間長度,係參考自尹德民編:《清代臺灣鳳山縣文官年表》(高雄市:高雄市文獻委員會,2000年),頁59~62。
〔註93〕 見全臺詩編輯小組編撰:《全臺詩》第壹冊(臺北市:遠流,2004年),頁357~358。

衙新成的喜悅之情。任內勤於政事，巡行各地，足履所及，作詩以記，其中描寫景緻居多，間有抒發旅愁者，如「蕭條景物他鄉異，中夜漫漫發旅愁」（〈夜渡灣裏溪〉）、「茅店荒雞啼夜月，青燈隻影滯天涯」（〈埤頭店〉）、「更上一層回首望，故山遙望寸心違」（〈竹溪寺〉），在在透露出宦遊思歸的無奈。

宋永清既到縣署辦公，為瞭解邊地荒陬民瘼，乃涉過下淡水溪（今高屏溪），實地踏察下淡水地區（屏東平原），留下多首巡視平埔族村落的篇章，鳳山八社風貌得見於焉。當宋氏渡過下淡水溪時，其〈渡淡水溪〉云：

> 淡水悠悠天盡頭，東連傀儡徧荒丘（淡水，溪名。其水寒冽如冰，而黃沙兩岸，衰草寒裡，寓目輒成慘淡，於塞外風景殆尤過之。渡溪以南，即八社地，為人跡罕到之處。蓋陰雲瘴癘，觸之必死，惟土番得而居之。番自鄭氏以及效順聚族巖居，從無以水土為病者。極東，則為傀儡山。山野異類，名傀儡生番。茹毛飲血，尚存古處；特其生性強悍，嗜殺如飴。與民人素不相接，偶一逢，必以標鎗中之，漆其頭以為玩器。以故人多視為畏途。然和番貿易者，每趨焉。嗟乎！名利迫人，不憚驍險；予輩其亦然耶？真堪發一浩歎）。雲迷樹隱猿猴嘯，鬼舞山深虎豹愁。野寺疏鐘煙瘴路，黃沙白露沁寥秋。
> 不知談笑封侯者，冒險衝寒似我不。〔註94〕

本詩寫秋天渡過下淡水溪時的景色和心情。前六句俱為寫景，描述下淡水地區蠻荒未闢、雲迷樹隱的景象，猿猴嘯、鬼飛舞、山深遠、虎豹愁，不直寫山野闃靜無人的氣氛，而以「鬼舞」的意象呈現，靜得好像有鬼在深山跳舞，連虎豹都感到憂愁，使人充滿陰鬱詭異的想像空間。最後兩句則在抒發心中不平之情，由於作者將此行視為「冒險」之舉，表面似在反問談笑之間的封侯者，實際在凸顯己身不避艱辛、勇往直前的精神，頗有譏諷尸位廟堂者之意。

在宋氏的眼中，下淡水溪寒冽如冰，黃沙衰草夾岸，慘淡愁苦之情更勝於漠北塞外。渡溪向南，進入「八社地」，〔註95〕不僅人跡罕至，甚至陰雲瘴癘，其狀猶如鬼域，「惟土番得而居之」。詩註所云土番，即西拉雅族支族馬卡道族之「鳳山八社」。

〔註94〕 見周元文：《重修臺灣府志》（南投市：臺灣省文獻委員會，1993年），頁417～418。

〔註95〕 康熙二十三年（1684），由蔣毓英首纂之《臺灣府志》，便提到「鳳山下淡水等八社」計丁輸米納稅的相關記載，可知清領之初下淡水溪以東的平埔族聚落，已有八社之名。上引資料請見蔣毓英：《臺灣府志》，頁60。

　　宋永清是第一個留下完整巡行鳳山八社作品的地方官吏，所作皆以五律的方式呈現，內容側重在寫景，甚至有通篇描述景色者，如〈上淡水社〉云：

　　　　遙遙上淡水，草色望淒迷。魑魅依山嘯，鴟梟當路啼。

　　　　茅簷落日早，竹徑壓風低。歲暮猶春意，花香趁馬蹄。〔註96〕

作者從遠處眺望上淡水社，只見草色迷離，遠山似有魑魅咆哮，鴟梟當路啼叫，透露出一股曠野蒼莽的氣氛。此時雖已深秋，惟鳳山縣境終年少雪，〔註97〕在南國的夕照之下，村舍茅簷，風拂竹林，馬蹄花香，竟有些許春天的餘韻。

　　由於宋氏巡社時，已是歲末時節，筆下所寫不乏蕭索凋蔽、滿目悲涼的景色，如「疏梅凝皓魄，落水暗彤雲。鬼舞驚田鼠，鴉歸噪夕曛」（〈下淡水社〉）、〔註98〕「斥鹵黃沙地，寒風白鷺洲。野泉寒漱玉，海氣靜浮鷗」（〈搭樓社〉）。〔註99〕透過景色的描寫，字裡行間往往流露出揮之不去的鄉愁，如〈大澤機〉云：

　　　　淡水由北去，車迷大澤機。煙屯蘿徑窄，翠滴潤雲飛。

　　　　洞口仙家景，溪邊野客扉。風塵何事老，落落竟忘歸。〔註100〕

中間兩聯刻意寫景，末聯前半感慨風塵俗事老人，暗示此間年華虛度，後半雖云「忘歸」，實則「望歸」。其〈力力社〉則云：

　　　　力力為誰力，何年野社開。

　　　　新籬多曲折，古徑自迂迴。

　　　　鳥屬他鄉異（如綠鳩之類，地多異鳥），

　　　　笳聲此地哀（番以竹為笳，其音甚悲）。

　　　　閩南煙瘴路，疏鑿憶從來。〔註101〕

〔註96〕見全臺詩編輯小組編撰：《全臺詩》第壹冊，頁352。

〔註97〕清代鳳山縣雖然屬於亞熱帶氣候，惟高山之巔仍有少數積雪或降雪記錄，並非終年無雪，如「南太武山（舊志作傀儡山，俗呼為嘉禮山），在港西里，縣東六十五里，重巒疊嶂，插漢凌霄，為縣治諸山之冠（內地舟至澎湖即見此山），即生番亦不能造其巔，朝夕常有白雪擁護。」上述引文見盧德嘉：《鳳山縣採訪冊》，頁37。此外，日治時期的大武山曾見降雪記錄，如「去廿一日，夜來寒氣，高雄州下北大武山曾有降雪。越廿二日早朝，自潮州方面眺之，一片皚皚如銀，殊呈美觀。」上述引文見《臺灣日日新報》第7144號，大正十一年一月二十五日，第6版。

〔註98〕見全臺詩編輯小組編撰：《全臺詩》第壹冊，頁352。

〔註99〕見全臺詩編輯小組編撰：《全臺詩》第壹冊，頁357。

〔註100〕見全臺詩編輯小組編撰：《全臺詩》第壹冊，頁352。

〔註101〕見全臺詩編輯小組編撰：《全臺詩》第壹冊，頁351。

第三聯前半提到「他鄉」異禽，明顯可知思鄉之心；後半以笳聲感哀，自傷身居異地，頗有「越情結楚思，漢耳聽胡音」（吳邁遠〈胡笳曲〉）之意。〔註102〕其〈阿猴社〉更是直書歸意，詩云：

　　十年勞夢寐，人事轉參差。且守潘生拙，何妨邴氏卑。

　　青山天外色，白髮故園思。馬首雲生滿，阿猴月上遲。〔註103〕

首聯抒情，回首過去十年勞心公務，至今宦海兀自浮沈；次聯感嘆，如今只能鄙地自守，莫理人微言輕。三聯思鄉，遙望天外青山顏色，思念故鄉白髮已生；末聯寫景，景中有情，以遲上的明月襯托作者孤寂的心情。其〈放索社〉亦作思鄉語，「雖無王粲賦，不作虞卿愁。鴈斷天涯路，旌懸海外樓」，〔註104〕王粲作賦思鄉，虞卿窮愁著書，望斷天涯歸雁，海外羈旅惆悵。

其〈茄藤社〉亦是寫景，惟內涵稍異於前作，詩云：

　　策馬茄藤社，霜蹄破綠苔。亭亭橫野樹，漠漠擁沙堆。

　　蠻女騎牛去，番童逐鹿來。聖朝恩澤闊，墨齒不爲災。〔註105〕

首聯寫深秋時節策馬來到茄藤社。中間兩聯分別描述眼前景觀，先言自然景觀，綠樹亭亭、黃沙漠漠；後云人文景觀，蠻女騎牛、番童逐鹿。末聯則述「王化」之功，認爲聖澤所及，番民馴服，不再爲災，意在宣揚教化。

宋永清工詩，足跡履及鳳山縣境，所到之處，莫不以詩存，其鳳山八社詩以描寫自然景致爲主，兼述宦途心跡，惟僅止於走馬看花式的淺層描述，缺乏實際進入番社的深度書寫，即便是接近村社之際，仍是策馬駐足遙望「蠻女騎牛」、「番童逐鹿」，予人「旁觀」或「他者」的距離感，未能進一步寫出當時鳳山八社的眞實風貌。在寫景記遊中，往往寄託「似遣還似謫」的心情，既感嘆己身宦途遭遇，復可見其思歸之心。由於宋氏巡社時，正值康熙中葉，此時尙處於清治臺灣初期，官方對於下淡水地區的經營著力尙淺，〔註106〕牧民者對於鳳山八社的瞭解，自然十分有限。宋氏所作，正是此一時代背景的產物。此外，宋氏側重在寫景抒情而非訪查紀實，使人感到其渡溪巡行的應卯心態要多於理民的實質。

〔註102〕見逯欽立輯校：《先秦漢魏晉南北朝詩》（臺北市：木鐸，1988年），頁1319。

〔註103〕見全臺詩編輯小組編撰：《全臺詩》第壹冊，頁354。

〔註104〕見全臺詩編輯小組編撰：《全臺詩》第壹冊，頁354。

〔註105〕見全臺詩編輯小組編撰：《全臺詩》第壹冊，頁355。

〔註106〕宋永清任鳳山縣知縣時期，官方在下淡水地區的經營，僅設有下淡水巡檢司一員，主要職司巡邏和緝盜等業務。

六十年後，譚垣的巡社紀事組詩對鳳山八社則呈現出不同的時代觀點。

二、譚垣的巡社詩

譚垣，字牧亭，號桂嶠，江西龍南人，乾隆十三年（1748）進士。乾隆二十九年（1764）五月，由政和知縣調知鳳山縣事。譚氏甫下車，即嚴緝盜賊，孜孜求治，興修農田水利、險隘關塞之尤急於國計民生者，於是年穀順成，民生樂利。乾隆三十二年（1767）四月秩滿當遷，士民慰留不得，退而伐石紀績，立〈邑侯譚公德政碑〉於鳳山舊治（今高雄市左營區）天后宮左壁，以示不忘。〔註107〕

譚垣宦臺詩作不多，僅見八首巡社紀事組詩。從該組詩排列次序來看，再參照李國銘所製的鳳山八社位置簡圖，〔註108〕可以推測當年譚氏巡視鳳山八社的路線，係從屏東地區北邊橫渡下淡水溪，踏上屏東平原，首先進入搭樓社，再東行至近山的武洛社，轉而南向經過阿猴社、上淡水社和下淡水社；然後涉過東港溪，一路南下至力力社、茄藤社，最後抵達海邊的放索社。譚氏的巡社路線，大抵是先向東再轉折向南。茲按照譚氏巡社組詩順序，據其內容分成宣揚教化和考察民情兩項加以論述。

（一）宣揚教化

譚垣的巡社詩以五古形式書寫，內容以紀事為主，其中出現不少刻意宣揚朝廷王化、教育「番民」的句子，斯為本組詩最大的特色。如〈搭樓社〉有云：

> 帝德浹雕題，覆育時煦嫗。番黎沾化久，愛戴深且固。
>
> 童子四五人，能誦詩書句。諮詢實可欣，獎勸不妨屢。
>
> 眾番亦欣然，笑請軒車駐。〔註109〕

從「帝德浹雕題，覆育時煦嫗。番黎沾化久，愛戴深且固」和「童子四五人，能誦詩書句」可知乾隆中葉的搭樓社人漢化日深，社童已「能誦詩書句」，譚氏經過諮詢後，對於此地教化成果感到欣然滿意，箇中關鍵在於清廷對平埔族熟番的漢化（儒化）教育。

〔註107〕有關譚垣事蹟係參考自張子文、郭啟傳、林偉洲撰文，國家圖書館特藏組編：《臺灣歷史人物小傳：明清暨日據時期》，頁811。

〔註108〕請參見李國銘：〈十七世紀中葉屏東平原的村落與記事〉，《臺灣史研究》第一卷第二期（臺北市：中央研究院臺灣史研究所籌備處，1994年），頁110。

〔註109〕見全臺詩編輯小組編撰：《全臺詩》第貳冊，頁424～425。

　　蓋譚氏治鳳山縣時，距臺灣入清已有八十年之久，清廷爲了「安輯民番」，領臺後即開始對平埔族施以漢化教育。康熙末年，首任巡臺御史黃叔璥便已見到南路熟番番童學漢語、習漢書的情形，其云：

> 南路番童習漢書者，曾令背誦默寫。上淡水施仔洛讀至〈離妻〉；人孕礁巴加貓讀《左傳・鄭伯克段于鄢》，竟能默寫全篇；下淡水加貓、礁加里文郎讀《四書》、《毛詩》，亦能摘錄；加貓讀至〈先進〉，礁恭讀《大學》，放索社呵里莫讀《中庸》，搭樓社山里貓老讀《論語》，皆能手書姓名；加貓於紙尾書「字完呈上、指日榮陞」數字，尤爲番童中善解事者。〔註110〕

此時，南路平埔族兒童已具備背誦默寫儒家典籍的能力，不僅能讀《四書》、《毛詩》，甚至能夠默寫《左傳・鄭伯克段于鄢》全文，其中還出現「指日榮陞」的字句，顯示在漢化教育的洗禮之下，已使原本「無識無知」的平埔族人改變內在的價值觀，具有傳統漢人的功名思想。

　　到了雍正年間，官方正式對熟番社學施教，派遣漢人社師進入平埔族村社教導兒童，此即社學制度。據《重修鳳山縣志》所載：

> 雍正十二年，巡道張嗣昌建議各置社師一人，以教番童；令各縣學訓導按季考察。一在力力社、一在茄藤社、一在放索社、一在阿猴社、一在上淡水社、一在下淡水社、一在搭樓社，一在武洛社。〔註111〕

分巡臺灣道張嗣昌建議派遣社師，「以教番童」。同時爲確保教化成績，又命令專責教育業務的縣學訓導要「按季考察」，而最先派遣社師進行教化的區域，即下淡水地區的鳳山八社。乾隆九年（1744），滿人六十七巡臺時曾提到實施社學的教化績效，其云：

> 南北諸社熟番，於雍正十二年始立社師，擇漢人之通文理者給以館穀，教諸番童。巡使按年巡歷南北路，宣社師及各童至，背誦經書。其後歲科，與童子試，亦知文理，有背誦《詩》、《易經》無訛者，作字亦有楷法。番童皆薙髮冠履，衣布帛如漢人。〔註112〕

從雍正十二年（1734）到乾隆九年（1744），僅僅十年時間，南北諸社熟番的

〔註110〕見黃叔璥：《臺海使槎錄》（南投市：臺灣省文獻委員會，1996年），頁149。
〔註111〕見王瑛曾：《重修鳳山縣志》，頁182。
〔註112〕見六十七：《番社采風圖考》（臺北市：臺灣銀行經濟研究室，1961年），頁1。

漢文能力已經達到可以參加科考的程度，且「番童皆薙髮冠履，衣布帛如漢人」，「教化」移人之速，令人咋舌。爲此，張湄有詩讚曰：

鵝筒慣寫紅夷字，鴃舌能通先聖書。

何物兒童眞拔俗，琅琅音韻誦關雎。〔註113〕

十七世紀上半葉，荷蘭人侵佔臺灣，荷蘭傳教士爲了便於傳教，以羅馬拼音文字寫成西拉雅族語的《聖經》和其他多種宗教書籍，使臺灣原住民首次擁有「我手寫我口」的文字。由於這種羅馬拼音的西拉雅語文盛行於臺南新港社（今臺南市新市區）一帶，故稱此種文書爲「新港文書」。西拉雅人將此種文字運用到日常生活，甚至與漢人訂定契約。高拱乾記云：

有能書紅毛字者，謂之「教冊」；凡出入之數，皆經其手。削鵝毛管

濡墨橫書；自左至右，非直行也。今向化者設塾師；令番子弟從學，

漸沐於詩書、禮義之教云。〔註114〕

無論是橫寫的紅毛字到直書的漢字，抑或《聖經》到《詩經》，從書寫文字和閱讀書籍的轉變，正透露出外來文化逐步滲入臺灣原住民社會的訊息，進而「同化」原住民既有的文化，這些轉變或可視爲「帝德浹雕題」的另種銓釋，同時也是臺灣原住民「向化」、「漸沐」的歷史無奈。

乾隆二十八年（1763），擔任鳳山縣儒學教諭的朱仕玠則進一步描述平埔族受化的情形，其云：

熟番歸化後，每社設有番學社。師悉內地人，以各學訓導督其事。

每歲仲春，巡行所屬番社，以課番童勤惰。凡歲科試，番童亦與試。

〔註115〕

據朱氏所言可知，此時鳳山縣的平埔族村落已遍設社學，傳業師資皆來自中國。每年仲春時節，還有專人對平埔族兒童進行考課，而平埔族兒童亦得以參加科甲歲考，其進學過程儼然與內地漢人無異。

在康熙末期，平埔族人原本僅具有基本的漢文讀寫能力，經過數十年的「帝德覆育」，到了乾隆中葉，已提升到可以應科赴試的層級，官方的漢化教育顯然已經取得可觀的成績。於是，在「番黎沾化久」的情形下，譚氏巡社自可見到「童子四五人，能誦詩書句」的光景。在譚氏的組詩中，類此宣揚

〔註113〕見六十七：《番社采風圖考》，頁1。

〔註114〕見高拱乾：《臺灣府志》，頁189。

〔註115〕見朱仕玠：《小琉球漫誌》（南投市：臺灣省文獻委員會，1996年），頁80。

皇恩澤番的句子，比比皆是。茲節錄各詩列舉如下，其〈武洛社〉有云：

> 我來宣皇仁，毋使逢不若。山鬼應從風，祥和遍村落。〔註116〕

其〈下淡水社〉有云：

> 聖朝湛瀜恩，雕題綏福嘏。試觀生息多，誰非被化者。〔註117〕

其〈力力社〉有云：

> 聖治開文明，光被及番族。應知久漸摩，秀發此先卜。

> 拱手進番童，經書果能讀。〔註118〕

其〈茄藤社〉有云：

> 眾番叩頭說，番愚為人侮。我謂番本愚，聖朝所安撫。〔註119〕

其〈放索社〉有云：

> 僉稱歸化後，我皇恩浩蕩。〔註120〕

清廷為鞏固帝國邊地治權的穩定性，來臺的中國官吏莫不將「理番」列為要務，期使「墨齒不為災」，於是在臺灣平埔族各社推廣漢化教育。經過康、雍、乾三代百餘年「聖治開文明」的教化，臺灣原住民逐步被漢化和馴化，喪失自己的文化主體性。當譚垣巡視鳳山八社時，隨處可聞「琅琅音韻誦關雎」的讀書聲，便是此種歷史背景下的政治產物。

（二）考察民情

譚垣離開搭樓社後，接著東行進入武洛社，繼續考察民情。由於武洛社是鳳山八社人口最少的社群，社址接近山區，山中有傀儡番（高山族）時出侵擾，嚴重威脅該社的生存。譚氏描述武洛社人為了生存而抵禦強敵的情形，其〈武洛社〉云：

> 稻隴轉平埔，驅車入武洛。旌竿繞寒雲，戍樓曉明柝。士目跪前迎，
> 庶番互聯絡。社丁雖稀少，勇壯俱超躍。昔在大澤機，舊址連巖崿。
> 日與生番伍，驅走類猿玃。自從歸化來，薰蒸銷獰惡。移社向中田，
> 婦子安耕穫。〔註121〕

〔註116〕見全臺詩編輯小組編撰：《全臺詩》第貳冊，頁 425。
〔註117〕見全臺詩編輯小組編撰：《全臺詩》第貳冊，頁 426。
〔註118〕見全臺詩編輯小組編撰：《全臺詩》第貳冊，頁 427。
〔註119〕見全臺詩編輯小組編撰：《全臺詩》第貳冊，頁 427。
〔註120〕見全臺詩編輯小組編撰：《全臺詩》第貳冊，頁 427～428。
〔註121〕見全臺詩編輯小組編撰：《全臺詩》第貳冊，頁 425。

武洛社「昔在大澤機」，舊址接近山區，日與生番為鄰，族人為安耕穫，遂「移社向中田」。即使如此，族群生存威脅仍在，從「旌竿繞寒雲，戍樓曉明柝」可知，武洛社特別構築望樓戍守，「以杜生番並防禾稻」。〔註122〕滿官六十七巡臺時，曾將望樓繪圖以存，且為文說明望樓的建材和作用，其內容云：

> 社番擇隙地編藤架竹木，高建望樓。每逢禾稻黃茂、收穫登場之時，至夜呼群扳緣而上，以延睇遐矚。平地亦持械支柝，徹曉巡伺，以防奸宄。此亦同井相助之意。〔註123〕

可知望樓對於平埔族人的重要性，而同時巡臺的漢人御史黃叔璥也提及平埔族設置望樓的情形，其〈哨望〉詩云：

> 社中各自置樓高，貓踏更番未覺勞。
> 擊柝宵嚴鏢箭利，盡教鼠竊遠潛逃。〔註124〕

武洛社人憑樓遠眺，徹夜以柝示警，隨時準備與眈視強敵搏鬥。社丁雖然稀少，卻「勇壯俱超躍」，戰鬥意志高昂，其先祖曾經擊退山中生番，使得「傀儡深藏那敢出」，後代子孫因此作歌傳唱「音極亢烈」的〈頌祖歌〉。在前有漢人進逼、後有生番騷擾的惡劣環境下，可以想見當時武洛社人生存的艱困處境。

離開近山的武洛社後，譚氏轉向南行，來到阿猴社。阿猴社地處鳳山八社中樞，物產豐饒，向稱富庶，卻因生齒日繁，而日漸蕭條。其〈阿猴社〉云：

> 山行復出山，遠見溪雲起。阿猴當中樞，闤闠列村市。城門固魚鑰，修篁如列雉。編茅備堂奧，削土崇階圮。天使持節來，驄馬歷至止。番目為我陳，此社非他比。素稱物力饒，眾社歸經紀。年來生齒繁，不復追前趾。我為番目言，物盛難可恃。應須敦儉約，慎勿踵奢侈。
> 〔註125〕

前兩句寫景，敘述離開山區轉入平地，「遠見溪雲起」形容遠方下淡水溪冉冉升起的雲煙。由於阿猴社地理位置居中，眾多村舍環列周圍，故云「闤闠列

〔註122〕平埔族所築望樓形式可參見六十七：《番社采風圖考》，頁23。
〔註123〕見六十七：《番社采風圖考》，頁3。
〔註124〕見全臺詩編輯小組編撰：《全臺詩》第壹冊，頁405。
〔註125〕見全臺詩編輯小組編撰：《全臺詩》第貳冊，頁425。

村市」。而「城門固魚鑰，修篁如列稚」則指出阿猴社有城門和竹牆等防禦設施，〔註126〕儼然具有「城市」的雛形。社中頭目向譚氏陳訴，本社物力素來富饒，是以「眾社歸經紀」，在群社之間居於領袖地位，近年因為人口眾多，生活趨於侈靡，社況已不復昔日榮景。末四句以父母官口吻告誡阿猴社人「物盛難恃」的道理，務須崇尚儉約，慎勿流於奢華。

　　譚氏既為民牧，巡視轄區，瞭解民瘼，自是責無旁貸。因此，在宣揚帝國教化之餘，特別留意傾聽民情，確實為番黎解決問題。如上淡水社濱水而居，屢遭水害，頗思遷社。其〈上淡水社〉云：

> 淡水向南趨，乘漲多紆折。古社依上流，番社參差列。日暮乃停驂，
> 佇望心如結。籬缺見溪光，沙岸水方齧。謀將社寮移，眾番情辭切。
> 我與眾番謀，非可一言決。相度宜周詳，經費宜樽節。暫施隄防功，
> 且待秋潦竭。秉燭坐中庭，勸諭均曉徹。老番共扶攜，幼番各持挈。
> 惇龐誠可嘉，整肅尤可悅。憂勞長善心，此理信前哲。〔註127〕

當譚氏在日暮時分抵達上淡水社，眼前所見竟是「籬缺見溪光，沙岸水方齧」的殘破景象，因云「心如結」。社眾言辭剴切地向父母官表達遷社避水之意，譚氏綜理縣務，深知遷社事關地點和經費，「非可一言決」，決定暫時先修築堤岸防澇，待秋水過後再行規劃。為了安撫此地民心，還特別在夜間「秉燭坐中庭」，召集全體社人進行說明，「老番共扶攜，幼番各持挈」，社中老少俱來聽諭，譚氏解決民瘼的用心可見。

　　離開上淡水社，沿溪而下，來到下淡水社，見到諸多村舍散布於平野。其〈下淡水社〉云：

> 出門仍沿溪，自上而及下。溪流遠迴汀，番厝藏中野。此處丁盈千，
> 林總甲諸社。羅拜紛難數，注名不停寫。聖朝湛濊恩，雕題綏福嘏。
> 試觀生息多，誰非被化者。番老不言壽，番女亦云姹。由來沾雨露，
> 亦自謀弓冶。我為番目言，社丁不患寡。衣食所必需，犁鋤正堪把。
> 行見爾番庶，擊鼓吹齒雅。〔註128〕

〔註126〕臺人多種刺林以禦盜賊，其竹「大者數圍，高四、五丈；節密有刺似鷹爪」，此說參見於六十七：《番社采風圖考》，頁36。此外，李欽文〈番社〉詩描述番社周圍植竹為牆，有「牆以竹環皆鬱翠」之句，請見陳文達：《鳳山縣志》，頁153。

〔註127〕見全臺詩編輯小組編撰：《全臺詩》第貳冊，頁426。

〔註128〕見全臺詩編輯小組編撰：《全臺詩》第貳冊，頁426。

從「此處丁盈千，林總甲諸社」可知，下淡水社丁口逾千，爲鳳山八社最盛者。此地雖然生息眾多，但男不言老，女亦云姹，不僅是王化普及，也是社人慎守田園的成果。在頌揚皇恩澤民後，譚氏尙勉勵生活富足的下淡水社人，「衣食所必需，犁鋤正堪把」，努力耕耘，自食其力。最終以「行見爾番庶，擊鼓吹闍雅」作結，刻意描寫番民生活和樂的景象。

譚垣在晚間抵達力力社，其〈力力社〉云：

> 晚過力力社，溪水清可掬。皎月懸林端，修竹如新沐。下馬入番社，
> 番眾一何肅。燈前試細認，爾雅殊被服。諮訪聽語音，通曉更嫻熟。
> 聖治開文明，光被及番族。應知久漸摩，秀發此先卜。拱手進番童，
> 經書果能讀。忠信自有基，禮義須涵育。勸勉且丁寧，披月前村宿。

〔註129〕

首先映入眼簾的是該社夜景，溪水清澈，明月高懸，修竹如沐；次述社眾見到父母官時的肅敬。譚氏在燈下考課社童，社童作揖以進，「經書果能讀」，顯示該社漢化頗深。臨行之際，再以儒教禮義忠信殷殷勸勉社人。

譚氏披月趲路，在清晨時分來到喬木參天的茄藤社。貧苦的茄藤社人向父母官陳訴受到漢人壓迫的經過，其〈茄藤社〉云：

> 凌晨赴茄藤，繞社喬木古。宿鳥鳴高枝，疏花綴深圃。番眾擁我前，
> 衣被半藍縷。升堂細諮詢，一一訴貧苦。眾番叩頭說，番愚爲人侮。
> 我謂番本愚，聖朝所安撫。誰歟或侮之，我能爲爾剖。愼勿學奸刁，
> 貧苦乃自取。老番共點頭，少番首亦俯。開道至再三，不覺日亭午。

〔註130〕

詩中首述茄藤社古樹環繞，高枝鳥鳴、深圃花綴；次言社眾衣衫藍縷，生活貧苦。茄藤社人向譚氏叩稟遭受漢人欺凌的困境，希望父母官能夠主持公道。不料，譚氏卻從「番本愚」的觀點加以安撫，認爲「貧苦乃自取」，要求社人「勿學奸刁」。眾人的反應竟是「老番點頭」、「少番俯首」，莫不認同父母官的解釋，令人感到不可思議，究竟是純然信服，抑或是儡於官威，值得商榷。經過再三開導，不知不覺已至正午，末句寫出時間的推移，以示其誨民諄諄的苦心。

〔註129〕見全臺詩編輯小組編撰：《全臺詩》第貳冊，頁427。
〔註130〕見全臺詩編輯小組編撰：《全臺詩》第貳冊，頁427。

　　本詩反映出一個臺灣開發的歷史事實，即「番愚為人侮」的情形。當外來族群開始進入臺灣後，本島原住民隨即不斷受到高文明者的侵害逼迫，低文明者的生存權益自然受到嚴重的擠壓，其中尤以漢人所帶來的壓迫最甚。譚氏掌鳳山縣時，大量的漢人移民斯土，下淡水地區已是「漢人優勢期」的社會型態，〔註131〕不肖的漢墾者藉由各種手段剝削侵奪原住民，使弱勢族群日益貧困、苦不堪言，此時原住民的生存權全賴執政者出面維護，倘若地方官吏刻意坐視左祖漢人，則原住民的處境將可想而知。類似茄藤社「番愚為人侮」的例子，在臺灣開發史上，可謂不絕於書。即使譚氏「升堂細諮詢」，親自傾聽民瘼，為其剖析困境，卻未能跳脫傳統漢人的觀點，猶有「番愚」的心態，認為眾番的貧苦乃是「咎由自取」，顯然是「愚番」的說法。審讀本詩意旨，譚氏刻意描寫理番牧民的情景，以塑造出「視民如子」的形象，實乃基層官吏表述其經營地方的用心，誠屬無可厚非之舉。然而，在茄藤社宜人景色的映襯之下，此地民生凋敝的不堪景況，竟顯得有些突兀和諷刺。

　　譚垣經過茄藤社後，接著振策前往放索社，沿途可以從海上遙望小琉球。放索社位於鳳山八社最南，為下淡水地區的米倉。因為氣候和土壤條件得天獨厚，下淡水平原盛產雙多稻米，宋永清知鳳山縣時，便在鳳山八社地建倉貯米。雍正六年（1728），夏之芳巡臺至此，見到本地蠲除「番婦」賦稅，辛勤種植稻穀，謹慎守護官米的情形，其〈臺灣紀巡詩〉之三十六云：

　　　　八社丁徭力漸紓，閨中餉稅早捐除。

　　　　只今宵晝辛勤處，謹護官家十萬儲。〔註132〕

鳳山八社在荷蘭時期便見諸於史料，被迫向荷人繳交一定數額的米穀和鹿皮，鄭氏來臺以後，對平埔族課徵丁稅，清朝延續明鄭的稅額，且為補足臺灣漢人內遷後短絀的餉額缺口，仍舊比照昔日課徵額度辦理，在「人去地荒」的情形之下，八社熟番的稅賦日趨沈重。雍正四年（1726），雖然奉文免除鳳山八社的番婦口糧稅額，卻仍須負起搭蓋倉廠守護官穀的徭役，夏詩所反映的情形即此。

〔註131〕「漢人優勢期」即漢人的比例和社會組織生產力都占絕對優勢，漢番之間互助、依賴關係主客體也易位，先住民的權益必須依賴法律和政府的公權力來維持。上述說法參考自尹章義：〈臺灣開發史的階段論和類型論──代序〉，引自《臺灣開發史研究》（臺北市：聯經，1989年），頁9。

〔註132〕見全臺詩編輯小組編撰：《全臺詩》第貳冊，頁104。

其實，黃叔璥巡臺時已經觀察到鳳山八社沈重的賦稅，爲了減輕平埔族人的負擔，特別諭令當地官員只許派給社人守護官倉穀米之責，其餘勞役事務一概不准，其云：

> 鳳山一邑，倉穀多於澹水；各社堆貯，修蓋倉廠，悉令土番繕治，已屬派累。至司納出入，有社房、有對差或經管僕役，諸番原不與聞；及遇徵觀，兼之猴鼠侵耗，或官吏侵盜缺少，俱責令各番賠補。從前有司總利番民蚩愚，剝削侵吞，苦累實甚。余飭所司倉廠，祗許令土番在外協同看護；至倉內穀石及修理倉房，不得混派一粟一木，稍知警惕。〔註133〕

只是黃氏禁止勞役原住民的諭令，終究沒有起到多少作用，日後官方加諸於平埔族人的負擔仍是有增無減。而譚氏的〈放索社〉云：

> 振策向平埔，已過加藤港。瞥見小琉球，瀛海遙相望。番社闢南隅，放索乃保障。編竹起連廠，倉庚數千量。邊海土雖瘠，近山地仍曠。僉稱歸化後，我皇恩浩蕩。番賦既全蠲，番丁不加餉。更以所蠲租，一半給番養。老者亦已耋，少者日以壯。共依覆幬中，尊親永無忘。我職司捊循，諮陬頗諧暢。暇日仍來此，勿使耕耘妨。〔註134〕

由於鳳山八社「不捕禽獸，專以耕種爲務」，在荷蘭時期便有向統治者繳納「稻子稅」的記錄。據荷人的記載云：

> （太麻里各村社的首長）他們都很清楚，在荷蘭政府屬下約已五年半，受到這政府武力的保護，得免遭受他們的敵人瑯礄社的人和知本社的人的攻擊，跟在放索社和大木連社附近及其他很多受我們的盟友的各社居民一樣，得以和平生活，將來還得以繼續和平生活。因此，爲要報答並承認他們的政府德政，要如同那些在放索仔附近及位於南方其他村社已經實行那樣，將來，每一戶人家都必須按照閣下所決定的數量繳納稻子或米。〔註135〕

從「如同那些在放索仔附近及位於南方其他村社已經實行那樣」可知，放索社在荷蘭人治下便已產出稻米，並被迫以稻米繳稅。入清以後，黃叔璥亦提

〔註133〕見黃叔璥：《臺海使槎錄》，頁149。
〔註134〕見全臺詩編輯小組編撰：《全臺詩》第貳冊，頁427～428。
〔註135〕見江樹生譯註：《熱蘭遮城日誌（二）》（臺南市：臺南市政府，1999年），頁77。

到「鳳山一邑，倉穀多於澹水」。〔註136〕耐人尋味的是，似乎因為地處南隅，受到外界的干擾相對減少，因此「放索乃保障」。康熙中期，郁永河北上採硫途中，行經「偽鄭時期四大社」〔註137〕區域時，隨行人員顧敷公向他提到「毆王近海，不當孔道，尤富庶，惜不得見。」〔註138〕可想而知，正因四大社之一的「毆王社」遠離主要道路，該社的原住民才得以免去許多繁重的「驅車送報」和「砍竹割薪」等勞役徵召，比其他部落更能夠專心地從事生產活動，故「尤富庶」。此與現代因為交通便利而促進經濟繁榮的社會現象，恰恰形成強烈的反比。準此而言，放索社雖在屏東平原南陲，卻因海邊地瘠，漢人官民並未在此過度派役和競耕，反使其獲得類似昔日毆王社的「地利」條件，社人得以全力開發近山隙地，方能有米倉連廒「數千量」的榮景。

此外，清廷往往透過「設社學、改風俗、賜姓氏」的方式，以及「蠲其徭役」的利誘，迫使原住民就地「漢化」。〔註139〕譚氏謂本地生活富足，乃是皇恩減賦給養所致，〔註140〕這是典型統治者的思維，矮化且忽視弱勢族群的自主性。其實，在強勢族群尚未進入下淡水地區前，此地「惟土番得而居之」，鳳山八社「飽食嬉遊，于于衎衎」，荷人與漢人相繼到此，強行將其納入治下，徹底改變原住民族群的生活型態，不復再有結繩以識的單純歲月，終使這群擁有「擊壤、鼓腹之遺風」的民族淹沒於無情的歷史洪流。詩末結語，譚氏尚愉悅地承諾「暇日仍來此」，並叮囑放索社人要努力耕作。

三、巡臺御史的巡社詩

除了鳳山縣地方官的巡社作品之外，另有一類巡社詩，即巡臺御史所留下的作品。派遣御史巡臺是清廷治臺政策中的一項重要措施，此一制度首設於康熙末年，至乾隆後期結束，共實施六十餘年。巡臺御史的設立，起因於朱一貴事件之後，康熙皇帝對於臺灣吏治的敗壞感到震怒，為了確保臺疆的

〔註136〕見黃叔璥：《臺海使槎錄》，頁149。

〔註137〕明鄭時期平埔族四大社，分別為新港社（今臺南市新市區）、嘉溜灣社（今臺南市善化區）、毆王社（今臺南市將軍區）及麻豆社（今臺南市麻豆區）。參考郁永河：《裨海紀遊》（臺北市：臺灣銀行，1959年），頁17。

〔註138〕見郁永河：《裨海紀遊》，頁18。

〔註139〕參考自簡炯仁：《臺灣開發與族群》（臺北市：前衛，1995年），頁242。

〔註140〕鳳山縣屬下淡水等八社土番男婦丁口米由鄭氏時期的五千九百三十三石八斗減為四千六百四十五石三斗。上述資料參考自蔣毓英：《臺灣府志》，頁83。

安寧，決定逐年派任御史前往巡察，以為朝廷耳目。〔註141〕由於巡臺御史的任務在監察臺灣吏治和稽核地方行政，治理地方事務並非職責所在，因此無法久駐一地，對於當地民情風土的瞭解不如地方官深入，是以這些大吏在巡行村社時，其觀察視角往往與地方牧民者不同，而是著重在眼前所見的自然景觀和奇風異俗的書寫。目前所見，曾經涉過下淡水溪並留下巡社作品的御史有四人，分別是康熙朝的黃叔璥、雍正朝的夏之芳、以及乾隆朝的楊二酉和范咸，以下分述御史巡社所作。

（一）黃叔璥

當黃叔璥行經武洛社時，聽到社人傳唱音調亢烈的頌祖歌，為此感到新奇不已，除採錄其歌謠之外，復有〈聞武洛社採薪歌〉，形容其曲「發聲一唱競嘻呵」，因為不瞭解平埔族語言，便云「不解腰眉語疊何」。但是，從頌祖歌詞的內容和黃詩的後半段，卻可以解讀出當時武洛人生存的艱辛處境。由於本詩在前文已經述及，於此不再贅言。

（二）夏之芳

夏之芳巡臺時，有〈臺灣紀巡詩〉五十八首，〔註142〕其中八首寫及屏東風光，包括小琉球景觀、仙人山傳說、山中溫泉和巡社所見等。〔註143〕以巡社所見而言，夏氏筆下的原住民在〈臺灣紀巡詩〉之三十四云：

> 生成野性氣如梟，出沒無端雪染刀。
>
> 剝得頭顱當戶掛，歸來轟飲共稱豪。〔註144〕

〔註141〕有關清代巡臺御史制度的研究可參考李祖基：《臺灣歷史研究》（臺北市：海峽學術，2008年），頁156～171。

〔註142〕夏之芳，字荔園，號筠莊，江蘇高郵人。雍正元年（1723），恩科進士，歷官河南道御史，雍正六年（1728），欽命巡視臺灣御史兼理學政，留任一年。任中積極整理政務，振興文教，以培養士類為己任。巡臺期間，政聲頗佳，民番皆悅，主歲、科兩試，擇其中佳文，編成《海天玉尺編》二集，為臺灣士子習作科甲文章之範本。其餘重要著作有《理臺末議》，輯其宦臺言論和理臺興革事宜，又有〈臺灣紀巡詩〉五十八首，對原住民殊風絕俗描寫入微，至可傳誦。上述夏之芳生平事略，參考自張子文、郭啟傳、林偉洲撰文，國家圖書館特藏組編輯：《臺灣歷史人物小傳：明清暨日據時期》，頁363～364。

〔註143〕夏之芳寫及屏東風光的作品，分別是其〈臺灣紀巡詩〉之三十一至三十八，可參見全臺詩編輯小組編撰：《全臺詩》第貳冊，頁104～105。

〔註144〕見全臺詩編輯小組編撰：《全臺詩》第貳冊，頁104。

本詩描寫原住民性野如梟，出沒無常，以及嗜殺狂飲的形象，夏氏的看法正是清領初期漢人對臺灣原住民的刻板印象，如康熙四十四年（1705）來臺擔任海防同知的孫元衡所作便是箇中典型，其〈裸人叢笑篇〉之十云：

虎山可深入，傀儡難暫逢（有生蕃曰傀儡，踞大山中，見人則殺）。

不競人肉競人首，殘首委肉於犯豵。驚禽飛，駭獸走，腰下血模糊，

諸蕃起相壽！〔註145〕

又如康熙五十六年（1717）擔任鳳山縣父母官的李丕煜對於境內的高山族原住民，不僅沒有「視民如子」之感，反而發出「汝豈生人類」（〈傀儡番〉）的驚人之語，這種對於原住民「非人」的書寫屢見於清代漢人的詩文作品。

　　為防止臺灣變亂再起，御史巡行視察特別留意沿途地理形勢，夏氏認為阿猴林岡巒起伏、林木茂密，容易成為藏匿奸宄之地，其三十五云：

內山遙夾外山高，複嶺重岡疊翠濤。

一帶阿猴林下路，須防藪澤有逋逃。〔註146〕

在〈臺灣紀巡詩〉之三十六則提到朝廷對鳳山八社實施減賦的政策，並肯定平埔族人守護官糧的辛勞，本詩已在前文述及，於此不再贅言。夏氏巡社之際，同時將原住民族群的人口數量和土地明細記錄成冊，以加強對臺灣社會的管理，其三十七云：

生熟番情百餘種，半生半熟亦山居。

當年戶口可知數，盡向魚鱗冊上書。〔註147〕

詩的前半談到原住民的生態，指出生番和熟番的民情各有不同，介於生番和熟番之間的族群也居住在山間；詩的後半提到「魚鱗冊」，又名魚鱗圖、魚鱗簿，是清代徵收地丁錢糧所使用的一種冊籍，為民間田地之總冊，亦稱為丈量冊，以其田圖狀似魚鱗，因以為名。〔註148〕魚鱗冊的登記以佃戶姓名為主，旁附業主姓名，同時還具有征派徭役和保護土地所有權的實質作用。夏氏所巡地區既有魚鱗冊的編制，顯示當時「番社」土地已有相當程度的開發。

〔註145〕見孫元衡：《赤嵌集》（臺北市：臺灣銀行經濟研究室，1958年），頁26～27。

〔註146〕見全臺詩編輯小組編撰：《全臺詩》第貳冊，頁104。

〔註147〕見全臺詩編輯小組編撰：《全臺詩》第貳冊，頁105。

〔註148〕參考自許雪姬、薛化元、張淑雅等撰文：《臺灣歷史辭典》（臺北市：文建會，2004年），頁864。

（三）楊二酉

楊二酉來到鳳山八社時，〔註149〕見到此地村舍的自然風光，其〈阿猴、武洛諸社〉云：

> 問俗來番社，清蔥曲逕長。家家茅蓋屋，處處竹編牆。
>
> 牽手葭笙細，嚼花春酒香。知能但耕鑿，眞可擬義皇。〔註150〕

這首五律是作者首次渡河到下淡水溪東岸巡視的作品，描寫阿猴、武洛諸社平埔族人的居處環境與風土民情。首聯寫入鄉問俗與沿途風景；頷聯述平埔族就地取材，以竹和茅草築屋爲牆的風貌景觀。據《鳳山縣志》所記平埔族屋舍的外觀：

> 番屋之制，不圓、不方，廣四、五丈，深十餘丈。聯樑通脊，形若
> 余皇。悉於脊頭開門，封土爲□。高三、四尺，架木橋而上。四壁
> 悉□箅籬，覆以茅草，□洒絕塵。前後左右疏通，外環植莿竹，密
> 衛如城。編竹爲門，自成一家。屋邊六畜圍欄，廩囷悉備焉。〔註151〕

余皇即艅艎，爲古代船名，以此比擬社屋形狀如船身。頸聯寫平埔族男子吹蘆笛以挑女子的婚娶風俗，與嚼苦草野花的果實釀酒之法。平埔族稱其配偶爲「牽手」，未婚的成年男女交往極爲自由，父母親默許並鼓勵這種婚前行爲，與漢族習俗大相逕庭。平埔族女子長大後，可以構屋獨居，男性追求者以鼻琴、口琴聲相挑，只要女子喜歡便可自主，不僅阿猴、武洛等社如此，其他社群皆然。清代文獻有記：

> 放索等社熟番，……。婚娶，名曰「牽手」。女及笄，搆屋獨居；番
> 童以口琴挑之，喜則相就。〔註152〕

此外，陳第在〈東番記〉提到臺灣平埔族釀酒的方法，「採苦草，雜米釀」，此地村民嚼花果以釀春酒。尾聯則寫平埔族人的生活型態，只知耕種、鑿井，生活淳樸，可比擬爲太古之人。

〔註149〕楊二酉，字學山，號西園，又號恕堂，山西太原人。雍正十一年（1733）進士，入翰林。乾隆四年（1739），以御史巡臺，兼理學政。乾隆五年（1740），以府學教授爲師，選諸生肄業其中，奏建海東書院以造士，頗得民望。詩文書法俱負盛名，有《柳南詩草》。有關楊二酉事略係參考自張子文、郭啓傳、林偉洲撰文，國家圖書館特藏組編：《臺灣歷史人物小傳：明清暨日據時期》，頁627。

〔註150〕見王瑛曾：《重修鳳山縣志》，頁429。

〔註151〕見陳文達：《鳳山縣志》，頁82～83。

〔註152〕見臺灣銀行經濟研究室編：《清職貢圖選》（南投市：臺灣省文獻委員會，1996年），頁16。

　　楊氏所見的番社風光頗類於康熙朝本土作者李欽文筆下所描述的情景，其〈番社〉云：

> 社屋參差路轉紆，社中忽見數番奴；
>
> 文身自昔稱殊國，斷髮於今入版圖。
>
> 牆以竹環皆鬱翠，屋因茅搆束薪芻。
>
> 爭彈口裏同心調，攜手成婚醉酪酥
>
> （番彈口琴而成夫婦，名曰「牽手」）。〔註153〕

李詩所述社屋同樣由竹牆和茅草構成，以及平埔族彈口琴的求偶風俗。

（四）范咸

　　臺灣原住民喜歌舞，黃叔璥巡社記錄武洛社的傳統歌謠，范咸巡社觀覽茄藤社的傳統樂舞。〔註154〕每逢耕種、收穫、節日和迎賓等慶典，原住民都要舉行歌舞盛會，「遇吉慶，輒豔服，簪野花；連臂踏歌，名曰『番戲』。……茄藤、力力等社皆然。」〔註155〕范氏觀賞之餘，其〈茄藤社觀番戲二絕句〉云：

> 連臂相看笑踏歌，陳詞道是感恩多。
>
> 劇憐不似弓鞋影，一曲春風奈若何。〔註156〕
>
> 妙相天魔學舞成，垂肩瓔珞太憨生。
>
> 分明即是西番曲，齊唱多羅作梵聲。〔註157〕

兩詩俱在描述茄藤社人集體載歌載舞的情形，同時兼有視覺和聽覺的描寫，字裡行間充滿濃厚的異國情調，不僅巡臺官吏對於原住民的傳統歌舞做如是觀，即使出身臺灣本土的官員亦不能免此，如黃清泰的〈觀岸裡社

〔註153〕見陳文達：《鳳山縣志》，頁153。

〔註154〕范咸，字貞吉，號九池，又號浣浦，浙江仁和人。雍正元年（1723），連三捷，中進士，入翰林院。乾隆十年（1745），奉命巡臺兼理學政，在任兩年，以故罷職。在臺期間，與滿御史六十七共同纂成《重修臺灣府志》（俗稱「范志」），體例完善，蒐採宏富，風土藝文記述尤詳，著有《婆娑洋集》、《浣浦詩鈔》和《海外奏議》等。有關范咸生平事略係參考自張子文、郭啟傳、林偉洲撰文，國家圖書館特藏組編：《臺灣歷史人物小傳：明清暨日據時期》，頁353～354。

〔註155〕見臺灣銀行經濟研究室編：《清職貢圖選》，頁16。

〔註156〕見全臺詩編輯小組編撰：《全臺詩》第貳冊，頁265。

〔註157〕見全臺詩編輯小組編撰：《全臺詩》第貳冊，頁265。

番踏歌〉有云:「舞罷連臂更踏歌,歌聲詭異雜悲歡」。〔註158〕蓋「連臂踏歌」乃原住民舞蹈的特色,是一種側身踢足邁步,手臂相率,踏地而歌的舞蹈,黃氏認爲臺灣中部平埔族岸裡社的歌聲聽來詭異,其中雜有歡樂和悲傷的成分。

由於范氏不解茄藤社語,原詩題下自註「唱曲者皆番婦」,無法瞭解樂歌的內容,旁人「道是」多爲感恩之詞,認爲雖然不似中國內地舞曲精彩,惟從社人「垂肩瓔珞」的舞蹈裝扮和演唱音調加以聯想,遂將「番戲」比做西域佛教的梵音舞蹈,如此比喻雖然不類,卻能寫實地反映出中國官員對於臺灣原住民歌舞儀式所產生的奇特感和「異國」風俗的情趣。

小 結

康熙時期,臺灣新附,中國官吏見到斯土風濤險惡、山川瑰麗、物產豐饒、鳥獸新奇和異於內地的習俗風尚等事物,往往以驚愕、好奇與上國文人俯視的觀點將所見所聞錄於翰墨。是以,此時臺灣詩歌多以「描景」、「寫物」爲主題,諸羅縣知縣周鍾瑄有詩云:「我來經過聊紀載,慚非椽筆媿雕蟲。他年王會教圖此,留此長歌付畫工。」〔註159〕然而,即使臺地事物引人,對於羈旅天涯、歸鄉無策的宦遊者而言,卻不免猶有「此間歸思知多少,夢逐驚鴻渡皖江」(孫元衡〈病中〉其一)、「重疊雲山當客路,迷離煙樹繞新愁」(周鍾瑄〈羅山誌別〉)的苦悶和愁鬱。宋永清宦臺,詩亦多寫景,惟寓情於景,同樣具有抒發鄉情旅思的詠懷字句,透露出詩人的自我心境。其巡社作品多在景觀觀覽處著墨,以他者的視角從遠處觀覽鳳山八社,所呈現的情景幾乎是一幅幅靜態的番社風情畫,卻未能進一步描繪出平埔族人的生活細節,無法使人瞭解當時鳳山八社的實際情形,其寫景記遊的浪漫成分遠多於巡社踏

〔註158〕 本組詩歌約作於嘉慶年間,見全臺詩編輯小組編撰:《全臺詩》第參冊(臺北市:遠流,2004 年),頁 255。黃清泰,字淡川,一字承伯,其先廣東鎮平人,移居鳳山,後隸頭份。幼嗜學,書生習武,以工舉業得文譽。乾隆五十一年(1786),林爽文事變,奉檄領鄉勇守郡,隨軍賞六品銜,累擢至彰化都司,有儒將風。道光二年(1822),抵禦海盜林烏興進擾淡水,身負炮傷,旋擢長福營參將,未赴任卒。道光九年(1829),其子黃鑲雲中進士。有關黃清泰生平事略係參考自張子文、郭啓傳、林偉洲撰文,國家圖書館特藏組編:《臺灣歷史人物小傳:明清暨日據時期》,頁 611。

〔註159〕 周鍾瑄在康熙五十三年(1714)至康熙五十五年(1716)間擔任諸羅縣知縣,本詩節錄自其〈北行紀〉,見全臺詩編輯小組編撰:《全臺詩》第壹冊,頁 387。

察的寫實成分。然而，宋氏並未用力渲染教化番黎的成效或寫出過多教條式
的刻板語言，情感自然而不造作，有別於一般父母官的嚴肅面目，正是其詩
可貴之處。

　　乾隆以降，臺灣荒地漸墾，番庶受化日深，使人觸目成愁的悽慘景況相
對減少許多，此時宦遊者的心境產生轉變，不再懷有「宦遊嗟願違」(陳璸〈送
人歸里〉)、「得此逋竄遭蹉跎」(孫元衡〈紅夷劍歌〉)的苦悶心情，詩人所作
逐漸出現歌頌天朝恩澤的字句，如「三年海國巡民社，可是皇仁已遍宣」(六
十七〈北行雜詠〉其三)，以及「冠絕平生是此遊」(范咸〈臺江雜詠〉其二)
的灑脫心境，有別於康熙朝詩人所呈現「野寺疏鐘煙瘴路」、「魑魅依山嘯，
鴟鴞當路啼」和「斥鹵黃沙地」的絕域情景。檢視譚垣巡社所作，儘管猶有
傳統漢官理番的高踞心態，仍與前人紀事有所不同，在於其並非道聽途說或
擷取文獻而得，而是實地深入鳳山八社與平埔族人進行互動對話，如「番目
為我陳」、「我為番目言」、「我與眾番謀」、「我為番目言」、「我謂番本愚」和
「我能為爾剖」等，這是宋永清巡社所缺乏的寫實過程，在在凸顯譚氏能以
更近的距離體察民情和瞭解民瘼所在，雖然刻意宣揚朝廷教化的成果，同時
含有鋪陳己身認真仕務和廣推皇恩的意圖在內，卻也實際反映出諸社的生活
處境，如搭樓社和力力社的儒化教育、武洛社的防禦外敵、上淡水社的水患
肆虐、下淡水社的丁口眾多、阿猴社的日漸蕭條、茄藤社的貧困受凌和放索
社的勤耕富足等情景。同為牧民者，譚氏顯然要比宋氏多了一份對弱勢族群
的關懷之情。而從歷史的眼光來看，譚氏的作品雖然不多，惟其巡社篇章正
好錄下當日鳳山八社漢化的一段轉變過程。

　　御史巡臺的年代，正是清代國力鼎盛時期，這些中央官員奉命視察臺地，
廣求民瘼，觀風納謠，由於諸社風俗民情迥異，入境番社，為求慎重，往往
問俗，以免犯忌，如楊二酉「問俗來番社」、夏之芳「問俗殊方竟未厭」(〈臺
灣紀巡詩〉之三十八)。黃叔璥記錄各地「番歌」，鳳山八社和瑯嶠社的傳統
歌謠因此得以保存，從武洛社的採薪歌可以得知少數族群在歷史夾縫中求生
存的堅韌意志；夏之芳則慎防山林地理藏匿宵小，觀察社群民情有所差異，
留意稽查村社戶口和田地簿冊；楊二酉則以輕鬆的筆調寫出番社的自然風光
和原住民的生活型態；范咸特別注意到平埔族的舞蹈、音樂和歌聲，但聽見
異族的樂曲時，仍不免與所熟悉的中土樂音進行比擬。這些御史雖然記錄臺
灣原住民的特殊人文和風俗習慣，卻是以觀覽「異國文化」的心情描述所見

所聞，不僅無法反映出原住民的實際生活樣貌，反而凸顯清廷中央對於臺灣原住民存在著「非我族類」的疏離感，從諸位御史巡社所作便可得到印證。

第三節　竹枝詞

　　竹枝詞是歌詠地方風土的文體，淵源於唐代顧況、劉禹錫和白居易等文人竹枝詞。依格律而言，翁聖峰認爲清代臺灣的竹枝詞乃七言絕句的一種。〔註160〕同時，翁氏又提到：

> 竹枝詞旨在記敘地方特殊的風土，……同時，透過韻文的形式來傳
> 達風俗、民情，也提供另一種不同於歷史書籍的表現形式。〔註161〕

竹枝詞自清朝中國傳入臺灣，以七絕的形式寫實地記錄臺灣的特殊風土，此舉首見於郁永河的《裨海紀遊》，其中有〈竹枝詞〉（十二首）和〈土番竹枝詞〉（二十四首）兩組竹枝詞，惟〈土番竹枝詞〉第二十四首所描述的對象並非平地的「土番」，而是深山的「傀儡番」。前者雖未冠以「臺灣」二字，一般習稱爲〈臺灣竹枝詞〉，其內容主要描寫中國漢族移民的生活事務及其居處環境的情形，如「臺灣西向俯汪洋，東望層巒千里長；一片平沙皆沃土，誰爲長慮教耕桑」，〔註162〕描寫臺島形勢，西海東山，土壤肥沃，卻苦無人教耕，以致地利徒喪；後者內容主要記述原住民平埔族人的生活，包括食、衣、住、行和婚姻等風土習俗，如「男兒待字早離娘，有子成童任遠颺；不重生男重生女，家園原不與兒郎」，〔註163〕記述臺灣平埔族以女性承家的母系社會特徵，有別於中國傳統婚嫁觀念。

　　在郁永河之後，中國宦遊和臺灣本土文人繼起仿效，紛紛以客觀的筆調進行創作，結合當地的風俗、文化和民情，並出現聯章和加註的形式，發展

〔註160〕據翁聖峰的說法，除少數特例之外，清代臺灣竹枝詞的平仄、韻腳、對仗、句型等格律，較之一般七言絕句並無十分顯著的差異。見翁聖峰：《清代臺灣竹枝詞之研究》（臺北市：文津，1996年），頁175。

〔註161〕見翁聖峰：《清代臺灣竹枝詞之研究》，頁193。

〔註162〕詩後註云：「臺郡之西，俯臨大海，實與中國閩廣之間相對。東則層巒疊嶂，爲野番巢居穴處之窟，鳥道羞叢，人不能入；其中景物，不可得而知也。山外平壤皆肥饒沃土，惜居人少，土番又不務稼穡，當春計食而耕，都無蓄積，地力未盡，求闢土千一耳。」見郁永河：《裨海紀遊》，頁15。

〔註163〕詩後註云：「番俗以婿紹瓜瓞，有子不得承父業，故不知有姓氏。」見郁永河：《裨海紀遊》，頁44。

出各式各樣且數量相當可觀的臺灣竹枝詞，使此種具有地方特色的風土詩在臺灣古典文學佔有一席之地。

　　清代屏東地區的竹枝詞，目前僅見於東港和恆春兩地，分別是卓肇昌的〈東港竹枝詞〉，以及康作銘、屠繼善和胡澂等人所作的〈恆春竹枝詞〉，本文主要以東港和恆春兩地的竹枝詞做為論述的對象。此外，在今人陳香所編的《臺灣竹枝詞選集》發現錄有〈朱阿里仙族竹枝詞〉五首和〈排灣族竹枝詞〉八首，內容皆與本地原住民族群有關，作者分別記為康熙朝的鳳山縣儒學教諭黃式度和同治朝奉命到臺灣南路（屏東到臺東）開山撫番的武官袁維熊，斯為兩組罕見的清代臺灣原住民竹枝詞作品。令人存疑的是，陳香並未交代兩組竹枝聯章的出處，且遍尋清代臺灣方志和研究竹枝詞相關書籍，皆未見到兩組聯章的收錄，〔註164〕無法審知陳香所本從何而來，惟以其內容涉及本地原住民風物，一併附於本節，以為餘論，暫名為「原住民竹枝詞」，其確實來源和真偽程度於此不做評論，留待後人考證。

一、東港竹枝詞

　　卓肇昌，字思克，鳳山縣人，為卓夢采之子。乾隆十五年（1750）舉人，官揀選知縣，不赴。少穎異，能承庭訓，好為古文辭，論世知人，具有特識，一時老師宿儒，咸器重之。著有《栖碧堂全集》，藏於家，今疑佚。乾隆二十八年（1763），分修《重修鳳山縣志》，任「參閱」之職。卒年五十四。〔註165〕

　　卓氏是清代臺灣本土出生的文人，創作極為全面，包括律、絕、古體、竹枝詞、八景詩和賦等，其詩大都取材於南臺灣之地景、歷史、傳說，如〈訪岡山石洞〉，是因大崗山古橘園傳說而起，〈仙人山〉有仙人對弈傳說，〈羅漢門〉、〈觀音山〉都是地景，另有〈鳳山八景〉、〈鼓山八詠〉、〈龜山八景〉、〈東港竹枝詞〉和〈臺灣形勝賦〉等作，既模擬宦遊詩人創作，又有本土性的開創，允為清領初期本土文人之特出者。因此，連橫有云：「臺灣前人之詩，頗少刊集。其存者每在方志，而『鳳山志』所收尤廣，然多近試帖，選取未精；

〔註164〕陳香所錄〈朱阿里仙族竹枝詞〉和〈排灣族竹枝詞〉兩組聯章，共計十三首作品，不僅在臺灣清代諸志書毫無所見，甚至在翁聖峰的《清代臺灣竹枝詞之研究》亦未提及相關訊息。

〔註165〕有關卓氏生平事略，參考自張子文、郭啓傳、林偉洲撰文，國家圖書館特藏組編輯：《臺灣歷史人物小傳：明清暨日據時期》（臺北市：國家圖書館，2006年），頁205。

唯卓夢采父子之作，較有可觀。」〔註166〕今日高雄市左營區城隍廟的門聯爲
其所撰，上聯云：「爲善必昌；爲善不昌，祖宗必有餘殃；殃盡必昌。」下聯
云：「作惡必亡；作惡不亡，祖宗必有餘德；德盡必亡。」聯文內容強調善惡
必報，警惕世人積善去惡。卓氏擅以傳說入詩，而其身後亦成爲傳說，地方
有謂其往生後成爲高雄梓官城隍，引爲鄉野奇譚。〔註167〕

　　卓氏是目前所見最先書寫竹枝詞的鳳山縣文人，所作有〈東港竹枝詞〉（十
四首）和〈三畏軒竹枝詞〉（十二首）兩組聯章。然而，卓氏所寫竹枝詞的風
格與一般竹枝詞的風格有所不同。蓋一般竹枝詞著重在記錄地方風俗民情，而
卓氏的竹枝詞則重在寫景與抒懷，爲其特殊之處。其〈東港竹枝詞〉主要描寫
東港地方的海色風光與觀景感興，而〈三畏軒竹枝詞〉則記述書院教學時的生
活體驗和心情感受，本組詩前自註三畏軒乃「書院東軒」，即其講學書院的書
齋。〔註168〕由於卓氏講學的書院在龜山麓，〔註169〕龜山爲鳳山縣舊城（今高
雄市左營區）傍山，不在屏東地區，故〈三畏軒竹枝詞〉於此略去不論。

　　乾隆中葉，東港已是府城以南的重要港口，由此輸出下淡水地區的稻米
和豆類等糧食作物，在《重修鳳山縣志》記云：

　　　東港，在縣西南六十五里。西臨大海，港道甚闊，可通巨艦。有商
　　　船到此裝載米、豆貨物。〔註170〕

從卓氏所作〈鹿耳門泛舟〉、〈七鯤身行〉、〈萬丹港曲〉、〈觀音山〉和〈沙馬
磯山〉等詩題可以推知，其足跡幾乎遍及南臺灣各地，可謂行動力不弱的文
人。卓氏既尚觀景覽勝，又曾分修縣志，自然可能親履東港，踏查當地人文
和自然風光，以資蒐羅編修方志之材料。其〈東港竹枝詞〉爲聯章之作，主
要在描述東港的風光水色，茲按照《重修鳳山縣志》所排順序，分述內容如
下。其一云：

　　　萬頃波光漾碧空，滿湖月色瑩青銅；
　　　漁歌忽起滄浪外，人在畫橋一葉中。〔註171〕

〔註166〕見連橫：《臺灣詩乘》（南投市：臺灣省文獻委員會，1992年），頁100。
〔註167〕參考自照史（林曙光）：《打狗滄桑》（高雄市：春暉，1985年），頁146。
〔註168〕見王瑛曾：《重修鳳山縣志》，頁478～479。
〔註169〕卓肇昌有〈書院即景六詠〉組詩，自註「在龜山麓」，該組詩有「窗嵐」、「亭
　　　　樹」、「軒燕」、「牆竹」、「晚蟬」、「濠蛙」等題。本組詩收錄於王瑛曾：《重修
　　　　鳳山縣志》，頁412～413。
〔註170〕見王瑛曾：《重修鳳山縣志》，頁22。
〔註171〕見王瑛曾：《重修鳳山縣志》，頁477。

詩人在月色下乘船來到東港，見到水面萬頃波光，遠處漁歌，情景如畫，因云「人在畫橋一葉中」。其二云：

> 曉霞絢彩覆東洲，海曲人家逐岸流；
>
> 烟水幾灣帆片片，浮沉波影五花虯。〔註172〕

描寫日出彩霞和港灣帆影。其三云：

> 東流迤邐好逍遙，蒼綠參差佳致饒；
>
> 極目滄溟天際表，四時野色水中描。〔註173〕

次句寫岸邊綠樹蓊鬱，三句敘述極目遠眺天際。前三首俱爲寫景，第四首轉入抒情。其四云：

> 截竹編成不繫舟，東涯天際水雲悠；
>
> 眼前悟得維摩法，葦渡何勞世外求！〔註174〕

首句引蘇軾的「不繫舟」入詩，次句再以遠天雲水蒼茫的景色鋪陳出深沈的情感，三、四句則以維摩和葦渡等佛家典故，顯示詩人具有與世無爭的化外情懷，更呼應首句的不繫之舟。接著寫遊湖，其五云：

> 湖邊春水碧於苔，爲聽泠泠溪畔來；
>
> 不耐顚風阻人興，漁舟欲上又推開。〔註175〕

春天水碧，水聲泠泠，詩人擬乘興遊湖，幾度欲登舟，無奈卻因風浪顚簸而受阻，末句「又推開」，使風和船的形象爲之活化，頗耐人尋味。後續三首連續描述黃昏日暮景色，其六云：

> 那堪回首落曛西，島樹烟寒暮色低；
>
> 分明聽得吹長笛，祗隔峯前白水樓。〔註176〕

其七云：

> 海濱清洗碧天空，地近扶桑東復東；
>
> 金鏡曜輝雲氣散，茅簷先被一輪紅。〔註177〕

其八云：

〔註172〕見王瑛曾：《重修鳳山縣志》，頁 477。
〔註173〕見王瑛曾：《重修鳳山縣志》，頁 477。
〔註174〕見王瑛曾：《重修鳳山縣志》，頁 477。
〔註175〕見王瑛曾：《重修鳳山縣志》，頁 477。
〔註176〕見王瑛曾：《重修鳳山縣志》，頁 477。
〔註177〕見王瑛曾：《重修鳳山縣志》，頁 477。

　　　漠漠湖東氣倍涼，平蕪春浸碧沙長；

　　　前村落盡烏桕葉，無數人家在夕陽。〔註178〕

透過「落暉」、「雲散」和「夕陽」等詞，使人明顯感受到時間的流動推移。
而「無數人家」表示本地已有許多居民。接著寫雨景，其九云：

　　　景曜當空日未晡，無端雷雨暗東湖。

　　　誰將一片晴江色，寫作瀟湘烟雨圖？〔註179〕

在「日未晡」之際，一場突如其來的午後雷雨，海面頓時煙雨迷濛，更加速
天色的昏暗。隨著暮色降臨，後續兩首俱為夜景，其十云：

　　　岸邊修竹欲干霄，無限波痕漾碧綃。

　　　茅屋夜深天似水，白蘆尚有話溪橋。〔註180〕

修竹參天，夜涼如水，具有靜謐的美感。其十一云：

　　　奚須方外憶蓬瀛，一片湘波別樣清。

　　　風月主人閒便是，夜深枝上杜鵑聲。〔註181〕

詩的前半謂何須憶蓬瀛，乃將本地比為海外仙洲之意；詩的後半以枝上杜鵑
夜啼襯托出夜闌人靜的氛圍。其十二云：

　　　津頭蒼綠鎖烟霞，海曲停橈即是家。

　　　此去瀛壺應有路，可曾邀我飯胡麻？〔註182〕

首言霧鎖渡頭，次言舟泊港灣；後兩句以反問的語氣作結，謂往瀛壺仙鄉雖
有路，惟何人作食延至其家。作者儼然將海曲津頭想為桃源秘境入口，令人
對本地產生無限浪漫聯想。其十三云：

　　　影裏浮虹望裏賒，數行天半落飛駕。

　　　何時乘得長風便，好向龍門泛一槎。〔註183〕

前兩句寫景，後兩句抒懷，其中「乘得長風」和「龍門泛槎」隱約透露出詩
人猶有青雲之志。由於卓氏功名未竟，內心終是有憾，從「何時」兩字便可
使人感受到對於考取進士的期待和無奈的茫然心境。昨宵去後，今朝夢醒，
其末首云：

〔註178〕見王瑛曾：《重修鳳山縣志》，頁477。
〔註179〕見王瑛曾：《重修鳳山縣志》，頁477。
〔註180〕見王瑛曾：《重修鳳山縣志》，頁477。
〔註181〕見王瑛曾：《重修鳳山縣志》，頁477。
〔註182〕見王瑛曾：《重修鳳山縣志》，頁477。
〔註183〕見王瑛曾：《重修鳳山縣志》，頁477。

溪東矯首白雲層，花鳥偏迎舊日朋。

欲覓安期仙子宅，昨宵夢裏記吾曾。〔註184〕

前兩句依然寫景，後兩句引東海仙人安期生入詩，同時寓有本地猶似蓬萊仙山之意。〔註185〕

　　總觀東港竹枝詞，其內容儼然寫景詩，卓氏以精鍊的筆法和雅緻的詞句，細緻地描繪出一幅幅十八世紀中葉的東港風情畫。通篇雖然以寫景為主軸，仍可見到些許抒情感懷的痕跡，並且按照作品所列次序，可以發現時間推移的過程，由夜晚至白晝，從日暮到天明，似乎是作者刻意的安排。此外，卓氏擅以神仙傳說或仙鄉、秘境等典故佐詩。因此，在書寫東港的風光水色之際，復可見到此種技巧的運用，第十一、十二和十四首等詩即為顯例，其真正目的並非在主張仙境的實有，而是藉此提高詩境和舒張詩情。〔註186〕

二、恆春竹枝詞

　　最初，有關恆春地區的詩文書寫，多半出自遠距離的想像，無法真實地勾勒出本地的風貌。設治敷教以後，中國內地文人紛紛到此，或擔任官職、或應聘佐幕、或坐塾課徒、或遊歷山水，透過這些宦遊文人的「在地」書寫，使本地的自然景觀、氣候水土、社會生態和人文風物得以近距離的呈顯出來，更加貼近歷史真實。本地獨特的氣候、風景、人文和物產，成為外地詩人創作的絕佳素材，而最能凸顯各地特色的詩文作品，首推描述當地風物的各類竹枝詞作品，如光緒初年宦遊臺灣的湖南湘鄉人士黃逢昶（字曉墀），有〈臺灣竹枝詞〉七十五首，其中兩首分別述及本地氣候和出產稻米的情形，其十四云：

海內何如此地溫，恆春樹茂自成村。

輕衫不怯秋風冷，終歲曾無雪到門。〔註187〕

〔註184〕見王瑛曾：《重修鳳山縣志》，頁478。

〔註185〕安期生為秦漢時人，有關其傳說云：「安期生，琅邪人也，受學河上丈人，賣藥海邊，老而不仕，時人謂之千歲公。秦始皇東遊，請與語，三日三夜，賜金璧，直數千萬，出置阜鄉亭而去，留赤玉舄為報，留書與始皇曰：『後數十年求我於蓬萊山下。』及秦敗，安期生與其友蒯通交往，項羽欲封之，卒不肯受。」上述引文見〔晉〕皇甫謐：《高士傳・卷中》（板橋市：藝文，1966年），頁10。

〔註186〕此說參考自江寶釵：《臺灣古典詩面面觀》（臺北市：巨流，1999年），頁117。

〔註187〕見黃逢昶：《臺灣生熟番紀事》（臺北市：臺灣銀行經濟研究室，1960年），頁19。

歌詠本地氣候溫和，林木茂盛，終歲無雪，即使穿著薄衫亦不畏秋風。又，
其四十三云：

> 恆春開闢幾經年，草木逢春色倍妍（恆春縣，臺南府屬）；
>
> 夏雨纏過秋雨潤，稻香風送雁來天（其地多稻，粒大、米香）。
>
> 〔註188〕

描述本地開闢數年，春光明媚、風飄稻香的富饒景致，因此註云本地多稻，
顆粒碩大且品質芳香。黃氏所作，約略勾勒出本地氣候和物產的特色。

除了黃逢昶的兩首作品外，清代恆春地區的竹枝詞復以聯章形式出現，
目前可見三組，共計三十首，收錄在《恆春縣志》，作者分別是康作銘、屠繼
善和胡澂，皆爲中國宦遊文人。〔註189〕有關三位作者的生平目前能夠掌握的
資料並不多，僅知康作銘是廣東南澳秀才，到恆春課塾並任縣志校對；屠繼
善係浙江會稽秀才，應聘到此主修縣志；胡澂爲廣西桂林人士，從其竹枝詞
內容判斷，當爲義塾塾師。〔註190〕康作銘等人到此佐幕修志和課塾教諭，得
有較長時間停留本地，透過竹枝詞的書寫，爲清季恆春地區留下相當珍貴的
文獻資料。

恆春竹枝詞的內容，豐富而多元，可以分成以方言和口語入詩、原住民
風貌、漢人移民生態、原漢族群衝突和通婚、義學，以及特殊的氣候和物產
等項。以下就三組聯章作品進行論述，所據皆引自《恆春縣志》，而以其他相
關詩文輔助說明，旨在佐證詩歌所言內容，藉以瞭解清季恆春地區的人文和
自然風貌。

（一）以方言和口語入詩

以方言和口語入詩向爲竹枝詞的特徵之一，恆春地區的竹枝詞亦得見此
種現象。由於康作銘等人宦遊來臺，對於本地語言自然有所隔閡，遇有不瞭
解的方言或俚語，往往以記音的方式呈現。如康作銘〈游恆春竹枝詞〉其六
云：

〔註188〕 見黃逢昶：《臺灣生熟番紀事》，頁24。

〔註189〕 此三組竹枝詞，分別是康作銘〈游恆春竹枝詞〉（十二首）、屠繼善〈恆春竹
枝詞〉（十首）和胡澂〈恆春竹枝詞〉（八首）。上述作品收錄於屠繼善：《恆
春縣志》，頁246～250。

〔註190〕 胡澂所作〈恆春竹枝詞〉之六有「義塾番童四處收」，因此可知胡氏係受聘到
此教諭原住民子弟。見屠繼善：《恆春縣志》，頁41。

媒定紅絲禮不差，村莊自是古家風；

其間一語渾難解，何事翁姑叫按耶？〔註191〕

詩的前半講婚禮習俗，詩的後半則涉及語言差異。作者認爲本地婚俗既與內地相同，惟無法理解本地人爲何將「翁姑」叫做「按耶」。蓋翁姑係「家翁」、「家姑」之意，就媳婦而言，「家翁」爲「公公」，「家姑」爲「婆婆」。康氏乃廣東人士，對於本地方言並不熟悉，因有「何事翁姑叫按耶」之問。

此外，屠繼善亦將方言以記音的方式入詩。其〈恆春竹枝詞〉之一云：

多少嬰郎（小兒也）好拜年，各人笑給百文錢；

紅繩貫得琅琅響，爭買潮洲耍貨天。〔註192〕

本組詩前自註「乙未元旦作」，可知此詩作於光緒二十一年（1895）正月初一。本詩敘述當地孩童歡喜拜年，領得壓歲錢後，爭相購買童玩的熱鬧情景。首句「嬰郎」註明爲「小兒也」，乃閩南語「囝仔郎」（小孩子）的記音詞。屠詩之四也有方言入詩，其詩云：

海外難逢家己郎（猶言一家人，見同姓者之稱），一經見面送檳榔；

盍哉（如何也）不重親親誼？族大才能冠一方。〔註193〕

首句「家己郎」爲閩南語，即自己人之意；三句「盍哉」則是閩南語「如何」的記音詞。屠詩之八同樣以方言入詩，其詩云：

瞥見番山金線蓮（草名，性涼，人皆珍之），霎時搜取莫流連！

若還轉眼無從覓，阿妳（如此也）瑯嶠草亦仙。〔註194〕

末句「阿妳」是閩南語「如此也」的記音詞。康氏由於不解閩南語意涵，只能照閩南語的原音錄下，卻失其義；而屠氏的記音詞往往兼及音義，將閩南語的囝仔郎轉譯爲「嬰郎」，而閩南語的自己人則巧妙地譯成「家己郎」，頗得原有詞彙的神韻，使其詩歌內容更顯生動和貼切。

此外，屠氏更巧妙地運用狀聲詞描寫本地居民穿著木屐的習慣，其詩之三：

老少人穿木屐行，不分天雨與天晴；

東山遺製留東海，坐聽虛堂得得聲。〔註195〕

〔註191〕見屠繼善：《恆春縣志》，頁247。
〔註192〕見屠繼善：《恆春縣志》，頁248。
〔註193〕見屠繼善：《恆春縣志》，頁248。
〔註194〕見屠繼善：《恆春縣志》，頁249。
〔註195〕見屠繼善：《恆春縣志》，頁248。

前兩句描述恆春人不論老少，不分晴雨，皆穿木屐的習性。第三句「東山」乃東晉名相謝安之號，引謝安聞淝水捷報，強抑心中喜悅卻碰斷屐齒的軼事，而東海為大海之東，此指臺灣，意謂木屐從中國流傳到臺灣。末句用口語「得得」形容木屐行路聲音，活潑而傳神，具有自然質樸的民歌本色。

（二）原住民風貌

恆春地區為五方雜處、原漢共居的移民社會，當地居民組成份子包括中國漢人、平埔族、排灣族和阿美族等族群。由於漢人和原住民的文化、習尚互異，宦遊者對於臺灣原住民的詩文描述，多半具有新奇的觀點。恆春竹枝詞對於本地原住民族群的描述，主要在其裝扮、勞作和歌舞等生活樣貌，以下分述之。

有關原住民的裝扮，康詩其十云：

> 雉尾斜簪尺許高，圍裙一角氣麤豪；
>
> 腰間別有傷心物，不是鷥刀即雁刀。〔註196〕

臺灣男性原住民喜將禽類長羽簪於髮髻，「迎風招颭，以為觀美」。〔註197〕本詩描述男性原住民頭簪雉尾，身繫圍裙，腰別刀刃的豪邁形象。腰刀乃原住民常備之物，並非飾物，用途極多，郁永河〈土番竹枝詞〉之十云：

> 腰下人人插短刀，朝朝磨礪可吹毛；
>
> 殺人屠狗般般用，纏罷樵薪又索綯。〔註198〕

詩後並註「人各一刀，頃刻不離，斫伐割剝，事事用之」，顯見腰刀對原住民日常生活的重要性，康作銘卻將原住民腰刀名為「傷心物」，似指原住民腰刀作用在出草殺人，清季康氏所見反不及清領初期宦遊先行者之深入。胡澂亦述及男性原住民的裝扮，其詩之五云：

> 頭上威風簪雉尾（生番娶妻，頭插雉尾。平時即鳥翮雞羽，選其長
>
> 者亦插之），腰間亮雪佩鷥刀；相聞更有驚人處，酒漉頭顱飲倍豪。
>
> 〔註199〕

在胡氏筆下的男性原住民同樣是頭簪雉尾和腰佩短刀的英武模樣，惟胡氏進

〔註196〕見屠繼善：《恆春縣志》，頁247。
〔註197〕見郁永河：《裨海紀遊》，頁19。
〔註198〕見郁永河：《裨海紀遊》，頁43。
〔註199〕見屠繼善：《恆春縣志》，頁249～250。

一步言「更有驚人處」，傳聞原住民有以人骨頭顱濾酒作飲爲豪之舉。此說聳
人聽聞，作者並未親見，故云「相聞」，允爲漢人的偏見訛傳。

　　宦遊文人對於本地原住民婦女的書寫，如胡詩之三云：

　　　縣城西去是柴城（即車城），村婦番婆結伴行；

　　　多少山花偏不戴，昂頭任重步輕盈。〔註200〕

車城昔稱「柴城」，位於恆春半島北端，因恆春縣城西門向北，歷來到車城必
從西門而去，故云「縣城西去是柴城」。次句言及村婦和番婆結伴同行，顯示
本地原漢族群關係和諧。而臺灣原住民婦女向有頭頂負戴重物的習慣，黃叔
璥便提到番婦「外出掘薯收芋，衣物俱於網袋貯之；行戴於首。」〔註201〕到
此修志的屠繼善見本地原住民婦女「行戴於首」的奇特景觀，因有「哂健婦
之負重，若戴鰲而躑躅」的字句。〔註202〕最初，在荷蘭時期（1624～1662）
遭風被迫寓臺的沈光文，便對臺灣原住民婦女的勞動樣貌有所描寫，呈現出
別種風情，其〈番婦〉詩云：

　　　社裏朝朝出，同群擔負行。

　　　野花頭插滿，黑齒草塗成；

　　　賽勝纏紅錦，新粧掛白珩（項常掛瑪瑙珠）。

　　　鹿脂搽抹慣，欲與麝蘭爭（番抹鹿油以爲香）。〔註203〕

詩中番婦當爲臺南一帶的原住民，雖擔負結伴而行，卻盛裝打扮，頭插野花，
項掛白珩，塗抹鹿脂，呈現出朝氣活潑的氛圍，並非本地女性負重若戴鰲、
躑躅而行的辛苦模樣。胡詩形容本地婦女「不戴山花」卻「昂頭任重」的勞
動景象，不僅記錄本地特殊的人文風貌，也凸顯此間原住民婦女樸質本色和
耐勞性格。

　　此外，康作銘對於本地原住民婦女亦有著墨，其七詩云：

　　　儘多健婦把春犁，頭戴壺餐走隴西；

　　　稚子荷蓑郎荷笠，風光入畫好留題。〔註204〕

本詩雖然描寫農村春耕風光，卻可以從中析出原住民婦女的勞作情形。清季

〔註200〕見屠繼善：《恆春縣志》，頁249。

〔註201〕見黃叔璥：《臺海使槎錄》，頁154。

〔註202〕見屠繼善：《恆春縣志》，頁136。

〔註203〕見周鍾瑄：《諸羅縣志》（臺北市：臺灣銀行，1958年），頁265。

〔註204〕見屠繼善：《恆春縣志》，頁247。

恆春地區已是「民番雜處」的社會，居民「不事詩書，徒知畚揭」，〔註 205〕
可見當時本地已進入務農為主的社會型態。特別的是，詩云操犁者多為女性，
所指「健婦」應為平埔族婦女。蓋平埔族為母系社會，以女性擔任家長並繼
承家產，其風俗如下：

> 按番俗，以女承家，凡家務悉以女主之，故女作而男隨焉。番婦耕
> 稼備嘗辛苦，或襁褓負子扶犁；男則僅供餱餉。〔註206〕

平埔族婦女把犁勞作外，尚且要「頭戴壺餐」行走於隴間，其辛勞可知。明
代隨軍來臺的陳第在〈東番記〉提到平埔族有「女子健作；女常勞，男常逸」
的社會現象。〔註207〕康氏認為本地婦女耕作、男子荷笠的田間風光可堪入畫
留題，惟此景恰恰反映出「女勞男逸」的情形，顯然詩人過度浪漫地將此視
為農村天倫樂事，卻忽略當時平埔族男女勞逸不均的生活現實。漢人社會男
尊女卑，通常是「男外女內」、「夫唱婦隨」的情形；平埔族風俗則反是，遂
有「健婦把犁」、「女作男隨」的畫面，康詩可以為證。

臺灣原住民是活潑樂天的民族，飲酒和歌舞在原住民生活佔有相當重要
的地位。當黃叔璥巡行臺灣時，對南路原住民的飲宴歌舞留下極深刻的印象，
其云：

> 飲酒不醉，興酣則起而歌而舞。舞無錦繡被體，或著短衣、或袒胸
> 背，跳躍盤旋，如兒戲狀；歌無常曲，就見在景作曼聲，一人歌，
> 群拍手而和。〔註208〕

當康作銘到恆春親見原住民的舞蹈時，其詩云：

> 眼見山番跳戲奇，婆娑譔舞作嬌癡；
> 排成雁陣頻招手，甜酒教儂飲一卮。〔註209〕

臺灣原住民婆娑起舞的內容，對於中國文人自是前所未見的新鮮經驗，因此
曰「奇」。原住民熱情好客，頻邀賓客加入宴舞行列，並款以自釀甜酒。

（三）漢人移民生態

臺灣為一海島環境，因此在住民的組成上，自古即是移民社會的型態。

〔註205〕見屠繼善：《恆春縣志》，頁 136。
〔註206〕見王瑛曾：《重修鳳山縣志》，頁 80。
〔註207〕見沈有容輯：《閩海贈言》，頁 26。
〔註208〕見黃叔璥：《臺海使槎錄》，頁 144。
〔註209〕見屠繼善：《恆春縣志》，頁 247。

恆春雖然位於臺灣南隅，在明鄭時期便有漢人建立聚落。因爲地緣關係，移墾臺灣的中國漢人以一水之隔的閩、粵兩省爲移民大宗。宦遊者的詩文作品往往可以反映漢人移民海外的生態，胡詩其一云：

漫說恆春太寂寥，城中街市兩三條；

居民盡是他鄉客，一半漳泉一半潮。〔註210〕

前兩句描述恆春城內發展的情形。蓋清季多事之秋，臺灣屢遭列強覬覦，朝廷爲加強海疆國防，遂於光緒元年（1874）在此地設縣築城，城垣完工於光緒五年（1878），成爲臺灣最南端的城池。然而築城設官之舉，並未使恆春地區獲得明顯而快速的改變。原因在於臺灣的開發雖然肇始於南部，惟社會發展的重心卻隨著民間移墾的腳步，逐漸向中部和北部推進，官方亦隨後逐步拓展其統治的版圖。然而，下淡水溪以東的發展情況，並未隨著「與時俱進」。到了同、光年間，臺灣的政經重心業已移轉到北部。本詩寫於光緒二十年（1894），距離恆春奉旨設治已二十載，縣城亦竣工十餘稔，恆春城內仍舊只有「街市兩三條」，城外更是「村落零星」的荒涼景況。約此同時，臺北地區在劉銘傳撫臺期間的積極推動之下，陸續興辦鐵路、郵政、電報、電燈、自來水和西式醫院等現代建設。〔註211〕不過數年光景，臺北城已粗具近代化都市的雛形，爲後來的首善之區奠定相當的基礎。相形之下，臺灣南端的恆春城，則顯得寂寥落寞許多。從恆春縣城的發展過程可知，今日臺灣社會「重北輕南」的失衡情形，在清季便可略見此一端倪。

後兩句則指出本地移民社會的生態。丘逢甲詩曾云：

唐山流寓話巢痕，潮惠漳泉齒最繁；

二百年來蕃衍後，寄生小草已深根。〔註212〕

經過清朝中國兩個世紀的統治後，臺灣社會各方面早已中國化和內地化，中國漢人成爲臺灣社會的優勢族群，其中尤以閩、粵兩省百姓渡海者最眾。閩籍移民以漳州、泉州兩府爲主，粵籍移民則以潮州、惠州兩府居多。丘詩次句所言「潮惠漳泉」等地，便是分屬粵、閩兩省。因此，拓墾本地的漢人「非粵則閩」，故云「居民盡是他鄉客，一半漳泉一半潮」。胡詩後半所言，恰恰

〔註210〕見屠繼善：《恆春縣志》，頁249。

〔註211〕參考自李筱峯、劉峯松合著：《臺灣歷史閱覽》（臺北市：自立晚報，1997年），頁108。

〔註212〕見連橫：《臺灣詩乘》，頁219。

印證清代開墾恆春地區的移民結構。〔註213〕本地除了明、清兩代的中國漢人移民之外，尚有更早定居於此的原住民族，國共戰後復有隨國府來臺的新移民族群陸續遷入。時至今日，恆春雖爲海角隅地，卻同時擁有臺灣社會四大族群，正是臺灣移民社會具體而微的縮影。

（四）原漢衝突

隨著漢人大量移墾臺灣，逐步壓迫到原住民生存空間，其中尤以土地所引起的糾紛最爲嚴重。恆春設縣以前，本地社會早已轉型成墾地農耕爲主的經濟型態，惟受到漢人逐步進逼，山林平野的土地日漸流失，原住民的生存權益受到威脅，儘管民風向稱純樸，族群衝突仍勢所難免。衡諸有清一代，臺灣原漢族群問題從未間斷，清季光緒朝的恆春地區亦未能免此。屠繼善對於本地原漢衝突有深入的觀察，其詩之五云：

> 荒山處處是柴寮，淺目（山租也）拖延番禍招；
>
> 奉告宰官先解此，番兇那得比民刁。〔註214〕

這是一首相當獨特的漢人作品，其中指涉到原漢衝突問題和弱勢族群遭受欺凌的社會現實。蓋本詩前半點出原住民和漢人移民產生衝突的原因，後半則奉勸地方官員應深入瞭解原漢衝突背後的真相，實乃「刁民」爲惡更甚於「兇番」。

屠詩首句寫山中隨處可見漢人入山拓墾荒地時，伐木葺屋以供棲身的柴寮，顯示此時漢墾者的開發勢力已深入本地山林；次句進一步言因爲漢人拖欠山租而招來「番禍」。

清領初期，朝廷爲防止變亂，禁止漢人入山，番地不許買賣，只能「租與民人耕種」，〔註215〕漢墾者因此須向原住民繳納「番租」。禁令解除後，漢人大量入山拓墾，惟因不肖漢墾者拖欠番租，甚至侵耕或強佔番地，致使原漢之間漸生糾紛，雙方涉訟互控或衝突攻殺事件，時有所聞，本地亦然。光

〔註213〕蓋以清代臺灣整體移民生態結構而言，閩籍向多於粵籍，然據陳其南研究指出：「高屏地區各鄉鎮的人口組成較混雜，粵人大多集中於下淡水東岸，但在這一地區的比例和閩人相較差不多。」見陳其南：《臺灣的傳統中國社會》（臺北市：允晨文化，1987年），頁129。是以胡詩所言「一半漳泉一半潮」的情形，殆符合當時下淡水地區（包括恆春地區）所呈現的移民生態結構。

〔註214〕見屠繼善：《恆春縣志》，頁248。

〔註215〕見臺灣銀行經濟研究室編：《福建通志臺灣府》（南投市：臺灣省文獻委員會，1993年），頁153。

緒十二年（1886）十一月，爲避免原漢爭執，知縣何如謹曾出諭告誠原漢雙
方，其文有云：

> 爾等須知番、民均爲朝廷赤子，一視同仁，並無歧異。自示之後，
> 務各安守本分，以吳、越爲一家，鄉井同居，相友相助；如有口角
> 爭端，儘可赴官控訴，自當立時剖斷，無袒無偏。〔註216〕

惟此舉效果不彰，原漢衝突仍在。光緒十八年（1892）間，原漢族群屢屢因
事啓釁，互相殺傷未已。〔註217〕事後，官方爲制止紛爭，便臚列數條「善後
章程」加以規範，其中有關「番租」部分，該章程記云：

> 莊民入山，砍柴燒炭，應完番社租費；務須遵照此次憑官所立合同
> 約載數目，按時應付。二比不得爭多較寡，致生事端。違者，照約
> 議罰，並予重懲。〔註218〕

此外，如漢人未能按時繳納番租，其文續云：

> 即如莊民有短欠柴寮租費以及愆期情事，亦可隨時指明，稟官究辦；
> 不至飲恨成仇。〔註219〕

儘管官方鄭重宣示，漢人與原住民都是「朝廷赤子，一視同仁」。漢人入墾
番地，「應完番社租費」，遇有「口角爭端」或「短欠柴寮租費以及愆期情
事」，隨時可以「赴官控訴」、「稟官究辦」，官府「自當立時剖斷，無袒無
偏」。

　　然而，倘若當地官府態度偏頗放縱或坐視不顧，則「畏法恭順」〔註220〕
的原住民將陷於求告無門、幾不聊生之境地。有關原住民受到漢人欺凌和漢
官不平待遇的情狀，黃逢昶在〈熟番歌〉有極爲深刻的描述，其詩云：

> 人畏生番猛如虎，人欺熟番賤如土；
> 強者畏之弱者欺，無乃人心太不古。
> 熟番輸化勤躬耕，山田一甲唐人爭；
> 唐人爭去餓且死，翻悔不如從前生。
> 竊聞城中有父母，走向堂前崩厥首；
> 啁啾鳥語無人通，言不分明畫以手。

〔註216〕見屠繼善：《恆春縣志》，頁101。
〔註217〕見屠繼善：《恆春縣志》，頁289。
〔註218〕見屠繼善：《恆春縣志》，頁292。
〔註219〕見屠繼善：《恆春縣志》，頁292。
〔註220〕見周璽：《彰化縣志》（南投市：臺灣省文獻委員會，1993年），頁393。

　　訴未終，官若聾，仰視堂上有怒容。

　　堂上怒呼具杖，杖畢垂頭聽官諭：

　　　「嗟爾番，汝何言？爾與唐人吾子孫，讓耕讓畔胡弗遵？」吁嗟乎！

　　生番殺人漢人誘，熟番反被唐人辱，爲民上者慮其後！〔註221〕

這首七言長歌內容敘述熟番土地受到漢人侵佔，眼見無法存活之際，只好到城中「赴官控訴」，希望爲民父母者主持公道。無奈語言不通，只能以手代話。陳訴未畢，痛遭堂上漢官笞楚杖刑，並怒斥其何以不遵守耕地界限，卻與「唐人」爭地，明顯左袒漢人一方。最後，詩人尚爲弱勢族群發出悲嘆，感慨生番殺人係被漢人所誘逼，熟番勤耕卻遭漢人所欺辱。

　　事實上，臺灣歷史上所謂的「番害」或「番亂」，泰半由於原住民無法承受外來者的欺壓和剝削所激起的反抗事件，史冊斑斑可考。黃叔璥便指出內山生番殺人，「其實啓釁多由漢人」，因爲漢人入山搭寮拓地，「越界侵佔，不奪不饜」，「以故多遭殺戮」。〔註222〕即使到本地視察設縣建城事宜的朝廷大吏沈葆楨亦認爲原漢雙方「論起釁之根，番直而民曲」。〔註223〕漢人對於尚未歸化的生番「畏之如虎」，而對於納稅輸餉的熟番則「賤之如土」，兩種態度對比之下，竟有如此巨大的反差，說明漢人「欺善怕惡」和「軟土深掘」的醜陋心態，故云「人心太不古」。長歌以「爲民上者慮其後」結尾，箇中深意正可以和屠詩「奉告宰官先解此」相呼應。而屠、黃兩位宦遊詩人能體認原住民受到壓迫的處境，關懷弱勢族群的人道精神，由此可知。

　　尹章義將臺灣開發過程分成五個階段，〔註224〕隨著漢人進入臺灣，將原住民納入國家行政機器管理，一體視爲「天朝赤子」，實則歷史優勢逐步向漢人傾斜。清領初期，原住民的生存權即有賴官府力量出面維繫，如首任諸羅

〔註221〕見屠繼善：《恆春縣志》，頁244。特別說明的是，道光十五年（1835），噶瑪蘭通判柯培元有〈熟番歌〉，黃詩無論內容、用字皆與柯詩大同小異，黃詩後出，估計爲抄襲前人之作。本文所引詩歌以《恆春縣志》爲主要文本，旨在論述本地竹枝詞所呈現的社會寫實和意義，並非在考證詩歌之原創性，故仍取黃詩爲論述對象。

〔註222〕見黃叔璥：《臺海使槎錄》，頁167。

〔註223〕見屠繼善：《恆春縣志》，頁41。

〔註224〕尹章義將臺灣開發過程分成五個階段，分別是番人社會（荷人入據以前）：番人優勢、漢人劣勢期（移民初至）；漢番均勢期；漢人優勢期（康熙中期以後）；漢人社會（道光年間）。上述說法參考自尹章義：〈臺灣開發史的階段論和類型論──代序〉，引自《臺灣開發史研究》，頁9～10。

知縣季麒光便曾爲文告諭原漢雙方，要求「民不得欺番，番不得侮民」，其〈安諭民番示〉提到：

> 近聞寄籍奸人，或傷殘牲畜，或侵損田園，或竊取蔬菓；甚至二三
> 爲羣，窺誘番婆，以致互分強弱，漸啓爭端，欲謀移徙。〔註225〕

文中「寄籍奸人」即指來臺尋求發展機會的漢人，這些移民在內地時多爲無業之民，來臺後遊手好閒，惹是生非，甚至成羣騷擾原住民婦女，破壞社會治安。此輩游民多半偷渡來臺，沒有正式遷籍臺灣，犯案後追蹤不易，成爲治安的一大漏洞，季氏便指出「臺灣之難，不難于治土番，而難于治奸民，更難于安良民以化奸民也。」〔註226〕持平而論，季文雖題爲「安諭民番」，表面在要求原漢之間不應互相傾軋，實則用意在告誡漢人移民不得侵擾原住民的成分居多。季氏是清領初期臺地循吏，能夠眞正瞭解「番兒那得比民刁」的事實，可謂深知「民」瘼。原住民的處境在「漢番均勢期」尙且如此不堪，及至光緒一朝，臺灣已是成熟的「漢人社會」，此時原住民所受到的壓迫，更是不言可喻。屠、黃兩詩即是明證。

（五）原漢通婚

清領臺灣後，最初朝廷政策禁止攜眷入臺，使早期臺灣社會的性別結構呈現男多於女的失衡現象，且兩者比例相當懸殊。漢人男性移民爲了解決生理需求和傳宗接代的問題，不可避免地與原住民女性進行通婚。原漢通婚所帶來的影響之一，便是漢人的風俗習慣逐步侵入原住民社會，進而改變原住民既有的風俗習慣。以屠繼善詩爲例，其詩曰：

> 唐山郎自客莊來，欲去番婆郎自媒；
> 學得番言三兩句，挂名通事好生財。〔註227〕

本詩透露出兩個訊息。其一，前兩句敘述客籍男性移民欲與原住民婦女通婚，必須聘請媒人前去提親；其二，後兩句描寫漢人藉由通婚習得番語，因此得以擔任「通事」，從而居中謀利生財。

〔註225〕季麒光：〈安諭民番示〉，引自〔清〕康熙刻本，李祖基點校：《蓉洲詩文稿選輯　東寧政事集》（無出版地，香港人民出版社，2006 年），頁 227。

〔註226〕季麒光：〈調陳臺灣事宜文〉，引自〔清〕康熙刻本，李祖基點校：《蓉洲詩文稿選輯　東寧政事集》，頁 177。

〔註227〕見屠繼善：《恆春縣志》，頁 249。

　　恆春地區的原住民並不排斥與外人通婚，甚至「喜與漢人為婚」。〔註228〕本地原住民婚嫁本來「不倩媒妁」，洎漢人入台後，帶來唐山作媒習俗，受到漢風所染，「近日番女多與漢人牽手者，媒妁聘娶，文又加煩矣。」〔註229〕因此，唐山郎欲娶原住民婦女亦須冰人執斧作伐。職是之故，婚姻可謂揉合異族文化的最佳方式之一，臺灣原漢通婚便是明證。

　　惟原漢通婚所帶來的後遺症之一，便是「納番女為妻妾，以至番民老而無妻，各社戶口日就衰微」，〔註230〕日後產生「有唐山公，無唐山媽；無番仔公，有番仔媽」的社會現象，使得臺灣的原住民族，特別是平埔族遭到無情的「同化」（漢化），明顯改變臺灣民族和文化的生態結構。漢族渡海來臺發展，卻意外導致他族式微，這種族群融合的結果，與其說是強勢文化入侵弱勢文化的必然趨勢，毋寧說是臺灣歷史發展的無奈。

　　此外，通曉番語的漢人擔任通事，本是原漢之間最佳的溝通橋樑。經營成功的漢通事，不但可以使原漢關係融洽，往往自己也成為重要的墾首和大地主，雍、乾年間開發臺灣中部的張達京即是如此。〔註231〕然而，不肖的漢通事卻對「不識不知」的原住民極盡壓榨和剝削之能事，郁永河便痛斥此輩為「社棍」。〔註232〕苛虐欺番的通事，甚至可能激發變亂，如康熙三十八年（1699）吞霄、淡水之番亂，〔註233〕康熙六十年（1721）阿里山、水沙連之番亂，皆是歷史殷鑑。〔註234〕惟通事制度，不僅終清之世從未斷絕，即使後來日本當局進行開山撫番，也充分利用到通事的功能。本詩末句「挂名通事好生財」發人深省，頗見諷刺和不齒之意，詩中所指通事約為「社棍」之流，可見作者對本地原漢社會生態有相當程度的瞭解。

〔註228〕見王瑛曾：《重修鳳山縣志》，頁76。
〔註229〕見范咸：《重修臺灣府志》（南投市：臺灣省文獻委員會，1993年），頁419。
〔註230〕見黃叔璥：《臺海使槎錄》，頁170。
〔註231〕張達京，字振萬，號東齋，原籍廣東潮州府。康熙五十年（1711）渡台，居岸裡社。張氏曉番語，識番情，娶土官之女，人稱「番駙馬」，曾任岸裡五社總通事，招佃開墾，成為臺灣中部大地主。其生平事略可參考自張子文、郭啓傳、林偉洲撰文，國家圖書館特藏組編輯：《臺灣歷史人物小傳：明清暨日據時期》，頁435～436。
〔註232〕見郁永河：《裨海紀遊》，頁37。
〔註233〕見周鍾瑄：《諸羅縣志》，頁279。
〔註234〕見黃叔璥：《臺海使槎錄》，頁123。

（六）教化番民

　　光緒元年（1875），恆春置縣，由於「草萊未闢，民、番雜處，目不識丁」，〔註235〕官方以「教化」番民爲首務，同年即陸續在各地設置義塾，數量達到二十一所之多。〔註236〕應聘至此設塾課徒的胡澂則描述本地居民「向化」的情形，其詩之六云：

　　　　義塾番童四處收，蓬頭跣足語啁啾；

　　　　也知三五團團坐，放學歸來又牧牛。〔註237〕

詩的前半講義塾學生多爲語音啁啾、蓬頭赤腳的原住民兒童，而「語啁啾」則透露出塾師與原住民兒童溝通的困境；後半則是寫義塾課罷，原住民兒童三五成群牧牛的畫面。恆春地區盛行養牛，有水牛和黃牛兩種，以前者居多，當地「家有數十百隻至數百隻者」，〔註238〕成童爲了協助家計，往往必須放牧牛隻，於是「放學歸來又牧牛」。在現實環境的干擾下，本地原住民兒童「向化」的效果，自然受到侷限。是以，恆春一地雖然經過二十年的時雨化人，成效顯然不彰，胡詩之七云：

　　　　地號琅嶠別有天，竹籬茅舍幾家烟；

　　　　文風未厚民風厚，開闢於今二十年。〔註239〕

前兩句寫景，讚美本地擁有純樸的鄉村風光；後兩句敘事，指出恆春雖然設治開發二十年，可惜文風仍未見深入，惟民風敦厚如昔，如非作者親歷其間，斷無此一中肯批語。

（七）特殊的氣候和物產

　　恆春地區由於地理位置在本島南陲，無論氣候和物產皆有其特殊之處，成爲詩人創作的絕佳素材。在氣候方面，詩人以落山風和騎秋雨爲書寫對象；在物產方面，可以見到檳榔和金線蓮兩種植物。茲以詩人所作落山風、騎秋雨、檳榔和金線蓮等題材，依序論述如下。

〔註235〕見屠繼善：《恆春縣志》，頁225。
〔註236〕恆春設縣後，首任知縣周有基奉旨多設義學，周氏尚親撰學規七條。有關恆春縣設立義塾事蹟參考自屠繼善：《恆春縣志》，頁195～197。
〔註237〕見屠繼善：《恆春縣志》，頁250。
〔註238〕見屠繼善：《恆春縣志》，頁175。
〔註239〕見屠繼善：《恆春縣志》，頁250。

1. 落山風

恆春半島因為地形之故,處於中央山脈的尾閭,每年十月至翌年四月,當東北季風強勁時,便越山直貫而下,形成「落山風」。由於落山風勢不遜於颱風,應邀至此修志的屠繼善將啓程到恆春時,其友人嘗警曰:「(恆春)風之險惡,誠可畏也。」迨屠氏親身經歷後,「始歎余友之言,爲不我欺也」。〔註240〕

落山風既爲本地特有的自然現象,是以《恆春縣志》在〈氣候〉之下,特別錄有「落山風」一項,其文記云:

自重陽以至清明,東北大風,俗謂之落山風。晝夜怒號,淘淘颯颯,或三、四日一發,或五、六日不止。〔註241〕

文中還提及當落山風肆虐時,往往使得木棉、桑葉、高粱和甘蔗等作物,「均不苞蕷,多致零落」。本地農夫爲使稻作順利收成,在「晚禾將熟」之際,往往必須「齊其根而偃之」,將稻穗順著風向偃倒,使稻穀不受風害。先民還將此風歸諸天意,希望地方官員能夠「修德回天,永免此患」。爲此,本地在東門城內建有風神廟,期能「伏乞蒼穹,陰陽鼓舞,永泯災害,時序翔和」。〔註242〕

以今日眼光來看,落山風只是恆春半島的東北季風,惟在百餘年前的農耕社會,科學不彰,民智未啓,先民並不明白落山風形成的眞正原因,鄉野神異之說遂起。本地傳說鄭成功當年征討番社時,曾在牡丹鄉附近插了軍旗,只要風一吹,旗尾所指的番社,就會有災害發生。後來戰事平息,鄭軍拔旗而去,但並未填平旗洞,於是落山風就從風洞吹出。其傳說云:

爲鄭延平插旂之所。風吹旂尾,尾向何方,即何方之番有災害。後去旂,未夷其洞。今之落山風,自洞中來。〔註243〕

關於風洞的位置,傳說又云:

洞在八磘灣深山,古木參天,荊棘滿地。至其地者,不知所禁,或大聲言語,風即大作。以後,無論民、番皆不敢往。〔註244〕

〔註240〕見屠繼善:《恆春縣志》,頁64。

〔註241〕見屠繼善:《恆春縣志》,頁2〜3。

〔註242〕風神廟內有祝文乙篇,由於廟內兼供雨師,故其文內容「風雨並祝」。見屠繼善:《恆春縣志》,頁222。

〔註243〕見屠繼善:《恆春縣志》,頁301。

〔註244〕見屠繼善:《恆春縣志》,頁301。

「八磘灣深山」爲滿州鄉和牡丹鄉一帶山區，昔日嘗爲排灣族八瑤社居地。〔註245〕此地榛莽未闢，生人進入山區，若大聲講話，則狂風大作，漢人和原住民因此視爲禁地，「皆不敢往」。另一則有關落山風的傳說謂鄭軍離去時，忘了拔旗，以致軍旗危害當地百姓，神明憐憫百姓無辜，用神力使旗子飛走，飛到楓港附近才落海，此爲楓港以北沒有落山風的原因，不過旗洞猶存，故落山風仍舊年年報到。〔註246〕

　　中國文人對於這種內地所無的獨特大風，感受自然相當深刻，於是紛紛留下有關落山風的作品。〔註247〕其中，以閩撫丁日昌巡臺所作較爲特殊，殆有深層意義。光緒三年（1877）正月初七，丁日昌抵恆春新街行臺時，曾題壁七律二首，其一便云：

　　　　東瀛已是天將盡，況到東瀛最盡頭！
　　　　海水自來還自去，罡風時發復時收。
　　　　臥薪嘗胆知誰共？銜石移山且自謀。
　　　　飽聽怒濤三百里，何人赤手掣蛟虬
　　　　（恆春有落山風，發時終日如吼，梁瓦皆震）？〔註248〕

首聯所指東瀛爲臺灣，恆春位於臺灣末端，故云「東瀛最盡頭」，頗有天涯海角之意。頷聯後半所述時發復時收的「罡風」，即本地盛行於冬春之際的落山風。頸聯用事，分別以越王復國，精衛塡海、愚公移山等史實和傳說入詩。尾聯以三百里怒濤形容本地潮聲之壯，並認爲壯濤乃蛟龍所致，因詰何人可以赤手制服蛟龍。作者將強勁的落山風想像成興風作浪的蛟龍，發作時「終日如吼，梁瓦皆震」。於是，在落山風勢的推波助瀾下，瑯嶠潮聲遂成名勝。

　　特別一提的是，清季國勢積弱，列強相繼侵逼，有識者莫不對此感到憂心忡忡，況恆春設縣築城乃肇因於日人覬覦臺灣，藉牡丹社事件輕啓戰端，後經外交折衝方告落幕，惟清廷猶須賠償日本鉅額軍費，所費不貲。經此事件，清廷終於正視臺灣地位的重要性，轉爲積極治理臺灣。丁氏藉詩寓情，

〔註245〕參考自施添福總編纂，臺灣省文獻委員會採集組編輯：《臺灣地名辭書‧卷四‧屏東縣》，頁731～732。
〔註246〕見趙康伶：《我的家鄉——屏東》（屏東縣：趙康伶，2002年），頁190。
〔註247〕在《恆春縣志‧藝文》所錄丁日昌、康作銘、屠繼善和胡澂等人的作品，皆可見到描寫落山風的詩句。
〔註248〕見屠繼善：《恆春縣志》，頁237～238。

冀望朝廷當道得效句踐忍辱精神和神鳥、愚公堅毅不拔之志，以重振民族聲威。據此而論，末句「何人赤手掣蛟虯」便產生新的意涵，在本地興風作浪、吼聲震天的蛟虯，不再只是單純的自然界奇觀落山風，而是指來自域外的敵國外患。丁日昌既爲封疆大吏，眼界和襟懷與一般文人士子不同，所到之處仍以國家的盛衰興亡爲念。

丁日昌以朝廷撫臣身份巡視臺灣各地，無法在一地多做駐留，所作七律雖以落山風入詩，心中所關注的對象仍在朝廷中央，是以書寫內涵側重於家國感懷，並未對於地方風土人情多加點墨。而康作銘、屠繼善和胡澂等基層文人到此宦遊，停留本地時間較長，更爲貼近庶民生活，他們親見落山風對本地日常生活所帶來的影響，以竹枝詞描繪本地的風物特色，自然產生不同的觀點。如康詩其四云：

> 落山風信勢偏驕，萬竅怒號送海潮；
> 猖狂不管杜陵屋，輸與長亭酒慢飄。〔註249〕

作者將落山風與潮聲的關係做一聯結，以「萬竅怒號」形容巨大風聲，在強風吹拂下，形成本地著名的潮聲。另外兩位宦遊文人則不約而同提到落山風與本地瘴氣的關係。屠詩之六云：

> 落山風（重陽至清明，大風日落山風，恆邑病農以此爲最）勢埒颱
> 風，害否惟分晴雨中；
> 一日無風悶不解，風來瘴去話從同。〔註250〕

颱風多雨，雨潦成災；落山風勁卻少雨，雖然「病農爲最」，惟「風來瘴去」，斯爲「利民」之處。又如胡詩之二云：

> 最怕秋冬兩季中，颱風去後落山風；
> 居民習慣渾閒事，反說無風瘴氣濛。〔註251〕

外地人對於強烈的落山風多半感到驚恐和不便，胡氏即云最怕「颱風去後落山風」。本地夏秋之際有颱風，冬春兩季有落山風，可謂「無日不風」，百姓對落山風早就習以爲常，若一日無風反而感到「悶不解」，故胡詩後半又云「居民習慣渾閒事」，甚至認爲如果沒有落山風的吹襲，恐怕無法驅散籠罩本地的迷濛瘴氣，是以「反說無風瘴氣濛」。

〔註249〕見屠繼善：《恆春縣志》，頁246。
〔註250〕見屠繼善：《恆春縣志》，頁248～249。
〔註251〕見屠繼善：《恆春縣志》，頁249。

　　蓋自十七世紀以來，中國漢人大量移民臺灣，初臨斯地的移民水土不服，時常受到瘧疾、霍亂、赤痢和鼠疫等風土病的威脅，以致於客死他鄉者爲數不少，臺地多「瘴癘之氣」的刻板印象，因此屢見諸文獻。如高拱乾指出臺灣南路的環境，「鳳山以南至下淡水等處，……水土多瘴，人民亦染疾病。」〔註252〕而據郁永河的觀察云：

> 人言此地水土害人，染疾多殆，臺郡諸公言之審矣。……以余觀之：山川不殊中土，鬼物未見有徵，然而人輒病者，特以深山大澤尚在洪荒，草木晦蔽，人跡無幾，瘴癘所積，入人肺腸，故人至即病。〔註253〕

康熙四十三年（1704），奉旨移署興隆莊（今高雄市左營區）的鳳山知縣宋永清在〈渡淡水溪〉詩亦云：「淡水悠悠天盡頭，東連傀儡徧荒丘」、「野寺疏鐘煙瘴路，黃沙白露沴寥秋」。由此可以想見，當日宋氏涉過高屏溪時，滿目盡是黃沙荒丘、瘴癘遮路之地，因此自註「渡溪以南，即八社地，爲人跡罕到之處。蓋陰雲瘴癘，觸之必死；惟土番得而居之。」清領初期情形若此，縱使到了日治初期，當局仍爲臺灣瘴癘所苦。日人佐倉孫三在其《臺風雜記》之〈斃鼠毒〉和〈瘴癘毒〉分別記云：「臺地多疫病，瘴癘、鼠疫爲最慘毒者。」、「我文武官之在臺者，大抵爲瘴癘所染，重者一再病而斃，輕者經五、六十回而不死。」〔註254〕由上述可知，從清領初期到日治初期，臺灣始終存在著瘴癘爲患的問題。

　　從胡詩末句「瘴氣濛」可知，清末光緒年間本地猶有「尚在洪荒」、「水土多瘴」的情形。因此，本地居民認爲秋冬時節所颳起的強烈落山風，反而俾益於驅除山林之間的瘴氣，「風來瘴去」此之謂也。屠、胡兩詩可謂道盡了落山風和恆春地區不可分割的關係，臺灣特殊氣候對應於特定地區的例子並不少見，猶如新竹風之於竹塹、基隆雨之於雞籠，落山風早已和本地劃上等號。

2. 騎秋雨

　　本地夏秋多雨，五月到八月爲雨季。當雨季來臨時，「溪流橫溢，道路泥

〔註252〕見高拱乾：《臺灣府志》，頁190。
〔註253〕見郁永河：《裨海紀遊》，頁26。
〔註254〕見佐倉孫三：《臺風雜記》（南投市：臺灣省文獻委員會，1996年），頁55。該書出版於明治三十六年（光緒二十九年，1903），所記皆爲日治初期臺灣之風物民俗。

濘，行人為之裹足；郡城音信，有數月不通之候。」〔註255〕故本地諺云：「騎秋雨，一來不肯止。」〔註256〕「騎秋」即閩南語「立秋」的記音詞，而諺語所云便是形容秋雨氾濫的情景。有關本地秋雨成災的情形，康作銘詩云：

> 泥因積雨漾成渠，平麓迷離怕秋餘；
>
> 過客欲行行不得，村南村北盡牛車。〔註257〕

前兩句寫秋末路面遇雨積水成渠，不僅道路泥濘難行，視線也因霪雨而模糊不清。後兩句則述旅人欲行不得的困境，幸好有牛車可以涉水代步，解決「行不得也」的窘況，於是出現一幅牛車絡繹於途的畫面。

由於臺灣不產馬匹，加上清代臺灣道路以泥土地為主，遇雨旋即成為漚汪之地，不適合馬車行走，故臺地向以板輪牛車為主要輸運工具，〔註258〕因而有「村南村北盡牛車」的景象。康熙中期來臺採硫的郁永河便曾提到「（臺灣）市中挽運百物，民間男婦遠適者，皆用犢車」，〔註259〕犢車即牛車；而此時本地往來交通工具仍是「牛車陸續」的景象。〔註260〕從郁永河到康作銘，時間跨度長達兩個世紀，清領初期臺灣西部平原的交通工具與清領末期恆春地區的交通工具，竟然如出一轍，絲毫未見改變，歷史的長河彷彿在恆春停滯不前。從本詩所云，不僅可以窺知本地季節氣候的特徵，又得以瞭解當時的交通習慣。

3. 檳榔

在恆春竹枝詞出現的物產，有檳榔和金線蓮兩種植物，其中言及檳榔的作品有三，金線蓮則一。茲先述檳榔，次及金線蓮。

自古以來，臺人嗜食檳榔，「男女均嗜，咀嚼不去口，唇齒皆殷。客至，必以獻，即以代茶。婦人嚼成黑齒，乃稱佳人。」〔註261〕本地不僅盛產檳榔，

〔註255〕見屠繼善：《恆春縣志》，頁3。

〔註256〕見屠繼善：《恆春縣志》，頁3。

〔註257〕見屠繼善：《恆春縣志》，頁247。

〔註258〕板輪牛車構造上最大的特色是車輪以整片木板拼湊而成，輪高而無輻，其形狀可以參見邱淵惠：《臺灣牛：影像‧歷史‧生活》（臺北市：遠流，1997年），頁96～97。臺灣地區使用板輪牛車的原因在於：「台地雨後潦水淳塗，車輪有輻，障水難行，不如木板便利；所謂因地制宜。」上述引文見朱仕玠：《小琉球漫誌》，頁69。

〔註259〕見郁永河：《裨海紀遊》，頁13。

〔註260〕見屠繼善：《恆春縣志》，頁136。

〔註261〕見唐贊兗：《臺陽見聞錄》（南投市：臺灣省文獻委員會，1996年），頁166。

「老少男女食檳榔」的現象，更被稱爲「恆春三怪」之一。〔註262〕在《恆春縣志》可見到有關檳榔的記載：

> 恆邑產於番社者多，形如黑棗；裹以荖葉、石灰，男婦皆喜啖之，
> 不絕於口。婚姻大事，及平時客至，皆以檳榔爲禮。〔註263〕

檳榔可以爲禮數，亦可化解紛爭，如盧德嘉在其〈鳳山竹枝詞〉之四云：

> 堪笑鄉愚寡見聞，些些曲直竟難分。
> 欲教省事憑何法，罰箇檳榔便解紛。〔註264〕

從文獻和詩歌可知，檳榔對於臺灣庶民生活的普及性和重要性。胡澂在描寫本地婦女時，其詩如此云：

> 盤頭一辮好青絲，莫笑儂粧未合時（婦女挽髻少者，多係打辮盤頭）；
> 嚼得檳榔紅滿口，點唇不用買胭脂。〔註265〕

因爲「嚼得檳榔紅滿口」，詩人戲云「點唇不用買胭脂」。康作銘亦云本地婦女「不學雲鬢淺淡妝，芳唇一點是檳榔」。〔註266〕在外地文人的戲墨之下，檳榔竟成爲點綴婦女風情的物品。

當同姓移民在海外相逢時，親切之情油然而生。此時，檳榔更是聯絡情誼不可或缺的媒介物，如前揭屠詩之四描述同姓人士在海外異地相逢的熱絡情景：「海外難逢家己郎，一經見面送檳榔」。詩中所言「家己郎」爲閩南語「自己人」之意，此指同姓氏移民。中國移民渡海來臺，由於離鄉背井，謀生不易，故每將籍貫相近的鄉親引爲股肱，相互臂助，遑論是同宗移民，必待之如同胞手足。因此，一經見面「皆以檳榔爲禮」，藉此拉近距離、籠絡鄉誼，因爲宗族人多勢眾才能在競墾激烈的臺灣社會佔得一方之地，詩人所云「族大才能冠一方」，殆有此意。這種移墾社會背景所衍生的特殊宗族觀念，洵爲清代臺灣社會分類械鬥的潛在因素之一。

此外，昔日臺灣民間更有「會成不成，檳榔提進前」的俗諺，〔註267〕原

〔註262〕見林右崇編：《人文恆春之旅：墾丁國家公園人文觀光》（臺北縣永和市：東皇文化，1997 年），頁 57。

〔註263〕見屠繼善：《恆春縣志》，頁 155。

〔註264〕見盧德嘉：《鳳山採訪冊》，頁 511。

〔註265〕見屠繼善：《恆春縣志》，頁 249。

〔註266〕見屠繼善：《恆春縣志》，頁 247。

〔註267〕參考自戴寶村、王峙萍合著：《從臺灣諺語看臺灣歷史》（臺北市：玉山社，2004 年），頁 169～172。

意本指提親作媒時，不論對方同意與否，檳榔皆爲必備的見面禮，頗有「買賣不成仁義在」的意涵，後來應用範圍甚至擴大到人事應對、生意買賣等方面，由此可以斑見其社交功能。不僅如此，本地尚有多處與檳榔相關的地名，如檳榔街、檳榔坑和檳榔腳。〔註268〕檳榔的功能性與其他物產相較，對於臺灣早期社會影響層面之廣泛，可謂無出其右者。

4. 金線蓮

金線蓮爲重要的藥用植物，屠繼善在縣志〈物產‧藥之屬〉項下形容此草：

> 葉青紫色，圓如豆版，籐生布地。性涼。產內山番社。據採訪云：「蔓延叢草中，一見即取，轉盼不復見矣」。近時番割持沽者，多贋。
> 〔註269〕

不僅如此，前揭屠詩之八則以金線蓮爲對象，敘述作者在山中見到此物的感發，詩云：「瞥見番山金線蓮（草名，性涼，人皆珍之），霎時掬取莫流連！」金線蓮產於深山番地，因爲「性涼」，全株可藥用，具有清涼退火、解毒、降壓之療效，〔註270〕故「人皆珍之」，「一見即取」，否則「轉眼無從覓」。正因人們競相採擷的結果，使山中金線蓮的數量變得相當稀有，是以當時原住民持與漢人交易者，已多半爲贋品所瓜代，由此可知金線蓮在本地的價值。因此，屠氏遂以方言「阿妳」（如此也）謂瑯嶠地方連草（此指金線蓮）亦是「仙」的結論，此「仙」字猶言「寶」字，頗有稱美恆春遍地皆寶之意。

（八）尾章之作

翁聖峰認爲清代臺灣竹枝詞各章的組成方式，就創作動機的交代與否約略可以分成三大類，第一種是各章作品的內容各自獨立，沒有統屬關係；第二種是在作品的前面或後面一首敘述創作動機，其他各章才實際述記土風；第三種是以序言的方式加以表達。〔註271〕三組恆春竹枝詞屬於第二種組成方式，在各組聯章之末皆可見到作者交代創作動機或總結全篇的內容，其作用

〔註268〕有關檳榔的地名所在，分見於施添福總編纂，臺灣省文獻委員會採集組編輯：《臺灣地名辭書‧卷四‧屏東縣》，頁185、233、239。
〔註269〕見屠繼善：《恆春縣志》，頁161～162。
〔註270〕見賴顯松編輯：《臺灣原住民族藥用植物圖鑑》（臺北市：行政院原住民族委員會，2009年），頁81。
〔註271〕見翁聖峰：《清代臺灣竹枝詞之研究》，頁160。

近於全篇的引子或尾章，對通篇起到關照全局的效果。三者不約而同都有尾章之作，顯然是恆春竹枝詞作者群刻意所爲的結果。康詩尾章云：

> 我今託跡恆之湄，課罷閒來寫竹枝；
>
> 寫得竹枝關底事，聊將俚語當新詩。〔註272〕

頗類一篇短序，因「竹枝關底事」，故不避俚語，得以將課書之餘的見聞寄情於竹枝。胡詩尾章云：

> 書劍飄零到海陬，乾坤何處寄閒愁？
>
> 竹枝詞託鴻泥意，滄海茫茫空自流！〔註273〕

具有爲全篇收尾的意味，同時含有羈旅愁緒之嘆。而負責編修縣志的屠氏則透露出以他鄉做故鄉的想法，總結到此宦遊的心得，其尾章云：

> 恆春名義似非虛，無夏無冬仙子閭；
>
> 番不殺人風不颶，何妨就此作蝸居。〔註274〕

本詩兼談恆春的氣候和風土。詩的前半指出恆春名實相副，四季氣候如春，足堪媲美神仙居所。詩的後半認爲只要「番不殺人」且「風不颶」，甚至不妨終老於此。實則，本地氣候「無夏無冬」，十分宜人，可謂「仙子閭」，所困擾者唯兇番殺人和風災肆虐。「番不殺人」係因本地猶聞原住民出草殺人，蓋本地設治以後，漢人大量入墾，導致原漢族群衝突不斷，縣志乃有〈兇番〉一項，錄下原住民「截殺兵民」和「屢出殺人」的事件，以及官府處置的經過。〔註275〕而「風不颶」的「風」並非專指落山風，本地的季節風除了冬春之際的落山風外，夏秋兩季尚有「無年不有，分大小耳」的颶風，「颶風一來，則瓜、菜鮮有入市矣」，颶風爲患的情形如下：

> 其來也，海水奔騰澎湃，作百折廻波狀，若起怒蛟。鄉人以其水險
>
> 惡，因號龍湫水。舟人不知戒備，恒罹其災。〔註276〕

落山風越山而下，颶風來自海上，兩者都對本地社會生態帶來不同的影響，使人留下深刻的印象。屠氏所言，可說在相當程度上代表當時漢人對於本地風土的共同心聲。

〔註272〕見屠繼善：《恆春縣志》，頁248。

〔註273〕見屠繼善：《恆春縣志》，頁250。

〔註274〕見屠繼善：《恆春縣志》，頁249。

〔註275〕見屠繼善：《恆春縣志》，頁287～295。

〔註276〕見屠繼善：《恆春縣志》，頁2。

三、原住民竹枝詞

屏東地區是個多元民族的社會，包括中國漢人和原住民族。原住民族以鳳山八社平埔族群和高山族群爲主，高山族群則以排灣族（Paiwan）爲大宗，還有魯凱、阿美和卑南等族。陳香所編的《臺灣竹枝詞選集》收錄兩組有關原住民風物的竹枝詞，一爲〈朱阿里仙族竹枝詞〉（五首），另一爲〈排灣族竹枝詞〉（八首），觀其內容皆與排灣族有關，茲分述於下：

（一）朱阿里仙族竹枝詞

據陳香所記〈朱阿里仙族竹枝詞〉的作者爲黃式度，惟陳氏選集並無此人的生平介紹。至於朱阿里仙族的相關資料，陳香亦未曾交代清楚，僅註云：「朱阿里仙族，分佈於中央山脈南段西側，當屏東縣屬之三地門一帶。民族學者則認係排灣族中之一族群。」〔註277〕陳氏云朱阿里仙族分佈於屏東縣三地門一帶，蓋此地向爲排灣族的祖居地，而排灣族名係取自部落之名（Payuan，即下排灣社），日治時期的人類學者森丑之助曾誤把排灣、魯凱和卑南等族歸類爲同一族群，而拼稱爲查利仙（Tsalisien），即後來所謂的「排灣群諸族」。〔註278〕由於朱阿里仙和查利仙發音相近，日人森丑之助對於排灣族群的命名，或從朱阿里仙之音轉化而來。然而，有論者指出朱阿里仙族乃今日的魯凱族。〔註279〕蓋魯凱族群分佈在本縣的三地門鄉和霧臺鄉、高雄市茂林區多納村，以及臺東縣卑南鄉大南村、金峰鄉等地，以本縣的霧臺鄉人口數最多。從魯凱族群分佈的地緣關係推斷，此說確有其可能性，因無法判定「朱阿里仙族」係今日之排灣族或魯凱族，故一併引錄於此，以供後來研究者的參考。

根據方志所記黃式度的生平極爲有限，僅知其字致廣，福建晉江人士，康熙十九年（1680）舉人。康熙三十年（1691），任鳳山縣儒學教諭，校訂《臺灣府志》（高志），秩滿調陞山西汾州府臨縣知縣。〔註280〕黃氏來臺擔任鳳山

〔註277〕見陳香編著：《臺灣竹枝詞選集》（臺北市：臺灣商務，2006年），頁54。

〔註278〕有關排灣族名稱由來和定位的論述內容，可參見童春發：《臺灣原住民史‧排灣族史篇》（南投市：臺灣省文獻委員會，2001年），頁7～11。

〔註279〕據林俊宏引述日人伊能嘉矩、鳥居龍藏、鈴木質和移川子之藏等學者的研究資料，「調查發現朱阿里仙族的體質、語言、風俗習慣等方面與排灣族不同，有獨立存在的必要，乃稱之爲魯凱族（Rukai）。」上述說法見林俊宏：〈屏東竹枝詞的文化觀察〉，《屏東文獻》第16期（屏東市：屏東縣政府文化處，2012年），頁46～47。

〔註280〕見王瑛曾：《重修鳳山縣志》，頁238。

縣儒學教諭，學官的首要職責在協助地方官員行政，實際負責推動地方的文
教活動，既要推動地方文教，當然必須熟悉當地的民情和風土。因此，清代
臺灣竹枝詞的作者群便可見到多位儒學教官的身影。〔註281〕只是當時鳳山縣
猶附署於臺南府城辦公，負責推動鳳山縣教化事業的黃氏是否曾親履朱阿里
仙族所在地區（今屏東縣三地門鄉或霧臺鄉），著實令人懷疑，而且此批竹枝
詞並未見諸其他方志文獻，編者陳香對於原始出處的交代，同樣付之闕如。

　　此外，必須提到一個有關臺灣文學發展史的嚴肅課題。目前學界普遍認爲
清代臺灣竹枝詞的首位作者是康熙三十六年（1697）來臺採辦硫磺的郁永河，
倘若黃式度的〈朱阿里仙族竹枝詞〉屬實，並非後人託名僞作，而且是在其寓
臺時期所作，則該組作品的寫作時間當早於郁永河所作的竹枝詞數年。果然如
此，那麼將中土竹枝詞引進臺灣的首位文人和清代臺灣竹枝詞最早的創作年份
等古典文學課題的歷史敘述，勢必重新加以認定和改寫，而黃式度的竹枝詞將
是未來屏東文學史冊最值得一書之處。不過，因爲缺乏更多的文獻資料進行佐
證，目前僅能做此一假設性的推論。以下逐一論述黃氏的作品內容。

　　黃氏的〈朱阿里仙族竹枝詞〉共五首，其一云：

　　　冠羽腰刀異漢人，聱牙聞問亦振振。

　　　葛天氏裔桃源住，飲血無多似較馴。〔註282〕

首句形容男性原住民的裝扮異於漢人，「冠羽腰刀」是漢人對於男性原住民服
飾最常見的描寫，在郁永河和胡澄等宦遊者筆下都可見到類似的字句；次句
描述原住民的語言詰屈聱牙難懂；接著稱阿里仙族人爲上古葛天氏的子民，
並認爲該族「飲血無多似較馴」。在早期漢人的文化認知裡，以爲臺灣原住民
過著「茹毛飲血」的野蠻生活，此係中土漢人的偏知偏見，而本地朱阿里仙
族卻飲血無多，暗指該族性情溫和、不好殺戮，因而「似較馴」，惟「馴」字
仍見貶意。

　　其二云：

　　　獨來獨往獵還漁，終竟沿陂聚族居。

　　　本屬山神嬌子女，何時卻復競荷鋤。〔註283〕

〔註281〕有關清代臺灣竹枝詞作者的背景，可參見翁聖峰：《清代臺灣竹枝詞之研究》，
　　　　頁192。
〔註282〕見陳香編著：《臺灣竹枝詞選集》，頁54。
〔註283〕見陳香編著：《臺灣竹枝詞選集》，頁54。

本首描述族人沿山聚族而居，過著漁獵的生活，後來卻轉變成農耕的型態。其實，臺灣的高山原住民族仍有從事粗耕或游耕的農業生產，並非全然依靠捕魚和打獵維生，以排灣族的飲食習慣為例，該族以旱田所生產的米、小米、甘藷及山芋為主食，尤以山芋為最常見的食物，並且配合畜養、狩獵、捕魚和採集食物等。〔註284〕

其三云：

　　水生蛤貝土生梨，三地門中樣樣齊。

　　莫說荒幽無福享，蟲呼鳥答勝鷄啼。〔註285〕

本詩言三地門的物產有水產蛤貝和山果土梨。啓人疑竇的是，詩中所提「三地門」乃是後出的現代地名，蓋本地在康熙朝名為「山豬毛」。康熙五十四年（1715），覺羅滿保總督閩浙時，為表述自己在臺灣的「撫番」業績，其〈題報生番歸化疏〉便提到「（臺灣）南路生番山豬毛等十社土官匪目等共四百四十六戶、男婦老幼計共一千三百八十五名口，……俱各傾心向化，願同熟番一體內附」，〔註286〕可知當時本地的主要部落被稱為「山豬毛社」，是清領初期臺灣南路十個歸化的生番社群之一。

其四云：

　　聚族相安近百年，四時花艷盡春天。

　　蠻妹遠比姿娘媚，嚮馬翩翩俊秀全。〔註287〕

本首寫朱阿里仙族人安居此地百年，四季花艷如春，詩註「泉人呼婦為姿娘，嚮馬，喻矯健之少年也」，形容族人男俊女媚。

其五云：

　　不濡惡習不趨炎，知足生涯好在恬。

　　一啗芋魁眞活計，鶉衣垢面總沾沾。〔註288〕

敍述朱阿里仙人雖然蓬頭垢面，依靠芋田維持生計，卻能生活知足，頗有呼應其一所云「葛天氏裔」之意。

黃氏筆下的朱阿里仙人，聚族於三地門一帶，此地昔名「傀儡山」（今大

〔註284〕參考自田哲益：《再現臺灣》第58期〈排灣族〉（臺中市：莎士比亞文化事業，2007年），頁36。

〔註285〕見陳香編著：《臺灣竹枝詞選集》，頁54。

〔註286〕見王瑛曾：《重修鳳山縣志》，頁341～342。

〔註287〕見陳香編著：《臺灣竹枝詞選集》，頁54。

〔註288〕見陳香編著：《臺灣竹枝詞選集》，頁55。

武山脈），山中「內多野番，性極驚悍」。〔註289〕惟觀詩中所述該族習性近於平埔族，與方志所記大相逕庭。

（二）排灣族竹枝詞

陳香所錄〈排灣族竹枝詞〉，作者袁維熊，江西樂平人。清朝末季，由於外患頻仍，列強窺臺日亟，外人屢有藉口番害尋釁，清廷為根除番害，鞏固海疆邊防，遂於同治十三年（1874）解除臺灣鎮山禁令，全面推行開山撫番政策，分南北中三路進行，開通中央山脈橫貫道路，以加強臺灣東、西部的聯絡。是年七月，袁氏奉命勘查南路，由埤南率領埤南、呂家望、知本社各番目前探，由虷子崙西經諸也葛，踰崑崙坳，出鳳山之赤山路。歷充綏靖軍正哨長，積功保千總。光緒八年（1882），積勞病故於巴塱衛防營。〔註290〕陳香謂「袁氏雖厠身行伍，頗有文墨，踏勘後山通路時，將途中所見所聞，紀為竹枝詞數十首，惟僅遺存排灣族竹枝詞八首而已，餘皆散佚。」〔註291〕

其中，袁氏所「踰崑崙坳」之古道，係由海防同知袁聞柝率領清軍和沿途排灣族部落協力開闢完成，以鳳山郡城為起點，經過芎蕉腳庄、鳥鼠洲庄、兩魚山、雙溪口、內社、崑崙坳、大石巖、諸也葛、矸仔崙、大貓裏，至卑南覓（今臺東縣金崙鄉），穿越中央山脈尾閭，打通屏東至臺東的山路，全長約一百零五公里，斯為清代臺灣第一條開山撫番的道路。〔註292〕作者筆下的排灣族，當為分佈於崑崙坳古道並協力開路的部落。陳香復註云：「排灣族，分佈於中央山脈南段兩側，以迄臺灣本島南端，跨屏東、臺東兩縣山地。今臺東之太麻里、大武一帶，據云即排灣族發祥地。」〔註293〕

袁氏為南路開道先鋒，深入漢人足跡罕至的中央山脈南段，跨越屏東和臺東兩縣，所經之地盡是高山原住民族群的活動範圍，將沿途見聞風土以竹枝紀存，對於臺灣文學和文獻資料而言，殊為珍貴。今僅存〈排灣族竹枝詞〉八首，其一云：

〔註289〕見李丕煜：《鳳山縣志》（南投市：臺灣省文獻委員會，1993 年），頁 6。
〔註290〕有關袁維熊之生平事略，參考自胡傳輯：《臺東州採訪冊》（臺北市：國防研究院，1968 年），頁 73。
〔註291〕見陳香編著：《臺灣竹枝詞選集》，頁 66。
〔註292〕有關崑崙坳古道的資料，可以參考楊南郡：《臺灣百年前的足跡》（臺北市：玉山，1996 年），頁 127～138。
〔註293〕見陳香編著：《臺灣竹枝詞選集》，頁 67。

洪荒舉族出流沙，歷徧驚濤返海涯。

本屬炎黃支派下，英雄風範一枝花。〔註294〕

本詩重點在敘述排灣族人的來源，作者認爲該族「本屬炎黃支派」，在史前時代從中國渡海而來。詩後註云：「排灣族自稱爲炎黃遺裔，洪荒時代向南流徙，至越南，後又渡巴士海峽至臺東之巴塱衛，獨立繁衍爲一族群。其特徵爲爽朗，有英雄氣概。」從目前的文獻論述來看，臺灣原住民從何而來，最常見的說法有三種：日本學者的南來之說、中國學者的大陸之說、以及近代語言學者有謂臺灣即爲南島民族的原住地之說。〔註295〕註云排灣族爲「炎黃遺裔」，此說顯然是中國漢人的觀點。蓋排灣族本身的始祖創生傳說十分複雜，可概分爲壺生說、太陽卵生說、竹生說、石生說與蛇生說等多種，〔註296〕由於本文重點並非在探索排灣族的起源，於茲略去不述。

其二云：

階級年齡永不泯，平民頭目自知遵。

藍紅黑色歸頭目，淺黑天藍是平民。〔註297〕

本詩言排灣族傳統的社會階級制度，可以從服色區分頭目和平民之別，其註云：「排灣族階級年齡固守不變，貴族平民各尊本分，所著服色亦然。」排灣族並不是一個人人平等的社會，而是依照出生身份的差異歸屬於不同的社會範疇。簡而言之，排灣族的社會階層特徵，就是頭目（貴族）和平民的區分，甚至在泰武鄉的某些部落還存在著低於平民的佃農階級，大多是曾犯嚴重錯誤者及其後代所組成。〔註298〕雖然如此，排灣族的階級制度並非永遠固定不變，族人可以透過「越級婚姻」造成縱向的社會階級流動，藉以改變既有的身份階級，如平民以富聘得與貴族進行婚配，其婚生子女便可取得較高的身份地位。〔註299〕排灣族的服飾以藍色和黑色爲主，只有喜慶才改成紅色，而紅色系列則是受到鄰近阿美族的影響。因爲排灣族具有嚴格的階級制度，族人穿著的服色亦有相對限制，如頭目所用布料爲深

〔註294〕見陳香編著：《臺灣竹枝詞選集》，頁67。

〔註295〕參考自童春發：《臺灣原住民史‧排灣族史篇》，頁18。

〔註296〕有關排灣族創生傳說與神話可以參考達西烏拉彎‧畢馬（田哲益）：《臺灣的原住民——排灣族》（臺北市：臺原，2002年），頁10～28。

〔註297〕見陳香編著：《臺灣竹枝詞選集》，頁67。

〔註298〕參考自譚昌國：《排灣族》（臺北市：三民，2007年），頁40。

〔註299〕參考自譚昌國：《排灣族》，頁43。

黑、深藍或大紅色，平民則限用淺黑、淺藍或白色。〔註300〕本詩後半所言服色歸屬的情形，大抵無誤。百餘年前，袁氏已經記錄排灣族社會的階級世襲制度，而以服色區分身份階級的規矩，則間接透露出該族已具有織布和染布技術的訊息。

其三云：

> 排灣不若眾番兇，獵獸撈魚亦解農。
>
> 男女辛勤無怨懟，奔勞踐踪各從容。〔註301〕

本詩形容排灣族性情溫和，過著漁獵兼農耕的生活，男女分工，辛勤奔勞，各守本分。黃式度詩提到朱阿里仙人「飲血無多似較馴」、「知足生涯好在恬」，可與本詩遙相呼應。黃氏和袁氏筆下的原住民形象，竟比其他清代中國宦遊人士要客觀平實許多。

其四云：

> 敬老同時敬武人，英雄族內視如神。
>
> 年高本有年高福，威武長教炫族鄰。〔註302〕

臺灣原住民社會向來有敬老崇武的傳統，排灣族亦然；族內年長者享有禮遇，而英雄勇武者往往受到族人的崇敬。

其五云：

> 男婚女嫁有成規，父母無聲不敢私。
>
> 縱使兩情深歡洽，亦須依例送蘇粢。〔註303〕

本詩敘述排灣族的婚禮習俗。前兩句言及排灣族婚禮有一定的規矩，必須經由父母作主，兒女方可結婚。漢人結婚有「六禮」之俗，包括納采、問名、納吉、納徵、請期和親迎等儀式，而排灣族的結婚程序與漢族婚禮相較並不遑多讓，必須經過定情、求婚、訂婚、送柴薪禮、送聘禮、跳舞祈福、造橋修路、盪鞦韆和成婚等繁瑣過程。〔註304〕後兩句指出即使是男女雙方情投意合，仍須按照禮俗贈送「蘇粢」，詩註云：「排灣族以蘇粢（米粿）為大禮，婚喪喜慶皆具；檳榔等物次之。」此物類似漢人的「麻糬」，排灣族語為「金

〔註300〕參考自達西烏拉彎・畢馬（田哲益）：《臺灣的原住民——排灣族》，頁176～178。

〔註301〕見陳香編著：《臺灣竹枝詞選集》，頁67。

〔註302〕見陳香編著：《臺灣竹枝詞選集》，頁67～68。

〔註303〕見陳香編著：《臺灣竹枝詞選集》，頁68。

〔註304〕參考自達西烏拉彎・畢馬（田哲益）：《臺灣的原住民——排灣族》，頁206。

伯樂（Kinper）」，以小米打成麻糬狀，用豬肉為餡，是排灣族和魯凱族婚禮的傳統聘禮。〔註305〕從本詩所云，可以旁知排灣族和平埔族的婚姻習俗有所不同，平埔族對於男女戀愛和婚姻選擇的態度顯得較為自由、開放，平埔族女子到了適婚年齡，只要雙方情投意合，無須家長作主，便可自擇所愛，如郁永河詩云：「女兒纔到破瓜時，阿母忙為構室居；吹得鼻簫能合調，任教自擇可人兒。」〔註306〕

其六云：

　　歌舞閒來每共娛，不分老少不偏枯。

　　鈴聲節奏迴天籟，病苦長年有若無。〔註307〕

本詩敘述排灣族的歌舞。詩註云：「排灣族歌舞時，婦女慣於裙褲繫滿小銅鈴，以節奏協舞步。」排灣族人善於歌舞，舉凡工作、求偶和祭典莫不「歌之舞之」。當排灣族人進行舞蹈時，雙手及背後掛有小銅鈴，一跳而鈴聲與歌聲節奏合拍。〔註308〕在熱鬧歡樂氣氛的感染下，即使久病嬰身亦「有若無」，得到相當程度的慰藉，可見排灣人活潑樂天的民族性。

其七云：

　　人死當天哭泣悲，布條緊束死人屍。

　　巫師潑酒祈天地，巨石封墳了葬儀。〔註309〕

本詩言排灣族葬禮。其註云：「排灣族有用布或毯包紮死者屍體風俗。運屍至山中，挖七尺深之土穴埋之，並將死者平時衣物用具殉葬，然後蓋以大石，始算儀式結束，而至親亦從此不再哭矣。」此說並不確然。古代排灣族的傳統葬禮，行室內葬，也就是將死者埋在自家屋內的風俗。早期的排灣族人在家屋內挖掘長、寬約三、四尺，深五、六尺的土穴，以布或毯包紮死者屍體，屈肢而葬，上襯石板。日治以後，當局以不潔和野蠻為由，強力疏導改行室外葬，室內葬之風俗因此漸泯。〔註310〕陳氏所註，明顯為後來改良的室外葬，斯有以今論古之嫌，失之於武斷。

其八云：

〔註305〕參考自達西烏拉彎‧畢馬（田哲益）：《臺灣的原住民──排灣族》，頁160。
〔註306〕見郁永河：《裨海紀遊》，頁44。
〔註307〕見陳香編著：《臺灣竹枝詞選集》，頁68。
〔註308〕參考自達西烏拉彎‧畢馬（田哲益）：《臺灣的原住民──排灣族》，頁233。
〔註309〕見陳香編著：《臺灣竹枝詞選集》，頁68。
〔註310〕參考自達西烏拉彎‧畢馬（田哲益）：《臺灣的原住民──排灣族》，頁222。

　　排灣密密擁峰巒，巴塱衛連射牡丹。

　　或問誰先誰後至，發祥地帶一沙灘。〔註311〕

本詩敘述排灣族群分佈的區域和發源地。袁氏負責由西向東「鑿空」臺灣南路的任務，從屏東端穿越中央山脈南段直達臺東端，沿途山巒連綿不斷，盡是排灣族的屬地，可以想見當年開路工程之艱辛，其詩註云：「巴塱衛即今之臺東縣大武，位於中央山脈南段東側；射牡丹即今之屏東縣牡丹，位於中央山脈南段西側。兩地相距數十里。」排灣族為臺灣原住民第三大族，其族群主要分佈於中央山脈南端的東西兩側山地，向南延伸至恆春半島。以現在的行政區域來看，排灣族群分跨屏東和臺東兩縣，次句所言「巴塱衛連射牡丹」，正指出排灣族群大致分佈的區域。由於排灣族分佈的範圍極廣，在屏東境內的支群又可概分成拉瓦爾亞族（Ravar），以及布曹爾亞族（Butsul）的北部排灣和南部排灣，「射牡丹」所在地屬於南部排灣，而臺東境內的支群則是東部排灣，「巴塱衛」所在地屬於此支群。〔註312〕位於中央山脈兩側的排灣族各支群，對於自己祖先的發源地和遷移路線都有不同的傳說，是以「誰先誰後至」目前尚未有定論。詩人在末句述及排灣族「發祥地帶一沙灘」，用意在連結「歷徧驚濤返海涯」的說法，認為排灣人來自於海上。由於本文旨非考證，於茲不予論述。

小　結

　　東港竹枝詞和恆春竹枝詞皆為聯章作品，前者為本土文人所作，後者為外地文人所作，因為作者的籍貫不同，所注視的重點不同，使兩地竹枝詞在書寫內涵上呈現出截然不同的風格。

　　蓋竹枝詞是近體詩的變體，適合用來鋪陳風土民情，本質上是以記事和記實的記述詩。卓肇昌為鳳邑文人，生於斯、長於斯，對於本土的風物、人情和語言並不陌生，自然不可能以新鮮獵奇的心態觀覽東港的土俗瑣事，對於當地方言、民俗、氣候和物產更不會刻意加以著墨，而是改為精心描繪本地的水色風光。論者雖謂其竹枝詞具有「客觀的寫景，詞卻雅緻」的風格，〔註

〔註311〕見陳香編著：《臺灣竹枝詞選集》，頁 69。

〔註312〕有關排灣族群的地理位置與支群的分佈情形，係參考自童春發：《臺灣原住民史·排灣族史篇》，頁 12～18。

〔註313〕見翁聖峰：《清代竹枝詞之研究》，頁 104。

313）惟細究東港竹枝詞的內容，詩人對於東港山光水影和朝陽夕春的變化有細緻的描寫，顯示其人曾經親歷其地，而在寫景之外，兼有抒情的成分，並非全然客觀的寫景。進一步言，卓氏的東港竹枝詞刻畫細微，用詞典雅，集寫景與抒情的創作手法，允為其風土詩的特色之一。

　　恆春竹枝詞的作者群皆為宦遊人士，從中國內地渡海來此，驚異於臺灣風土之奇，所作內容以記錄風土、民俗和人情為主，不僅以方言和口語入詩，還可見到本地獨特的氣候和物產。同時，為使人明白本地風土、民情殊於內地之處，以便「他時說與鄉人聽，多恐疑吾語未真」，〔註314〕往往自註加以說明，此舉雖肇始於郁永河，日後卻常被宦遊者所仿效，成為臺灣竹枝詞的特色之一，而卓肇昌並非外來者，是以東港竹枝詞並未見到此種特殊的書寫方式。此外，恆春設治以後，漢人紛紛移墾，加上原住民族群，使本地成為五方雜處的移民世界。於是，原住民的生活樣貌和中國移民生態，以及原漢族群之間的各種社群互動，也成為這些外來文人的另一個書寫重點。

　　整體而言，卓肇昌側重在當地景物的描寫，而宦遊者則在記述當地風土的奇異。卓氏所作東港竹枝詞形似寫景絕句，情感內斂，用詞雅致，可謂創格，惟其內容未能充分勾勒出東港的地方特色，無法使人對於當地風物和民情感到新奇，失去竹枝采風的活潑意義。反而是外地文人所作恆春竹枝詞，語言質樸，清新自然，內容生動而多元，較能凸顯當地人文和風物的特色，斯為本土和外地文人書寫竹枝詞的明顯差異所在。然而，從另一個角度思考，當臺灣文人到他鄉宦遊時，見到殊異於故鄉的風物和民情時，也必然以新鮮獵奇的觀覽心態將當地的特殊風土發為竹枝詞。

　　至於陳香所錄兩組的原住民竹枝詞，兩位作者同為宦遊人士，一在清領前期，一在清領末期，俱以原住民為書寫對象，所述內容與本地排灣族的風土、民情和習俗有密切的關係，具有地方文學的特色，自有其保存的價值。然而，如前所述，由於兩組聯章的來源不明，真偽情形待考，惟在更多佐證資料出現之前，暫將兩組竹枝詞收入本文，以為清代屏東古典文學的參考資料，斯為後起研究者必須留意之處。

〔註314〕見王建竹主編：《臺中詩乘》（臺中市：臺中市政府，1976年），頁243。

第四節　記遊詩

　　清代記遊屏東的作品並不多，僅十餘首，其中以陳輝、卓肇昌和林樹梅所作最為完整，三人所處的主要時代分別為乾隆朝和道光朝，卻以不同的陳述角度和創作技巧記錄旅次屏東所得。本節以陳輝、卓肇昌和林樹梅所作詩歌為論述對象。

一、陳輝的記遊詩

　　陳輝，字旭初，號明之，臺灣縣人，乾隆三年（1738）戊午科舉人，生卒年不詳，約出生於康熙後期，主要活動時間在乾隆時期，著有《旭初詩集》。〔註315〕乾隆六年（1741），巡道劉良璧聘任分輯《重修福建臺灣府志》；乾隆十三年（1748），與劉蘭俊呈〈養鴨示禁碑〉；乾隆十七年（1752），臺灣知縣魯鼎梅邀其編纂《重修臺灣縣志》。善文工詩，好遊歷，所至必有詩，連橫有云：「先是有陳輝者，亦撰臺灣賦一篇，而詩尤工；舊志載之。」〔註316〕現存詩四十七首，畢見於《全臺詩》，本文所引作品俱以此書為據。〔註317〕

　　由於陳輝曾參與臺灣方志編纂，是以作品多錄於方志，其詩頗見閒詠遊覽之作，從詩題加以判斷，可知其足跡遍及南臺灣，除臺南和高雄一帶，甚至遠達東港和瑯嶠地區。目前所見的作品，可概分成四類：其一，在臺南地區的生活描寫，如〈春日遊海會寺〉、〈寧靖王祠〉、〈登赤嵌城遠眺〉、〈五妃墓〉、〈鎮北門晚眺〉和〈赤嵌夕照〉等屬之；其二，係自府城渡海赴中國應試的路線記錄，如〈鹿耳門夜泊〉、〈舟再泊月眉灣〉、〈鷺江即事〉、〈龍湖巖〉、〈泊澎湖西嶼〉和〈渡安平〉等屬之；其三，則是遊歷府城以南地區的寫實作品，如〈二贊行溪〉（五律、七絕各一）、〈半路竹〉、〈五里林〉、〈鳳山春眺〉、〈鳳山道中〉、〈九日登龜山〉、〈過埤頭店〉、〈宿放索社口〉、〈鼊興溪〉、〈東港渡〉、〈東港〉、〈琉球山〉和〈瑯嶠山〉等屬之；其四，為自表心跡的抒懷創作，如〈小齋〉、

〔註315〕見許惠玟選注：《陳輝‧章甫集》（臺南市：臺灣文學館，2011 年），頁 15。
　　　　特別說明的是，陳輝的《旭初詩集》，係由連橫從各種方志文獻收錄三十餘首詩歌結集而成，刊載於《臺灣詩薈》，並非由陳輝本人或其後人所刊行的別集。
〔註316〕見連橫：《臺灣通史》（臺北市：眾文圖書，1979 年），頁 976。
〔註317〕陳輝詩作散見於各方志和詩家所輯，惟諸家收錄數量不一，而以《全臺詩》尤多，計有四十七首。其作品請參見全臺詩編輯小組編撰：《全臺詩》第貳冊，頁 186～202。

〈買隱〉、〈中秋書感〉、〈秋吟〉、〈自題〉和〈擬古〉等屬之。〔註318〕

　　第一類作品描繪陳輝在臺南地區的生活環境，極可能與詩人是「臺灣縣人」的身份有關；第二類作品係因陳輝曾渡海求取功名，顯示詩人具有海洋旅行的經驗；第三類作品可知陳輝的足跡遍及臺南、高雄和屏東等地區，據此推斷詩人主要的活動範圍集中在南臺灣；第四類作品雖然無法辨識地名，卻可以展現出詩人的心路歷程。有關屏東地區的作品共有六首，分別是〈宿放索社口〉、〈龜興溪〉、〈東港渡〉、〈東港〉、〈琉球山〉和〈瑯嶠山〉，五七言和律絕體皆有，茲分述於下。

　　其〈宿放索社口〉云：

　　　　十里荒荊路欲迷，停車小住傍巖棲（地去傀儡山十餘里）。

　　　　山當傀儡煙常冷，地接琉球月更低

　　　　（南路八社，惟放索極南；近海中琉球山）。

　　　　蠻曲偏驚春夜裡，漁燈散點海涯西（其西，悉漁人所居）。

　　　　行人到此渾無寐，夢斷詩成聽野雞。〔註319〕

本詩主要敘述作者夜宿放索社郊外，羈旅難眠的特殊經驗。放索社位於林邊鄉水利村，為鳳山八社之一，因為地處極南，詩人到此幾乎迷路。由於放索社臨山面海，短暫停車山邊休息之際，臨海眺望漁火，傀儡山和小琉球皆觸目可及。入夜傳來放索社人的樂曲，即便是出身於臺南地區的詩人都有奇異的感受，因而無法入眠，故言「行人到此渾無寐」，遂提筆將此一情景記錄下來。詩成之後，野雞鳴晨，天色已明。

　　其〈龜興溪〉云：

　　　　蘆漪人欲渡，幾曲龜興溪。淺沚飛沙鳥，深蓬叫野雞。

　　　　嵐橫卑濕地，路入水雲蹊。應是極南處，村遙草露迷。〔註320〕

本詩內容多為寫景之句。首聯寫龜興溪邊景致，在河曲處，行人欲覓渡頭，只見蘆葦茂密，搖盪如波；頷聯為動態描寫，沙灘鷗飛，草叢雉啼，凸顯河邊蓬勃生意，兼具視覺和聽覺美感；頸聯轉為靜態描述，霧籠沼澤，路轉迷濛；尾聯呼應首聯，詩人推斷村落應在更遠的南邊，卻因溪邊的蘆草長得太過茂盛而無法尋得正確路徑。

〔註318〕參考自許惠玟選注：《陳輝‧章甫集》，頁17。
〔註319〕見全臺詩編輯小組編撰：《全臺詩》第貳冊，頁194。
〔註320〕見全臺詩編輯小組編撰：《全臺詩》第貳冊，頁194。

　　從現在的地圖已經無法找到昔日龜興溪的蹤跡，僅可透過成書於乾隆中葉的《重修鳳山縣志》約略判讀出其相關位置，其記載云：

　　東南之水支分派別，旁汊雜流，不可紀名。南爲關帝港，東爲茄藤港；二流合抱迴環，注於龜興港，而放索溪之水入焉，歸於海。

　　關帝港，在港東里，縣東南五十里。源出內山，合茄藤、龜興、放索等溪流，入於海。中多洲渚田園。

　　茄藤港，在港東里，縣東南四十五里。水道深，小舟往來。中有汛防（別見「汛防」部）。

　　肩龜興港，在縣治東六十里。海水流入，與諸溪會，爲諸溪尾閭。

〔註321〕

從上述記載可以推知，龜興港即今日的大鵬灣，其汊流有關帝港和茄藤港，茄藤溪、龜興溪和放索溪皆注於此，爲東南諸水會流之處，與大海相通。康熙年間，官府爲防止漢人偷渡，在此地設水師防汛，是爲茄藤汛和放索汛。〔註322〕到了光緒年間，龜興港易名爲南平港，日治時期稱爲大潭，國民政府遷臺後，改名大鵬灣。詩人所寫的龜興溪，尚可見於乾隆年間的文獻記載，而割臺前成書的《鳳山採訪冊》卻已不復見到該溪之名，屏東平原本係沖積平原，下游之地歷經百餘年的自然地理變化，或有滄海變成桑田之可能。

　　其〈東港〉詩云：

　　漁人幾處學吹簫，海色蒼蒼弄晚潮。

　　一片山間明月上，滿堤寒影渡橫橋。〔註323〕

本詩寫東港夜間的景致。東港在清代是一大港口，爲下淡水平原經濟作物輸出到中國內地的重要據點。乾隆時期，「港道甚闊，可通巨艦。有商船到此裝載米、豆貨物」；〔註324〕光緒年間，「內地商船往來貿易，爲舟艘輻輳之區。」〔註325〕在在顯示本地貿易活動興盛且歷久不衰。詩的前半寫當地漁人在夜間捕魚，詩人在岸邊觀看晚潮起伏，海上傳來幾許簫聲；詩的後半轉入寫景，一輪明月高懸，月光映照在堤防和橋上，與潮聲和簫聲相襯，營造出寒冷蕭瑟的氣氛。

〔註321〕見王瑛曾：《重修鳳山縣志》，頁 24。
〔註322〕見王瑛曾：《重修鳳山縣志》，頁 196。
〔註323〕見全臺詩編輯小組編撰：《全臺詩》第貳冊，頁 195。
〔註324〕見王瑛曾：《重修鳳山縣志》，頁 22。
〔註325〕見盧德嘉：《鳳山採訪冊》，頁 64。

其〈東港渡〉云：

　　斜帆臨野渡，水漲海涯東。草色連長岸，嵐煙聚短篷。

　　山山春雨霽，樹樹夕陽紅。欲向津頭問，桃源路可通。〔註326〕

前兩聯寫渡口近景，第三聯寫山林遠景，末聯則遐想目之所及的外嶼。斜帆水漲，草木嵐煙，長隄短篷，詩人把東港渡口的近處水色寫得風光十足。而春雨之後的黃昏，山山明淨而青翠，樹樹通紅如金粉，詩人將東港渡口的遠方山光寫得嫵媚無比。最後透過聯想的功夫，詩人遐思渡口之外存在著另一處桃源世界——小琉球。經此幻想，更爲前三聯的實景製造一個令人嚮往的想像空間，在虛實交錯的描寫之下，也爲東港渡口增添浪漫的色彩。

其〈琉球山〉云：

　　翠嶼孤懸在水隈，青蔥疑是小蓬萊。

　　雲連遠影嵐光動，日映高峰海色開。

　　恍惚鰲游千尺水（予到海岸，望山下水高數仞，浪激過於山），蒼茫浪激數聲雷。

　　信知南極瀛壖地，物產猶傳鸚鵡杯（山出鸚鵡螺，土人磨以爲酒杯）。

　　〔註327〕

本詩首聯點出小琉球的地理位置，「其在西南大海中，突起一峯，鬱乎蒼翠，爲小琉球」。〔註328〕因爲孤懸海上，島上林木青蔥，猶如蓬萊仙境，而「蓬萊」則有承接〈東港渡〉末聯「路通桃源」之意，蓋東港和小琉球兩地隔水相望，舟楫可達，詩人謂東港渡口可通往海外仙山小琉球，是以兩詩內容便有連結相應之處。頷聯從遠景著手，寫自海上遠望在日光照射下的小琉球景致，「海日初升，霞光煥發」，〔註329〕透過光線的幻化，島上霧氣煥發出光彩，鳳山八景「球嶼曉霞」便常見此種寫法。頸聯則是詩人親履其地俯瞰浪潮拍岸的敘述，以鰲游千尺水和浪激數聲雷比喻浪花和濤聲，極力形容小琉球浪濤的壯闊氣勢，但詩中自註「予到海岸，望山下水高數仞，浪激過於山」，可知其言有據，誠非向壁之作，此與鳳山八景「球嶼曉霞」和「瑯嶠潮聲」作者群次韻唱和、憑空想像的寫法本質不同，給人更加眞實的感受。接著由述景轉入

〔註326〕見全臺詩編輯小組編撰：《全臺詩》第貳冊，頁195。

〔註327〕見全臺詩編輯小組編撰：《全臺詩》第貳冊，頁195～6。

〔註328〕見陳文達：《鳳山縣志》，頁7。

〔註329〕見盧德嘉：《鳳山採訪冊》，頁31。

寫物，末聯提到臺人所用的酒器鸚鵡杯係產自於小琉球，詩中自註「山出鸚鵡螺，土人磨以為酒杯」，而「信知」兩字更加深本詩乃是作者親臨親見的說服力。根據文獻記載，小琉球的物產僅止於「多出椰子、竹木，並無人居」，〔註330〕或「僅產竹、木、椰子、番薯」，〔註331〕皆未出現鸚鵡螺。然而，宋永清在〈埤頭店〉詩有云：

> 觀音山過兩三家，便是埤頭小徑斜。
>
> 買賣渾沽村舍酒，往來常駕野牛車。
>
> 社鄰傀儡行人少，地接琉球去水賒（小嶼孤懸，即小琉球。番常聚族以居，⋯⋯。因其地產土物如鸚鵡螺、水藤之屬，以故通商者猶航海登之。舟下則為「萬水朝東」之所，水窮山盡‧薄宦勞人，豈淺鮮哉）。
>
> 茅店荒雞啼夜月，青燈隻影滯天涯。〔註332〕

宋詩自註說明鸚鵡螺為小琉球土產，兩詩前後相互印證，既可彌補方志物產之缺漏，並可旁徵陳輝所言不虛。

其〈瑯嶠山〉云：

> 天南遙極際，跨海一峰青。地近朝東水，人看拱北星。
>
> 千層通翠嶂，四面是滄溟。力致檳榔貨，開山敵五丁。〔註333〕

詩中「跨海一峰青」和「四面是滄溟」指出瑯嶠山的地理位置在海上。然而，據相關文獻記載瑯嶠山的位置並未在海上，如《續修臺灣府志》便云：「瑯嶠山：在縣治南二百四十里，綿亙蜈蚣嶺左。山高而險，下有生番。」〔註334〕在《鳳山縣志》云：「綿亙於蜈蚣嶺之左，蹲踞崚嶒，飄渺於烟霞之外者，為娜嬌山（山高而險，下有番社）。」〔註335〕而《重修鳳山縣志》亦云：「瑯嶠山，在縣南一百四十里。東北聯山、西南濱海，可泊舟。下有生番。〔註336〕」因此，詩人的說法顯然不夠正確。惟從「跨海」和「四面滄溟」來看，詩人所指瑯嶠山應是海上的島嶼，而非上述諸志所指的山巒。此外，上述數則資

〔註330〕見高拱乾：《臺灣府志》，頁14。
〔註331〕見王瑛曾：《重修鳳山縣志》，頁19～20。
〔註332〕見周元文：《重修臺灣府志》，頁415。
〔註333〕見全臺詩編輯小組編撰：《全臺詩》第貳冊，頁196。
〔註334〕見余文儀：《續修臺灣府志》（南投市：臺灣省文獻委員會，1993年），頁13。
〔註335〕見陳文達：《鳳山縣志》，頁6。
〔註336〕見王瑛曾：《重修鳳山縣志》，頁19。

料皆提到此山「下有生番」，可知當地居民為原住民。本詩末聯寫及「檳榔貨」，可以推知當地居民以檳榔為主要的交易貨物，在開墾山林方面，甚至能與神話傳說中五位力可開山的壯士相匹敵。

從現存的作品來看，陳輝是清代臺灣記遊詩數量最多的本土詩人。乾隆年間在屏東地區旅行顯然並不方便，詩人時而迷路於沼澤草地，時而露宿於山邊野外。詩人到此遊歷的確切時間和動機，現在已經無從得知，而從六首詩題加以判斷，陳輝的足跡應該曾經到訪過今日的林邊、東港、小琉球和恆春一帶，這些地區遠離當時的政教中心，一般文人較少跋涉至此，如行旅番社的經歷是當時本土文人較為罕見的書寫題材。這些作品的內容不僅描述當地的風光景色，同時把對於平埔族歌謠的異樣感受和當地的物產一併寫入，以記錄此行的見聞，更間接地透露了十八世紀中葉南屏東地區開發的情形。

二、卓肇昌的記遊詩

早期臺灣被視為海上仙山，隔海遙望斯土，只見林木蓊鬱，煙雲繚繞，「齊人徐市等上書，言海中有三神山，名曰蓬萊、方丈、瀛州，僊人居之。」〔註337〕因此，歷來海客談仙之說從未間斷，使得臺島充滿綺麗神秘的傳說。據施懿琳的觀察，臺灣帶有神話色彩的山巒，以岡山、沙馬磯山、仙人山和雞籠山最為著稱。〔註338〕鳳山縣文人卓肇昌擅長以當地勝景和傳說入詩，從所作詩題可以推知其足跡幾乎遍佈今日臺南、高雄和屏東等地，對於岡山、沙馬磯山和仙人山等具有民間傳說的山巒都留下作品。卓氏的活動力極強，創作甚豐，涉及屏東地區的作品，除了東港竹枝詞和鳳山八景中的屏東三景外，尚有〈仙人山〉、〈仙人對弈〉、〈仙山謠〉和〈沙馬磯山〉等詩歌，前三首寓有當地的民間傳說，遊仙色彩頗為濃厚，〔註339〕不僅是清代屏東詩歌最有特色的作品，同時也是臺灣古典詩歌特出一格的作品，尤其出自於本土詩人筆下，更是彌足珍貴，值得一探。

〔註337〕見瀧川龜太郎編：《史記會注考證・秦始皇本紀第六》（高雄市：復文圖書，1991年），頁114。

〔註338〕見施懿琳：《清代臺灣詩所反映的漢人社會》（臺北市：國立臺灣師範大學國文研究所博士論文，1991年），頁262。

〔註339〕江寶釵將卓肇昌的〈古橋謠〉、〈訪岡山石洞〉和〈仙山謠〉等作品歸類為遊仙詩，認為卓氏將仙境視為實有世界加以描寫，其詩歌內容是超驗世界，卻以經驗世界為張本。上述說法參考自江寶釵：《臺灣古典詩面面觀》，頁114～115。

　　方志中的沙馬磯山即今日的貓鼻頭，自古傳說此地曾有仙人降臨於焉。
最早關於仙人的傳說可見於蔣毓英所編纂的《臺灣府志》，其〈卷之二・敘山〉
提到沙馬磯頭山的位置時，註云：

> 在郎嬌山西北。其山西臨於海，上頂常掛雲，人視之，若有人形往
> 來雲中，疑爲仙人降游其上，見古蹟志。〔註340〕

此處僅「疑爲仙人降游其上」，接著在〈卷之十・古蹟〉的「仙人山」項下見
到：

> 在鳳山縣沙馬磯頭。其巔往往帶雲如仙人狀，傳聞絳衣黑衣常遊其
> 中，今有生成石棋盤及石磴在焉。〔註341〕

從引文可知仙人山在沙馬磯頭，有穿紅、黑衣仙人「常遊其中」，並且有石棋
盤和石磴。後來高拱乾的《臺灣府志・山川》提到沙馬磯頭山時，註云：

> 其山西盡大海，高峻之極。山頂常帶雲霧，俗傳此山有仙人衣紅、
> 衣黑，降遊其上；今有生成石磴、石碁盤在。〔註342〕

在其〈卷九・外志〉的「古蹟」項下之仙人山亦云：

> 在鳳山縣沙馬磯頭。其巔，往往帶雲如仙人狀。傳聞有服絳衣、縞
> 衣者，對弈其中。今有生成石棋盤及石磴在焉。〔註343〕

高志的說法和蔣志相去無幾，然此處記載已經見到仙人「對弈其中」，只是服
色略有不同，衣黑者變成服縞衣。民間故事往往會因爲人們的記憶傳遞，有
時會在情節上出現些許差異，此爲口傳文學的變異性特徵。〔註344〕

　　到了康熙五十八年（1719），李丕煜所修的縣書，其仙人山的記載云：

> 山在沙馬磯頭。其頂常帶雲，非天朗氣清不得見也。故老言：時有
> 服絳衣、縞衣者對弈。說近無稽；然生成之石碁盤、石凳猶存，亦
> 或有可信者也。〔註345〕

及至乾隆二十九年（1764），王瑛曾重修縣書時，有關仙人山的記載云：

〔註340〕見蔣毓英：《臺灣府志》，頁 18。
〔註341〕見蔣毓英：《臺灣府志》，頁 127。
〔註342〕見高拱乾：《臺灣府志》，頁 9。
〔註343〕見高拱乾：《臺灣府志》，頁 223。
〔註344〕張紫晨認爲民間文學在創作和流傳上，具有集體性、口語性和變異性等特徵。
　　　　　上述說法係參考自張紫晨：《民間文學基本知識》（上海市：上海文藝，1979
　　　　　年），頁 2～4。
〔註345〕見陳文達：《鳳山縣志》，頁 164。

> 仙人山，在沙馬磯頭。山頂常帶雲霧，非天朗氣清，不得見也。故
> 老傳言：時有服絳衣、縞衣者對弈。說雖無稽，然生成石凳、石碁
> 盤猶存。〔註346〕

從上述方志資料可以見到一則民間傳說定型的過程，有關仙人山的傳說，大
抵如此。此山有仙人之說起因於其巔多雲霧，使人產生浪漫的聯想，因爲山
中有「生成石磴、石碁盤」，後來遂衍生出仙人在此對弈的說法。然而，從「傳
聞」、「俗傳」到「故老傳言」，以及「說近無稽」、「說雖無稽」等言，可知歷
代志書者的態度存疑，僅客觀地將當地傳說記錄下來，並未信以爲眞。比較
特殊之處，在於李丕煜修志時，文末仍云「亦或有可信者也」，加入些許主觀
的看法。

　　卓氏描寫仙人山傳說的作品有三，包括〈仙人山〉、〈仙人對弈〉和〈仙
山謠〉，前兩者爲七律，後者爲五古。其〈仙人山〉云：

> 桃源洞裏神仙闢，絕嶠浮空望欲微。
> 樂奏笙簧青嶂翠，杯傾瓊液紫霞飛。
> 聳身松杪星河近，控馭山頭鹿猻歸。
> 洞口主人煩指點，若爲茶竈若爲磯。〔註347〕

全詩充滿浪漫的筆調，作者以樂聲、美酒、山色和霞光等事物，刻意將原本
無奇的石山形容成人間的仙境洞天，詩末具體指出山石狀若「茶竈」和「磯」，
有別於世人傳聞的石磴、石棋盤，不僅爲仙人對弈傳說做出美麗的鋪陳，亦
可推知作者曾經親臨此地的事實。其〈仙人對弈〉云：

> 天公遺下石棋盤，洞裏神仙日月寬。
> 十九路誰分黑界，幾千年自帶雲寒。
> 劇憐人世紛爭道，只換山中妙戲彈。
> 乾電聲聞同玉響，不知還許採樵看。〔註348〕

卓氏在詩題刻意加註云：「志載；仙人山，有仙人對弈。」〔註349〕意謂《鳳山
縣志》曾記載此山有仙人對弈的傳說，表示所作並非空穴來風。首聯指洞中
石棋盤渾然天成，而頷聯的「十九路」則爲棋盤分格線，頸聯雖憐世人紛爭
不斷，卻有人生如棋之警喻，尾聯以響亮的玉石聲音做結束，只能耳聞，無

〔註346〕見王瑛曾：《重修鳳山縣志》，頁265～266。
〔註347〕見王瑛曾：《重修鳳山縣志》，頁411。
〔註348〕見王瑛曾：《重修鳳山縣志》，頁412。
〔註349〕見王瑛曾：《重修鳳山縣志》，頁411。

法目見，並以樵夫入詩，使人想及爛柯山的傳說，更增添本地故事的神秘感。

以仙人山的傳說入詩者，並非只有本土文人卓肇昌爲之，在雍正年間已有巡臺官員夏之芳寫及此一民間傳說，其〈臺灣紀巡詩〉之三十二云：

> 仙山縹緲闇斜曛，石上棋枰舊印紋。
>
> 沙馬磯頭人罕到，爛柯樵子話煙雲。〔註350〕

夏詩首句符合方志所言沙馬磯山「其頂常帶雲」的現象，次句描述山石狀似棋盤，三句寫山中人跡罕至，末句則連結到晉代山中仙人對弈的傳說，加深本詩的美感。夏、卓兩人身份不同，一爲宦遊，一爲本土，卻不約而同俱引中國古代著名的爛柯山傳說故事爲本地仙人山傳說做結，此爲共通之處。

卓氏另一首有關仙人山作品爲〈仙山謠〉，以典型遊仙樂府的形式詠敘仙境，其詩前有註：「仙人山，在沙馬磯山頂。相傳晴明天氣時，有紫、素二仙人對弈石上。」〔註351〕對弈二仙易服爲「紫、素」，又與前述方志所載相異，其內容云：

> 天姥出東南，崔嵬雲霄隔。地逐形勝高，不見雲影坼。上有洪崖井，
>
> 峰前許仙宅。逍遙登絕巔，來往仙人跡：或馭青牛騎，或控飛鶴白。
>
> 朱霞散九光，珊珊顏瘦癯；三素乘之下，六銖衣九襞。杉松鬱虯龍，
>
> 雙仙坐危石。仙童三四人，環觀相對弈；楸枰玉指分，輕敲金韻擲。
>
> 餐以百煉丹，啖以青田核。斯須聞玉笙，山陽銕笛作。揮手忽停之，
>
> 相看棋忘著。五峯何岁岂，靈草生根荂。但有青鼯啼，長林孤月落。
>
> 山中局未終，人間幾猶柞。千載倘歸來，不復知城郭。〔註352〕

本詩屬於超越寫實的作品，作者以想像的方式描述仙人山上的情景，頗有遊仙詩的味道，爲此一民間傳說豐富故事的內容。全詩共三十四句，可以分成三個段落觀之。前六句寫景，作者極力描繪仙人山的環境，特別引用少見的「洪崖井」和「許仙宅」兩則道教人物登仙傳說，以營造此地仙境縹緲的氛圍，同時更可見其學識涵養的深度。蓋洪崖井是洪崖鑿井汲水煉丹的故事，〔註

〔註350〕見全臺詩編輯小組編撰：《全臺詩》第貳冊，頁104。

〔註351〕見王瑛曾：《重修鳳山縣志》，頁473。

〔註352〕見王瑛曾：《重修鳳山縣志》，頁473。

〔註353〕洪崖，道教仙人，據傳爲黃帝之臣伶倫，堯帝時已經有三千歲，漢朝時仍在，曾隱於豫章郡境內的伏龍山，山上有一古壇，傳說洪崖先生曾於此鑿井汲水煉丹，丹成後飛升而去。有關洪崖先生的生平事略請見〔金〕長春眞人編纂：〈洪崖先生〉，《歷世眞仙體道通鑑》，收入《正統道藏》第八冊（臺北市：藝文印書館，1977年），頁6202～6203。

353）而許仙宅則爲許遜白日拔宅升遐的故事。〔註 354〕中間二十句爲本歌重點所在，敍述仙人翩然降臨於山頂絕巔之處的景象，其中提到馭青牛者和控白鶴者，分別使人聯想到倒騎青牛的老子和仙鶴相伴的南極仙翁，兩者皆爲世人所熟知的道教神仙人物。此外，當仙人對弈時，復有仙童數人在旁觀棋，爲此一想像畫面增添幾許動感，使人感受到此一仙境充滿熱鬧活潑的氣氛，有別於一般莊嚴靜穆的仙境描寫。末段八句由景入情，寫及山中和山外時間流速的不同，以「山中局未終，人間幾猶柞」巧妙地帶出「山中方一日，世上已千年」的意涵，暗喻人間光陰似箭，切莫輕易蹉跎時光。

　　卓氏在恆春地區的作品尚有〈沙馬磯山〉，此山雖然是當地勝景之一，惟所作內容與仙人山傳說並無任何關聯，其詩云：

> 怪石嵯峨似馬頭，磯聲嘶鐵響清秋。
> 莓苔深鎖疑毛長，霧雨長蒸若汗流。
> 金勒午拋芳草逕，玉鞭春落綠楊溝。
> 曾驅西北風塵警，歸臥滄沙玉島洲。〔註 355〕

沙馬磯山位於貓鼻頭地區，「凡呂宋往來洋船，皆以此山爲指南。西南之山，至此極焉。」〔註 356〕由於此地在關山臺地的最尾端，因有一塊巨型珊瑚礁岩，形似蹲伏欲撲的貓突出在海上，故名之。日治時期稱爲「西南岬」，是臺灣海峽和巴士海峽的分界點。〔註 357〕本詩純爲「顧名思義」的作品，作者因地名有馬，遂以馬點題，首聯指出當地奇岩狀似馬頭，其餘諸聯分寫馬的鬃毛、馳騁和征戰等，全詩雖然充滿想像之筆，惟觀「怪石嵯峨似馬頭，磯聲嘶鐵響清秋。莓苔深鎖疑毛長，霧雨長蒸若汗流」等句，則是必須親臨現場才有的景色和感覺。卓肇昌四處遊歷，取景寫詩，〈沙馬磯山〉應是足跡所至，抒發詩人浪漫想像的作品。其記遊旅行詩雖然具有臨場感，〔註 358〕

〔註 354〕許遜，字敬之，據傳曾仕晉朝爲四川旌陽令，八王之亂爆發後，遂棄官在豫章地區傳播孝道，並拜吳猛學仙，世稱許旌陽、旌陽祖師、許天師、許眞君，成仙之時「與仙眷四十二人，同時拔宅昇舉」。有關許遜生平事略請見王建章纂輯：《歷代神仙史》（臺北市：新文豐，1979 年），頁 48～50。

〔註 355〕見王瑛曾：《重修鳳山縣志》，頁 412。

〔註 356〕見高拱乾：《臺灣府志》，頁 9。

〔註 357〕見施添福總編纂，臺灣省文獻委員會採集組編輯：《臺灣地名辭書・卷四・屏東縣》，頁 239。

〔註 358〕參考自彭瑞金：《高雄市文學史——古典篇》（高雄市：高市文獻會，2007 年），頁 138。

卻往往只是寫景記遊，流於表面，缺乏眞實的情感，本詩可見此一瑕疵。

　　此外，卓肇昌將民間傳說改寫成長歌的做法，實爲清代臺灣本土文人詩歌創作技巧的一大突破。卓氏曾據《重修鳳山縣志・叢談》的〈古橘岡詩序〉爲藍本，刻意將岡山石洞的傳說撰寫成七言長歌〈古橘謠〉，〔註359〕文字雖然色彩斑斕，其寫法卻近於陶潛〈桃花源詩〉，此間模擬的痕跡甚爲明顯。而其〈仙山謠〉的寫法亦然，同樣胎息自中國的傳說模式，以晉代爛柯山傳說做爲創作的模擬對象，卻在此一故事原型上，浪漫地充實山中仙人對弈的故事情節，賦予本地仙人山傳說可供流傳的閱讀動能，使人充分感受到作者在模擬和揣摩之餘，仍努力試圖發揮自己的創意，此爲卓氏長詩難能可貴之處，也是臺灣古典詩歌的新頁。因此，彭瑞金認爲卓肇昌記遊詩的特色，「在於結合實際旅遊的經歷和傳說的浪漫想像」，〔註360〕並非虛言。

三、林樹梅的記遊詩

　　林樹梅，字歡雲，亦曰瘦雲，福建同安金門人，生於嘉慶十三年（1808），卒於咸豐元年（1851），年四十四歲。本姓陳，生父陳春圃爲金門營百總，將其過繼給林廷福當養子。少負奇氣，講究兵農有用之書，不屑制舉之學。廷福爲臺灣水師副將及澎湖游擊，每攜其巡洋，因留心世務，始折節讀書，從周凱、高澍讀書。道光十六年（1836），鳳山知縣曹謹禮聘之。佐幕期間，知無不言，謹亦言無不聽。瑯嶠爲化外之地，漢番雜居，時相殘殺，樹梅冒險往諭，卒定。又助佐興水利，親歷生番境，導其源而規劃之。復議徵臺穀事宜，建坤頭望樓砲台等。逾年，邑大治。謹將上其功，則辭歸省母。道光三十年（1850），林則徐督師粵西，聞其才，延至，詢以防海之策。未幾，則徐卒，樹梅爲詩招魂，遂歸隱鄉里，鬱鬱而終。生平好山水遊，喜吟詠、工篆刻、善畫，曾與修《金門志》，其文筆意嚴潔，切於時務，詩亦卓然成家，著有《歡雲山人詩鈔》、《歡雲詩鈔》、《歡雲文鈔》、《歡雲鐵筆》、《詩文續抄》、《治海圖說》、《戰船占測》、《文章寶筏》、《日記》、《雲影集》等若干卷。〔註361〕

〔註359〕分見王瑛曾：《重修鳳山縣志》，頁335、473～474。

〔註360〕見彭瑞金編註：《鳳邑古典詩文賞析》（高雄縣岡山鎮：高縣文化局，2009年），頁105。

〔註361〕有關林樹梅生平事略係分別參考自張子文、郭啓傳、林偉洲撰文，國家圖書館特藏組編：《臺灣歷史人物小傳：明清暨日據時期》，頁282；以及全臺詩編輯小組編撰：《全臺詩》第肆冊（臺北市：遠流，2004年），頁362。

　　林樹梅曾經兩次來臺，一在道光四年（1824）至七年（1827），一在道光十七年（1837）至道光十八年（1838）。初次來臺期間，隨侍養父林廷福鎮守臺、澎兩地海疆，「佐父理戎政」，〔註362〕協助平定鳳山縣許尚、楊良彬之亂和北路的閩粵械鬥。此行讓林樹梅體驗到臺地紛擾不安的局勢和剽悍好鬥的民風，而往返臺海所面臨的險惡海象，同樣令他留下深刻的印象。其〈渡臺紀事〉詩便描述渡海時所遭遇到的險境，詩云：

> 我家居金門，當門挹溟渤。對崎有臺灣，鯨鯢競出沒。
> 家君冊戰勳，駕海功猶烈。奉檄乘長風，紀候秋八月。
> 偏師經里閈，疾馳舟不歇。一葉跨洪濤，隨波無凹凸。
> 橫渡黑水洋，鬼哭陰雲結。海立龍涎垂，千里勢一瞥。
> 鴉班登桅巔（舟人理帆繩曰鴉班），整帆慮拗折。
> 驟聞眾語譁，徹夜補倉裂。曦明見遠峰，鹿耳設天險。
> 將吏紛來迎，慰勞相咋舌。不然昨夜風，落漈命當絕。
> 出險如再生，驚定轉愉悅。吁嗟復何常，蹤跡鴻泥雪。
> 寒暑今再更，使我壯心切。〔註363〕

敘述隨父征臺，海上遇風，船艙破裂，出險再生的經過。因此，林樹梅首次抵臺就親歷惡劣海象和兵戎戰爭的經驗，使他能夠深刻體察到臺灣風土和民情的特殊之處。對於他日後能不避海上風濤之險，決心再次來臺協助曹謹佐理鳳山縣事，必然起到相當程度的影響。

　　道光十七年（1837）春，曹謹調知鳳山縣，並邀攬林樹梅入幕。由於曹謹奉派來臺的前一年秋天，臺灣地區正因旱災而導致饑荒，引發嚴重的社會治安問題。當時的臺灣知府熊一本在〈曹公圳記〉提到：「丙申秋，臺、鳳、嘉接壤之區被旱百有餘里，閭閻待哺，宵小跳梁。」〔註364〕曹謹在遍地饑饉和動盪不安的時刻蒞任，因此特別聘請具有渡臺經驗，熟悉臺地山川扼要、風土民情的林樹梅擔任幕賓，成為曹謹掌理鳳邑初期最重要的助手。林、曹兩人賓主頗為相得，曹謹任內幾項值得稱道的政績，如興水利、重文教、勸農桑、固軍防、維治安、澄吏治和暢交通等成就，多得力於林樹梅的建議、籌劃、協助和執行。〔註365〕

〔註362〕見林樹梅：《歗雲詩鈔》（臺北市：大眾印書館，1968），頁2。
〔註363〕見林樹梅：《歗雲詩鈔》，頁5。
〔註364〕見盧德嘉：《鳳山縣採訪冊》，頁84。
〔註365〕參考自龔顯宗：〈論林樹梅、曹謹之相得益彰──以《歗雲詩文鈔》為據〉，《2003

　　由於鳳山縣境綿延廣闊，境內漢番閩粵族群共處，嫌隙頻生，動輒搆釁，兵燹不斷，治理匪易，嚴重影響鳳山縣的建設發展。因此，曹謹相當注意邊山荒陬之地的經營，林樹梅曾隨曹謹巡視境內山區的民情和防務，其〈從曹侯巡山即事〉云：

　　　　巡山不憚歷崎嶇，亦有壺漿在道途。

　　　　孝弟從風徵雅化，田園指日闢荒蕪。

　　　　秋聲作雨千林合，巒勢如波萬派趨。

　　　　要使邊軍知號令，深宵露立尚彎弧。〔註366〕

內容在描寫林樹梅隨侍巡山時所見情景，以及他對治理山和開發山地的見解，同時也反映出曹謹對於邊地防務的重視，即使山路崎嶇，仍親往視察的苦心。另一首五言長歌更完整的寫出林樹梅和曹謹巡視鳳山縣山區邊境的過程，其〈巡山即事〉云：

　　　　鳳山山海疆，全臺為扼隘。閩粵與野番，雜居起蜂蠆。

　　　　曹侯初下車，開誠化愚昧。巡防慮未周，偕我歷邊界。

　　　　繞道南馬仙，西折大岡背。下如落井阱，草蔓多滯礙。

　　　　漸進忽上天，喘平力欲憊。壺漿出林間，父老迎道拜。

　　　　自言昔苦饑，盜賊更可嘅。今日逢賢侯，到處撫凋瘵。

　　　　年豐人心平，不圖餘生快。保甲期清莊，威嚴寓勸戒。

　　　　為語蚩蚩氓，從茲務親愛。勿肆如兒殘，汝侯不汝貸。〔註367〕

從內容可知，由於鳳山境內閩粵和野番雜居，致使族群紛爭不斷。曹謹到任後，隨即偕同林樹梅履勘邊地山區，「繞道南馬仙，西折大岡背」分指沙馬磯山、仙人山和大岡山，可見瑯嶠地區和大岡山區都在巡視的範圍。父母官所到之處，地方百姓紛紛表示盜賊為禍最烈，為了緝盜平亂，期盼能夠稽甲清莊。詩末以嚴正的口吻告誡百姓，務必相互親愛，不可淪為盜匪，否則絕不輕貸。可以想見道光中期，曹謹所接篆的鳳山縣正處於漢番不睦、旱災歉收和地方多盜的棘手局面。因此，在中國內地曾有牧民經驗的曹謹，才會將巡邊「撫凋瘵」列為下車首務。

年海峽兩岸曹謹學術研討會論文集》（高雄市：國立中山大學清代學術研究中心，2003年），頁132。

〔註366〕見全臺詩編輯小組編撰：《全臺詩》第肆冊，頁368。

〔註367〕見全臺詩編輯小組編撰：《全臺詩》第肆冊，頁370～371。

　　此外，瑯嶠地區番民時起衝突，互相殘殺，爲免星火燎原、事端擴大，林樹梅奉命前往排解紛爭，而以〈題瑯嶠圖〉組詩紀事兼以感興，詩前註明此行緣由和目的：

> 瑯嶠，故鳳山東南徼外地，番民雜居，構釁相賊殺，曹侯屬樹梅往宣諭，畢事歸，作圖記，復綴四詩。〔註368〕

任務結束後，特別將此一徼外之地的山川地勢繪成圖形。林樹梅至瑯嶠宣諭平亂並未見於鳳山志書或其他相關文獻，惟在林豪所撰曾提及此事，其文云：

> 由鳳山而南，至瑯嶠、沙馬磯頭折而東北，地頗廣漠。然內山生番尤兇，罕敢深入者，惟漢奸能通番語（俗謂之番刈），或娶番女（俗稱牽手），與番議和。歲以酒肉犒番，必人人盡醉，一有不週，則變色而出，而鎗鏢伺於途矣。故雖和議已成，而民之耕於野者，猶惴惴也。番刈時以鹽、布、鐵器與番交易，貨其鹿皮、鹿茸之類，獲利頗鉅。家瘦雲先生（諱樹梅，金門人，著歗雲詩文抄）嘗從曹大令謹興埤頭水利，自繪瑯嶠全圖以示先君子，謂此地田土沃衍，可增設廳縣水師，相其港道形勝，插竹爲城；控制山海，爲郡垣後戶云。〔註369〕

其中「自繪瑯嶠全圖」，即此行所「作圖記」。而林樹梅認爲瑯嶠土地肥沃，應增設行政機關和駐防軍隊，並擇其港灣要地建立城池，憑險而守，以爲臺灣後防，可謂高瞻遠矚。無奈當時廟堂諸公皆見不及此，不能早做防範，遂引敵國外患的非份覬覦，爲後來的「牡丹社事件」埋下伏筆。

　　其實，林樹梅並非首位指出瑯嶠的地理形勢有其重要性者。康熙末年，隨軍來臺平亂的藍鼎元曾經踏查履勘此地，其〈臺灣水陸兵防疏〉提到：

> 南路下淡水以下，大崑麓、瑯嶠二三百里，亦無兵防。向皆有番無民之地，今開墾流移，日趨日眾，山深海僻，遂爲匪類逋逃之藪。臣以爲瑯嶠乃臺南要害，亦宜特設屯田守備一營，駐兵五百，屯墾防守。〔註370〕

認爲瑯嶠乃臺灣南端要害，卻未設防，遂淪爲盜匪聚集之地，建議在此設營屯田，並賦長歌贈與當時的巡臺御史黃叔璥，提出駐防的警語和建言，其〈臺灣近詠〉之四云：

〔註368〕見全臺詩編輯小組編撰：《全臺詩》第肆冊，頁369。
〔註369〕見林豪：《東瀛紀事》（臺北市：成文，1983年），頁65。
〔註370〕見藍鼎元：《平臺紀略》（南投市：臺灣省文獻委員會，1997年），頁72。

鳳山東南境，有地曰瑯嶠。厥澳通舟楫，山後接崇爻。寬曠兼沃衍，

氣勢亦雄驍。茲土百年後，作邑不須□。近以險阻棄，絕人長蓬蒿。

利在曷可絕，番黎若相招。不爲民所宅，將爲賊所巢。遐荒莫過問，

嘯聚藏鴟梟。何如分汛弁，戒備一方遙。行古屯田策，令彼伏莽消。

〔註371〕

藍氏慧眼獨具，預言百年後須設城於瑯嶠的必要性，否則，「不爲民所宅，將
爲賊所巢」，並謂施行古代屯田方法，可使匪類銷聲匿跡。

　　從藍氏詩文可以判知在康、雍之交，漢人入墾瑯嶠已呈「日趨日眾」的
局面，惟此時漢人在當地尚未勢大，對於原住民族群並未構成生活或生存的
威脅。當日藍氏擔心瑯嶠地區終將成爲「匪類逋逃之藪」，僅是社會治安層面
的問題。日後，隨著漢墾者數量增加，原漢族群的衝突逐漸浮現，族群械鬥
的可能性隨之提升。於是，道光中葉才有林樹梅的瑯嶠之行。茲錄林氏的〈題
瑯嶠圖〉四首於下：

瑯嶠當一面，置戍慮孤軍。卻爲番民雜，常貽戰鬥紛。羈縻原上策，

剿撫尚虛文。從此知威信，同聲頌使君。〔註372〕

履險非嘗試，無疑示不貪。夷心誠可感，蠻語漸相諳。誤事微姑息

（前此無敢深入，草草和息，事變旋生），茲游快壯談。鳳山王土遠，

更至鳳山南。〔註373〕

目接琉球嶼，因之鼓櫂過。神魚銜赤日，恨鳥睍滄波。史志千秋誤

（小琉球嶼不隸琉球國，沙馬磯不連瑯嶠，可正傳聞之謬），風煙八

月多。歸期原有約，未可戀漁簑。〔註374〕

此鄉饒沃土，形勝扦全臺。山角千旛豎，潮頭萬馬來。解紛吾舌在，

勸俗坦懷開。況是施仁愛，賢侯濟世才。〔註375〕

其一言此行目的，謂瑯嶠民番雜處，地偏多事，須以羈縻教化爲上策；其二

〔註371〕必須特別說明的是，本組詩共五首，原詩題頗長，全名爲〈東征逾載，整棹
　　　　言歸。巡使黃玉圃先生索臺灣近詠，知其留心海國、志在經綸，非徒廣覽土
　　　　風、娛詞翰已也。賦此奉教〉，爲行文簡易起見，姑名爲〈臺灣近詠〉。見全
　　　　臺詩編輯小組編撰：《全臺詩》第貳冊，頁20。
〔註372〕見全臺詩編輯小組編撰：《全臺詩》第肆冊，頁369。
〔註373〕見全臺詩編輯小組編撰：《全臺詩》第肆冊，頁369。
〔註374〕見全臺詩編輯小組編撰：《全臺詩》第肆冊，頁369。
〔註375〕見全臺詩編輯小組編撰：《全臺詩》第肆冊，頁370。

云此行感受，謂瑯嶠民變肇因於前人消極敷衍的經營態度，導致紛爭再起，認爲只要待之以誠，必可息事順服；其三描寫歸途海上遠眺小琉球的景觀，以此行親歷親見，指出志書誤謬之處；其四說明瑯嶠地理的重要性，以及任務功成圓滿的喜悅心情，並期許父母官能夠施行仁政。

　　林樹梅的瑯嶠行，除了〈題瑯嶠圖〉組詩外，另有〈瑯嶠〉詩，詩前亦有註，同樣在說明此行的原因和目的，惟內容較前者更長，其文云：

> 距臺灣府鳳山縣南百四十里，水陸險遠，爲生番部落。而閩粵人與閩之納番婦生子曰「土生囝」者參居焉。勢不相能，日事戰鬥。曹懷樸明府命樹梅往撫，畢事而歸，因覽其山川扼塞爲圖，呈明府，并綴以詩。〔註376〕

註文指出瑯嶠路途遙遠，「爲生番部落」，尚有閩、粵漢人和閩、番異族通婚所生的「土生囝」共居於此，顯示此地族群的複雜性。因爲族群伐異，分類械鬥，造成地方不靖，爲了安靖地方，排解族群紛爭，林氏奉命往諭。特別注意的是，林氏提到當地閩、番通婚所生的後裔，喚作「土生囝」。在此之前，朱仕玠便將此族群稱爲「土生仔」，其云：

> 內地無賴人，多竄入生番爲女婿；所生兒名土生仔。常誘生番乘醉夜出，頗爲民害。然道憲造海船，軍需木料，惟生番住處有之；必用土生仔導引，始可得。是土生仔爲百害中一利。〔註377〕

根據朱氏所言，土生仔對於當時的社會治安，顯然弊大於利，是爲番害的肇因之一。值得注意的是，無論是朱氏所稱的「土生仔」或是林氏所稱的「土生囝」，所指都是漢人和原住民混生的族群。在臺灣開發的過程中，早期存在著「有唐山公，無唐山媽」的社會現象，漢人男性和原住民女性通婚是必然的趨勢。然而，此一名詞卻從未見諸於其他的方志文獻，而僅見於臺灣南部的鳳山縣，臺灣中、北部並未見到類似的稱謂，眞正原因令人費解。再從人類學的角度來看，它所代表的意義是中國漢人和臺灣原住民在血統上的融合，融合成爲新的人種，此一人種正是今日所謂「土生土長」的臺灣人族群。

　　瑯嶠民鬥的原因並未見諸方志，無從得知本地「土生囝」對當時族群生態的影響。然而，自古臺灣便是移民社會，在新的族群意識尚未形成之前，分類械鬥和族群融合不僅是移民社會的特徵，也是必須經歷的陣痛和現象，

〔註376〕見全臺詩編輯小組編撰：《全臺詩》第肆冊，頁 370。
〔註377〕見朱仕玠：《小琉球漫誌》，頁 74。

而瑯嶠的地方紛爭和新臺灣族群「土生仔」的產生，正是此一轉型時期的寫照。

其〈瑯嶠〉詩云：

郡南餘片土，天險假全臺。山聳千旛出，潮奔萬馬來。

解紛憑舌在，扼要寫圖回。善後須仁愛，賢侯濟世才。〔註378〕

前兩聯描寫瑯嶠天險，山勢如旗聳，潮聲似馬奔；後兩聯說明以宣諭方式解決紛爭，復將瑯嶠山川險要繪圖攜回，並期許父母官能以仁愛牧民。

　　林樹梅博學多能，受到曹謹的禮遇，再次渡臺發揮經略長才。佐幕期間，規劃並協助完成多項重要的事功，瑯嶠之行便是其一，使曹謹得以成為鳳邑宦績最著的知縣。他能詩善文，以詩歌記錄協助曹謹治理鳳山縣的事蹟經歷，其〈從曹侯巡山即事〉和〈巡山即事〉使後人瞭解道光年間鳳山縣境內的建置和發展情形，而瑯嶠之行對於林樹梅更是獨特的人生經驗，其〈題瑯嶠圖〉和〈瑯嶠〉雖然沒有隻字片語提及個人親歷險境平息紛爭的艱辛過程，卻可以感受到勇於任事的積極態度。更難得的是，他並未因為瑯嶠地區遠離王化而有歧視的觀點，反與當地番民溝通相處和諧，因此能夠順利消除族群之間的宿怨紛爭，完成宣諭教化的任務，展現出色的折衝協調能力。昔日被官方視為化外難治之地的瑯嶠，在林樹梅親歷其境後，發現此地乃是尚未開發的沃土，且形勢險要，認為應當積極治理。同時，他也對於臺灣南疆瑯嶠和小琉球的山海景色，留下極為深刻的印象。平心而論，林樹梅宦遊鳳山縣的時間並不長，惟其巡山和瑯嶠行所作，對於保存流傳較少的屏東地區古典詩歌資料而言，益發顯得彌足珍貴。

小　結

　　本節清代屏東地區的記遊詩，以陳輝、卓肇昌和林樹梅為主要對象，前兩人為乾隆時期的本土文人，後者為道光朝來臺的宦遊人士。陳輝的記遊作品數量眾多，所作最大特色在「我」的存在，往往以感性的筆觸將自己融入在作品之中，如「十里荒荊路欲迷，停車小住傍巖樓」、「蘆漪人欲渡」、「滿堤寒影渡橫橋」和「欲向津頭問，桃源路可通」等，無論是野地迷蹤、山邊駐車、橋上倒影和臨津問渡，雖然透露出旅途屏東的蹇困，卻使得詩人的足

〔註378〕見全臺詩編輯小組編撰：《全臺詩》第肆冊，頁370。

跡更為真實可辨。陳氏亦履及瑯嶠之地，其〈瑯嶠山〉有「千層通翠巘，四面是滄溟。力致檳榔貨，開山敵五丁」，寫山海皆俱的地理環境，雖引中國古代五丁開山的神話傳說入詩，用意在襯托本地原住民的勇壯。因此，陳氏的屏東記遊，斯為純然的寫實作品。

卓肇昌將記遊和傳說巧妙結合，充滿浪漫的聯想，其屏東記遊所作數量雖然不多，惟其可貴之處，在以歌謠的形式為仙人山傳說構造出夢幻境地，使民間口傳文學成為正式的書面作品，虛幻的神仙故事因此得以傳世，不僅是清代臺灣詩歌罕見的作品，也代表著此時本土文人在創作技巧和書寫能力的提升，說明清代臺灣文學的書寫詮釋權不再由中國宦遊者所獨佔，正逐步擴大到本土人士手中，卓肇昌是極為明顯的例子。而〈沙馬磯山〉雖然無法窺得詩人的真實情感，卻可見其觀察景物的用心。平心而論，卓氏的屏東記遊詩介於現實和浪漫之間，而要以浪漫成分為主。

相較於陳輝和卓肇昌的本土身份，林樹梅為真正的中國宦遊者。其南行的目的在協助撫平瑯嶠的「番亂」，背負政治任務，可謂任務性的記遊作品。林氏南下瑯嶠「解紛」歸來，乘桴道經小琉球離島，以詩歌實際記錄沿途所見和心得，所作內容並未見到中國宦遊者慣有歌頌皇朝聖恩的詩句，而是將瑯嶠邊地施政不足之處確實地反映出來，認為經營本地務須「濟世才」和「施仁愛」，對於後來的牧民者具有參考價值。一般而言，論者對於瑯嶠的開發研究，多關注於同治朝牡丹社事件和光緒朝恆春建城以後，卻往往忽略道光中期林樹梅瑯嶠記遊作品所提示的歷史意義。當林氏「憑舌解紛」和「扼要寫圖」返回覆命之後，時值清朝中國處於內憂外患的局面，自顧無暇，而朝廷中央亦乏遠矚洞見之士，猶未能將關愛的眼神放在臺灣南疆並開始積極治理。直到十九世紀後半葉，國際列強開始覬覦海島臺灣對於世界貿易所擁有的優勢地理位置，清廷仍無法體認世界潮流和國際局勢的轉變，及早做出綢繆舉措，對於臺灣南部海疆國防的忽視程度，已經種下後來乙未讓臺的先兆。

清代屏東的記遊詩，可以將陳輝、卓肇昌和林樹梅視為代表，三人恰以不同的觀察角度書寫屏東的山川風物，呈現不同的時代面貌。由於陳、卓二人所處時代，正是乾隆承平盛世，詩人在島內旅行，得以盡情地描繪沿途見聞，甚至對當地景觀和民間故事加以渲染美化；而林氏所處的道光朝是清代國力衰退的時刻，對於當前國事想必有「山雨欲來」的特殊感觸，且其世居金門海島，又曾「佐父理戎政」，在來臺宦遊之前，有關邊地的治理之道和防

務的重要已經積累相當心得，是以巡山和瑯嶠所見，只在行政，而非行旅。

　　總之，陳輝以紀實的筆觸，寫出十八世紀中葉屏東南部特殊的人文和景物；卓肇昌以模擬和浪漫的手法鋪陳本地民間傳說，寫實與想像互相交錯，試圖以求新和求變的技巧，走出自己的創作風格；林樹梅渡臺佐幕，能以務實的觀點指出瑯嶠地理形勢的險要和治理方針，可謂眼光獨到，有別於清代中國宦遊文人所作。